KB002925

2024

한국 형사소송법 제정 70주년 기념
법학 교육 방법 개선 연구서

낭독
형사소송법판례

하태영

| 대법원 2023년 선고 형사소송법 중요 판결

法 文 社

서 문

출 판

이 책은 대법원이 2023년 선고한 형사소송법 판결집이다. 대법원 판례공보가 선정한 중요한 판결이다. 형사소송법 분야에서 41개 선정하였다. 형사소송법전 편제순으로 정리하였다. 최근 이론을 이해함에 도움이 될 것이다.

이 책을 만든 이유는 세 가지이다.

첫째 대법원 판결문을 소리 내어 읽고 싶었다. 대법원 판결문을 읽으면서 문장 공부를 심화하고 싶었다. 대법원 판결문을 읽기 쉽게 끊어서 정리했다.

둘째 국어訓民正音를 사랑하는 마음이 깊었다. 모국어를 유창하게 말하고 싶은 의지가 높았다. 대법원 판결문을 읽으면서 한글訓民正音의 조사를 생각했다.

셋째 법학 교육 방법 개선을 염원하였다. 눈으로 이해하면 문해력이다. 귀로 이해하면 청취력이다. 입으로 이해하면 발성력이다. 모두 집중력을 높이고 뇌를 자극한다. 신앙인들이 성경聖經·불경佛經·도덕경道德經을 소리 내어 읽는 것과 같다. 우리는 나라를 잃고 언어 학습 방법을 잃었다. 낭독 훈련은 법학 교육 방법에서 기초였다.

대법원 판례를 소리 내어 읽으면서 국어 사랑·문장 공부·사회 이해·범죄 이해·법률 이해·법리 이해·형사재판 이해에 도움이 되었다.

언어言語는 사유思惟의 집宙이다.

언어言語는 소통疏通의 집宙이다. 소통은 3요소로 구성된다. 청취력聽取力·문해력文解力·발성력發聲力이다. 집중력集中力 없이는 불가능하다. 알맞은 체제로 쉽고 정확하게 전달하면 성공이다. 미성美聲은 몸에서 우러나오는 신神의 선물이다.

"문장은 인간 내면을 도끼로 깨뜨리는 작업이다."

– 프란츠 카프카·Franz Kafka·1883–1924

문장을 소리 내서 읽어야 한다. 한글은 소리 문자이다. 훈민정음은 세상의 모든 소리를 표현할 수 있다. 2만 5천 가지 소리이다. 소리音는 외국어 공부의 기초이다. 한국인은 발음이 강하다.

판결문

대법원 판결문은 시대時代 지성知性의 공약수公約數이다. 판결문을 읽으면 사회 현상을 이해할 수 있다. 범죄는 사회 갈등의 극단적 표출이기 때문이다. 살인사건은 정신병·경제병·자존병이 원인이다. 많은 범죄가 발생한다. 모두 원인이 있다. 형사재판은 정의라는 이름으로 진행한다. 형사법학자들은 형사소송 목적을 '법을 통한 평화 회복'이라고 정의한다. 정치권과 사회단체는 형사정책을 제안한다. 사후약방문死後藥方文이라는 비판을 듣는다.

대법원 판결문을 소리 내서 읽어 보자. 복잡한 내용을 단순하게, 어려운 내용을 쉽게, 갈피를 잡을 수 없는 상태에서 일목요연一目瞭然한 상태로 옮겨 가는 지혜를 찾을 수 있다.

이 책은 사실관계·검사 기소·제1심판결·제2심판결·대법원판결을 간략히 정리한 낭독집이다. 판결문을 낭독하면서 소낙비를 맞듯이 푹 젖어야 한다. 판결문 뜻을 거슬러 올라가는 노력이다. 노력努力은 깨닫기 위한 궁리窮理이다. 노력하고 또 노력하면 중요한 내용과 중요하지 않은 내용이 구분되기 시작한다. 한번 깨닫고 나면 모든 것이 한꺼번에 달라진다. 뇌에 굉장한 변화가 일어난다. 한마디로 차원이 달라진다(정민, 고전독서법, 깨달음의 길, 보람출판사, 2012, 188면). 판결문은 법이론을 명쾌하게 설명하고 있다.

낭독朗讀·낭송朗讀·암송暗誦

책 읽는 소리가 가장 좋은 소리이다. 책 읽는 소리를 들으면 기쁨을 다 표현할 수가 없다. 낭랑朗朗하기 때문이다. 옛날에는 책을 눈目으로 읽지 않고 입口으로 읽었다. 책을 1백 번 읽으면 의미를 저절로 알게

된다.독서백편의자현(讀書百篇意自見) 소리를 통해 기운을 구한다.인성구기(因聲求氣) 동양과 서양에서 예전에는 무조건 큰 소리로 책을 읽었다. 소리 내서 읽는 것을 성독聲讀 또는 낭독朗讀이라고 한다. 독서讀書는 책을 읽는 것이다. 독讀은 그냥 눈으로 읽는 것이 아니다. 소리를 내어 읽는 뜻이다. 좋은 글을 소리 내면서 읽으면 읽기뿐 아니라 쓰기 공부에도 크게 도움이 된다(정민, 고전독서법, 소리 내서 읽어라, 보람출판사, 2012, 70－78면). 깊이 공감한다.

낭독朗讀·낭송朗誦·암송暗誦은 다르다.
낭독과 낭송을 합하면 암송이 된다.

낭독은 소리 내어 글을 읽어 뜻을 이해하는 공부이다.

낭:독(朗讀) 【출전】 국어사전
명 [~하다 → 타동사]
소리를 내어 글을 읽거나 해독함.
……… • 시를 ~하다.
朗 밝을 낭{랑}; 月－총11획; [lǎng]
밝다, 맑게 환하다, 유쾌하고 활달하다, 소리 높이, 또랑또랑하게
讀 읽을 독; 言－총22획; [dú,dòu]
읽다, 소리를 내어 글을 읽다, 문장 구절의 뜻을 해독하다, 풀다, 설명하다, 읽기, 읽는 법

낭송은 소리 내어 글을 읽어 뜻을 외우는 공부이다.

낭: 송(朗誦) 【출전】 국어사전
명 [~하다 → 타동사]
소리를 내어 글을 읽거나 욈.
……… • 시를 ~하다.
朗 밝을 낭{랑}; 月－총11획; [lǎng]
밝다, 맑게 환하다, 유쾌하고 활달하다, 소리 높이, 또랑또랑하게
誦 욀 송; 言－총14획; [sòng]
외다, 암송하다, 말하다, 여쭈다, 의논하다

암송은 두 눈을 감고 뇌에 새겨진 문장을 소리 내어 읽는 공부이다.

암:송(暗誦) 【출전】 국어사전
명 [~하다 → 타동사]
시나 문장 따위를 보지 않고 소리 내어 욈.
┈┈• 시를 ~하다.
暗 어두울 암; 日 – 총13획; [àn]
어둡다, 주위가 어둡다, 사리에 어둡다, 밤, 어둠, 몰래, 남이 알지 못하게
誦 욀 송; 言 – 총14획; [sòng]
외다, 암송하다, 말하다, 여쭈다, 의논하다

낭독을 꾸준히 하면, 낭송이 된다. 낭송을 열심히 하면, 암송이 된다. 암송을 매일하면, 자유자재自由自在가 된다. 도인道人의 길道이다. 전문가專門家가 된다.

청취력과 발성력이 강한 한국인

한국인은 청취력과 발성력이 뛰어난 민족이다. 구강은 발성에 최적합하다. 영어 R뢰이 안 된다고 말한다. 그러나 리스펙트respect라고 가르치기 때문이다. 그래서 뢰스펙트respect가 안 나오는 것이다. 한글은 리L와 뢰R를 구분한다. 리턴return이 아니고 뢰터언return이다.

한민족은 소리 언어에 탁월한 능력을 갖추었다. 훈민정음訓民正音 때문이다. 발성 능력을 극대화하면 언어를 유창하게 구사할 수 있다. 정확하게 말하고 비문非文을 줄일 수 있다.

대법원 형사소송법 판례를 아침·점심·저녁 식사 전에 15분만 읽어보자. 세미나 발표시간과 같다. 맑고 밝게 소리 내어서 읽자. 옛 선조들은 소리를 내어서 읽어야만, 책 내용이 죽은 기호에서 살아 있는 말로 깨어난다고 생각했다. 눈으로 읽는 독서를 목독目讀 또는 묵독默讀이라 말한다. 눈으로만 읽는 독서를 옛날에는 오히려 괴이한 일로 생각했다. 한국인은 옛날에 서당에서 글을 소리 내어 읽었다.

변호사辯護士는 문장과 웅변으로 법리를 표현한다. 정확한 한글 사용은 소리音에서 시작한다. 웅장한 소리는 사람 기질氣質을 바꾼다. 소리가 웅장한 사람은 주목을 받는다. 내공內功이 울리는 소리이다. 사람 소리는 인간人間·인성人性·인격人格·인품人品을 대변한다.

도서관은 책을 소리 내면서 읽는 장소이다. 오늘날 도서관은 그러나 옛날 서당 전통을 계승하지 않았다. 고대 알렉산드리아 도서관은 소란스러운 공간이었다. 여러 사람이 언제나 하루 내내 알렉산드리아 도서관에서 소리 내어 책을 읽었다. 책 읽는 소리가 높은 천장 위로 웅웅대며 떠다녔다.

훈민정음訓民正音

형사재판刑事裁判에서

공판중심주의는 법정에서 묻고 답하는 열린 재판이다. 소리로 진행한다.

검사는 법정에서 공소장을 낭독한다. 훈민정음이다.

변호인은 변론이유서를 법정에서 설명한다. 훈민정음이다.

재판장은 법정에서 판결문을 선고한다. 훈민정음이다.

변호사는 방송에서 판결문을 해설한다. 훈민정음이다.

우리나라 법학전문대학원과 법학부는 낭독朗讀·낭송朗讀·암송暗誦의 효과를 아직도 정확히 모른다. 문해력文解力 공부 방법에 몰입沒入되어 있다. 도서관·학습실은 정말 고요하다. 법학 공부 방법은 변해야 한다. 말이 입에 잘 붙지 않고 뻑뻑하게 느껴지면 좋은 글이 아니고 올바른 공부도 아니다. 앞으로 법학전문대학원과 법학부는 판결문 낭독 강좌를 법학입문으로 개설해야 한다. 토론은 법학 수업의 기본이기 때문이다. 토론은 소리로 하는 최고의 공부방법이다.

4차 산업혁명과 낭독

4차 산업혁명은 진행 중이다. 온 세상이 인공지능이다. 정치인·지식인·경제인·산업인은 하루에 한 번씩 4차 산업혁명을 말한다. 4차 산업혁명은 '소리音'의 세상이다. 인공지능AI은 사람 소리를 알아듣고 지시한 업무를 수행한다. 소리 공부를 해야 더 깊이 이해할 수 있다. 모든 소리가 문자로 순간에 바뀌는 세상이다. 휴대전화로 동시통역도 가능한 세상이다. 소리 내면서 읽는 성독聲讀 전통을 부활해야 한다. 인공지능AI 시대에 우리가 가야 할 공부 방법이다. 묻고 답하는 시대이다. 우리 선조의 공부 방법이 빛을 웅장하게 발산하는 시대가 도래했다.

좋은 글은 소리 내어 읽어 보면 금방 안다. 낭독의 힘은 건강氣·열정情·시간節·돈金·성과實·재산財을 보장한다. 낭독 훈련은 발성과 청취로 사람 기운을 만든다. 정확한 훈련은 집중력으로 가능하다. 집중력은 뇌의 차원을 바꾸는 힘이 된다.

기운氣運은 소리音에서 나온다. 눈으로 읽는 간서看書와 소리 내면서 읽는 송서誦書는 차원이 완전히 다르다. 소리 내면서 읽는 습관이 운명을 바꾼다. 소리에 이상한 힘이 있음을 깨닫는다.

『**낭독 형사소송법판례**』를 읽으면서 자신과 세상을 더 깊이 이해하는 기쁨과 기회를 누리시길 기원한다. 상상해 보시라.

한국 법률가는 세미나에서 발표를 잘한다.
판결문 낭독 공부를 하기 때문이다.
한국 법률가는 목소리가 자기 넋임을 안다.
광부가 갱도를 파 들어가듯
잡념을 버리고 정신을 집중하여
판결문 암송하는 훈련을 한다.

– 2030년 법률가 목소리

이 책은 법학 교육 방법 개선을 갈망하며 1년을 갈아서 만든 연구서이다. 대한민국 형사소송법 제70주년1954 – 2024을 기념하며 만들었다. 2023년 형사소송법 판례로 제작했다. 『낭독 판례 시리즈 제2권』으로 『대법원 2023년 형사소송법 중요 판례』를 선정하였다. 형사소송법 제정 제100주년1954 – 2053까지 이어지길 소망한다.

법률문장론·법조계 글쓰기 개혁운동의 확산을 염원한다. 국민의 입술에서, 법률가의 입술에서, 가슴에서 오래도록 살아 있는 그런 명문의 형사판결문을 만나게 되기를 많은 사람이 바라고 있다.

훈민정음을 사랑하는 법조인

고종주 변호사님께 깊이 감사드린다. 고종주, 재판의 법리와 현실 – 소송사건을 이해하고 표현하는 방법, 법문사, 2011. 이 책이 나에게 큰 충격을 주었다. 고종주 변호사님은 훈민정음訓民正音을 사랑하는 법조인이다. 한글을 정말 소중히 가꾸는 시인·언어연구가이다. 수백 편의 시詩를 암송하시는 분이다. 고종주 변호사님의 문장은 예술품藝術品이다.

> 사람은 누구나 가슴 속에 하나의 문장을 가지고 있어야 한다는 말이 있지만, 한 인간의 삶은 어찌 보면 후세 사람들에게 의미 있는 문장 하나를 남기는 일이라고도 할 수 있다.
> 사람이 자신의 전 생애를 통하여 터득한 오직 하나의 문장, 한평생의 메시지가 응결된 다이아몬드 같은 문장은 우리를 숙연하게 하며 전율하게 한다. 그 도저(到底)한 문장 앞에서 우리는 옷깃을 여미며 신발을 벗기도 한다.
> 그리하여 철학자 프리드리히 니체는 오직 피로 쓴 문장만이 살아남을 수 있다고 했고, 작가 프란츠 카프카는 얼어붙은 인간의 내면을 깨뜨리는 도끼 같은 문장이 아니라면 왜 우리가 그걸 읽어야 하는지 모르겠다고 하였다.
> 유대인 수용소에 살아남은 엘리 비젤은 자기가 쓰는 글은 수용소에서 죽은 사람들의 가슴에 새기는 슬픈 비명(碑銘)이라고 했고, 동양의 어

느 선비는 글은 모름지기 대리석에 한자 한자 새기듯이 심혈을 기울여 자기를 주입하여야 한다고 썼다.

– 고종주·전 부산지방법원 부장판사

건강을 위하여 항상 기도드린다.

2024년 3월 1일
대한민국 형사소송법 제정 70주년 기념
대한민국 근대 형사소송법 발상지
부산 서구 구덕로 225·부민동 2가
동아대학교 법학전문대학원
仁德 하태영 올림

[논단]

대법원 판결문에서 법문장 문제점과 개선방안

1. "안타깝고 서글프다. 난해한 어휘와 길고 답답한 문장은 비난의 대상이 되었다. 긴 문장을 여러 개의 문장으로 나누고, 주어가 바뀌면 문장을 끝내야 하며, 세 줄을 넘으면 마침표를 찍고 새로 문장을 시작하고, 두괄식으로 글을 쓰자고 제의한다. 우리나라 판결문에 문제가 있다. 판결문의 문장구성방식에 기인한다. 동사 중심으로 다시 풀어씀으로써 우리 어법에 맞는 말로 돌아올 수 있다."(고종주, 재판의 법리와 현실 －소송사건을 이해하고 표현하는 방법－, 법문사, 2011, 142면).

2. "판결 문장 작성의 2대 원리 － 품위 있고 읽기 쉽게. 쉬운 단어와 짧은 문장, 핵심사항을 간결 명료, 귀로 읽어 걸림이 없어야 한다. 능동태로 사용한다. 단순 긍정으로 적는다. 구체적이고 생생하게 재현하고 논증은 두괄식이다. 어법에 맞는 단어와 문장을 정확하게 쓴다. 판결문이 그 자체로 완결성을 갖추었는지 최종 점검한다. 좋은 판결문은 완성도가 높다. 명료하여 오해 여지가 없어야 한다. 서술 체제가 잘 정돈되어 있어야 한다. 품위를 갖추고 있다는 점, 법원 견해이자 국가 의사, 소중한 의견과 희망을 담은, 향기롭고 아름다운 그릇이어야 한다."(고종주, 재판의 법리와 현실 －소송사건을 이해하고 표현하는 방법－, 법문사, 2011, 125~233면 요약).

3. "거대한 문장 덩어리를 바꾸어야 한다. 짧고 명료하게 판결문을 써야 한다. 판결문은 요점을 추려도 도해圖解가 가능해야 한다. 강제력이 있는 국가의 중요한 문서는 당사자를 설득하는 글이다. 동사 중심으로 돌아와야 한다. 진행과정의 끝이 장면으로 선명하게 떠올려야 정확한 의미를 터득할 수 있다."(고종주, 재판의 법리와 현실 －소송사건을 이해하고 표현하는 방법－, 법문사, 2011, 125~233면 요약).

4. "재판서는 실용 문서이므로, 건조한 학술논문식의 글쓰기를 연상시키는 방식이나 체제는 권장하고 싶지 않다. ① 짧은 문장, ② 쟁점별로 번호와 소제목 넣어 쓰기, ③ 결론을 앞에 내세우는 두괄식 문장 쓰기, ④ 도표와 수식, 각주 등 적절히 활용하기 등이다. 괄호를 벗긴 다음, 문장 중에 그 취지가 자연스럽게 녹아들게 표현한다. 법관의 책상 위에 용례가 풍부한 우리말 사전 외에 동의어 사전이 있어야 되는 이유가 바로 그 때문이다."(고종주, 재판의 법리와 현실 －소송사건을 이해하고 표현하는 방법－, 법문사, 2011, 157~160면 요약).

5. "역사에 길이 남는 명문은 주로 쉬운 문장이다. 국민들의 입술에서, 가슴에서 오래도록 살아 있는 그런 명문의 판결문을 만나게 되기를 많은 사람이 바라고 있다. 언어 광복이 있어야 한다. 법률문장론이나 법조계 글쓰기 개혁운동이 확산되어야 한다."(고종주, 재판의 법리와 현실 －소송사건을 이해하고 표현하는 방법－, 법문사, 2011, 167~169면 요약).

【출전】 하태영, 대법원 판결문에서 법문장 문제점과 개선방안, 동아법학 제75호, 동아대학교 법학연구소, 2017, 1–55면(51–52면).

차 례

제 3 장 공소와 심판대상 105

제 4 장 공 판 151

제5장 증 거 161

제 6 장 재 판 223

제 1 장

형사소송법 기초이론

01

01 무기평등원칙 _ 피고인 방어권과 변호인 변호권

01

무기평등원칙
피고인 방어권과 변호인 변호권

판결선고기일로 지정되지 않았던 일자에 판결선고절차를 진행한 경우 법령위반 및 방어권·변호권 침해 여부

대법원 2023. 7. 13. 선고 2023도4371 판결
[사기·횡령]

[공소사실 요지]

피고인은 피해자들을 기망하여 재물을 편취하였다.
검사는 피고인을 형법 제347조 제1항 사기죄로 기소하였다.
원심법원은 변론종결시 고지되었던 선고기일을 피고인과 변호인에게 사전에 통지하는 절차를 거치지 않은 채 변경하여 피고인에게 불리한 판결을 선고하였다.
피고인이 상고하였다.

[법리 쟁점]

[1] 판결선고기일로 지정되지 않았던 일자에 판결선고절차를 진행한 것이 공판기일의 지정에 관한 법령을 위반하여 판결에 영향을 미친 잘못이 있는지 여부(적극)
[2] 원심법원이 변론종결시 고지되었던 선고기일을 피고인과 변호인에게 사전에 통지하는 절차를 거치지 않은 채 변경하여 피고인에게 불리한 판결을 선고한 것이 피고인의 방어권과 이에 관한 변호인의 변호권을 침해하여 판결에 영향을 미친 잘못이 있는지 여부(적극)

[참조조문]

형법 제347조 제1항, 형사소송법 제383조

[참조판례]

대법원 2009. 6. 11. 선고 2009도1830 판결

[참조판례]
대법원 2009. 6. 11. 선고 2009도1830 판결

[원심 판단]
제1심법원은 피고인에게 유죄를 선고하였다.
원심법원은 피고인에게 유죄를 선고하였다.
원심은 제1회 공판기일인 2023. 3. 8. 변론을 종결하면서 제2회 공판기일인 선고기일을 2023. 4. 7.로 지정하여 고지하였다. 원심은 변론 종결 후 피해자와의 합의서 등 피고인에게 유리한 양형 자료 제출을 위한 기간을 고려하여 선고기일을 2023. 4. 7.로 지정하였다. 그런데 위 지정·고지된 바와 달리 2023. 3. 24. 피고인에 대한 선고기일이 진행되어 교도소에 재감 중이던 피고인은 교도관의 지시에 따라 법정에 출석하였다. 원심은 피고인의 항소를 기각하는 판결을 선고하였다.
피고인이 상고하였다.

[대법원 판단]
대법원은 원심판결을 파기하고, 사건을 춘천지방법원에 환송한다.
원심이 판결선고기일로 지정되지 않았던 일자에 판결선고절차를 진행하는 것은 공판기일의 지정에 관한 법령을 위반하여 판결에 영향을 미친 잘못이 있다고 할 것이다. 설령 재판장이 피고인이 재정한 상태에서 선고를 하겠다고 고지함으로써 선고기일이 변경된 것으로 보더라도, 양형자료 제출 기회는 방어권 행사의 일환으로 보호될 필요가 있다. 형사소송법 제383조에 의하면 10년 미만의 형이 선고된 사건에서는 양형이 부당하다는 주장은 적법한 상고이유가 될 수 없다. 그러므로 피고인에게는 원심판결의 선고기일이 양형에 관한 방어권을 행사할 수 있는 마지막 시점으로서 의미가 있다. 그런데 원심법원이 변론종결시 고지되었던 선고기일을 피고인과 변호인에게 사전에 통지하는 절차를 거치지 않은 채 급박하게 변경하여 판결을 선고함으로써 피고인의 방어권과 이에 관한 변호인의 변호권을 침해하여 판결에 영향을 미친 잘못이 있다. 대법원은 원심판결을 파기·환송하였다.

낭독 형사소송법 판결문 01

대법원 2023. 7. 13. 선고 2023도4371 판결 [사기·횡령]
<판결선고기일로 지정되지 않았던 일자에 판결선고절차를 진행한 경우 법령 위반 및 방어권·변호권 침해 여부>

판시 사항

[1] 판결선고기일로 지정되지 않았던 일자에 판결선고절차를 진행한 것이 공판기일의 지정에 관한 법령을 위반하여 판결에 영향을 미친 잘못이 있는지 여부(적극)
[2] 원심법원이 변론종결시 고지되었던 선고기일을 피고인과 변호인에게 사전에 통지하는 절차를 거치지 않은 채 변경하여 피고인에게 불리한 판결을 선고한 것이 피고인의 방어권과 이에 관한 변호인의 변호권을 침해하여 판결에 영향을 미친 잘못이 있는지 여부(적극)

판결 요지

[1] 형사소송법은 공판기일의 지정 및 변경 절차에 관하여
다음과 같이 규정한다.
판결의 선고는 변론을 종결한 기일에 하여야 하나,
특별한 사정이 있는 때
따로 선고기일을 지정할 수 있다(형사소송법 제318조의4 제1항).
• 판결선고기일 지정

재판장은 공판기일을 정하거나 변경할 수 있다(형사소송법 제267조, 제270조).
공판기일에는 피고인을 소환하여야 하고,
검사, 변호인에게 공판기일을 통지하여야 한다(형사소송법 제267조 제2항, 제3항). **• 공판기일 통지**

다만 이와 같은 규정이 준수되지 않은 채로

공판기일의 진행이 이루어진 경우에도
그로 인하여 피고인의 방어권, 변호인의 변호권이
본질적으로 침해되지 않았다고 볼 만한
특별한 사정이 있다면
판결에 영향을 미친 법령위반이라고 할 수 없다(대법원 2009. 6. 11. 선고 2009도1830 판결). • 방어권과 변호권 본질 침해와 법령위반

[2] 2023. 3. 24. **판결을 선고한 원심의 조치에는**
선고기일로 지정되지 않았던 일자에
판결선고절차를 진행함으로써
공판기일의 지정에 관한 법령을 위반하여
판결에 영향을 미친 잘못이 있다. • 공판기일 지정

설령 2023. 3. 24.
재판장이 피고인이 재정한 상태에서
선고를 하겠다고 고지함으로써
선고기일이
2023. 3. 24.**로 변경된 것으로 보더라도,**
양형자료 제출 기회는
방어권 행사의 일환으로 보호될 필요가 있다.
• 선고기일 예고와 방어권 행사 보장

형사소송법 제383**조에 의하면**
10**년 미만의 형이 선고된 사건에서 양형이 부당하다는 주장은**
적법한 상고이유가 될 수 없다.

그러므로 피고인에게는 원심판결의 선고기일이
양형에 관한 방어권을 행사할 수 있는
마지막 시점으로서 의미가 있다. • 선고기일 최종 방어권 행사 일자

원심법원이 변론종결시 고지되었던 선고기일을
피고인과 변호인에게 사전에 통지하는 절차를 거치지 않은 채
급박하게 변경하여 판결을 선고함으로써
피고인의 방어권과 이에 관한 변호인의 변호권을 침해하여
판결에 영향을 미친 잘못이 있다.
이를 지적하는 피고인의 상고이유 주장은
이유 있다. • 상고이유 - 방어권과 변호권 침해와 법령위반과 판결 영향

판결 해설

1. 피고인 방어권

피고인은 검사에 대립하는 당사자이다. 방어권의 주체이다. 방어권이란 피고인이 자기의 정당한 이익을 방어할 수 있는 권리이다. 방어를 준비하는 권리·진술권·진술거부권·증거조사 방어권·방어권 보충이 있다. 변호인 조력권·변호인 선임권·접견교통권·국선변호인 조력권이 있다. 방어권 행사는 참여권이다. 기피신청권·관할이전신청권·상고권·상소권회복청구권·압수·수색영장 집행에 참여권·증인신문 참여권·검증·감정 참여권이 있다. 수사와 재판에서 피고인 방어권을 침해하면 적법절차를 위반이다. 판결에 영향을 미치면 상고이유가 된다(이주원, 형사소송법, 제3판, 박영사, 2021, 41－43면 참조).

2. 변호인 변호권

변호인은 선임된 보조자이다. 피의자·피고인 방어권을 보충하는 임무를 수행한다. 형사소송법 제30조는 피의자·피고인에 대한 변호인 선임권을 규정하고 있다. 변호권은 대리권과 고유권이 있다. 변호인은 대리가 허용되는 모든 소송행위에 포괄적 대리권을 갖는다. 종속대리권은 관할이전신청·관할위반신청·상소취하·정식재판청구 등을 말한다. 독립대리권은 구속취소청구·보석청구·증거보전청구·증거조사 이의신청·공판기일변경신청 등을 말한다.

변호인은 변호인 지위에서 독자적 권리를 갖는다. 고유권은 접견교통권·피의자신문참여권·피고인신문권·상고심변론권을 말한다. 공판기일출석권과 최종의견진술권은 변호인과 피고인이 함께 가지는 권리이다(이주원, 형사소송법, 제3판, 박영사, 2021, 49－63면 참조).

3. 헌법 제12조 제4항 변호인 조력권

재판장이 변론종결시 고지하였던 선고기일을 변경하는 경우, 피고인과 변호인에게 사전에 통지하는 절차를 거쳐야 한다. 재판장이 급박하게 변경하여 판결을 선고하는 일은 피고인 방어권과 변호인 변호권을 심각하게 침해하는 일이다. 헌법 제12조 제4항 변호인 조력권 위반이다.

✎ 참조 조문

> ④ 누구든지 체포 또는 구속을 당한 때 즉시 변호인 조력을 받을 권리를 가진다. 다만 형사피고인이 스스로 변호인을 구할 수 없을 때 법률에 근거하여 국가가 변호인을 붙인다. • **헌법 제12조 제4항 변호인 조력권**

4. 상고이유

상고는 제2심판결에 대해 대법원에 제기하는 상소이다. 주된 기능은 법령해석 통일이다. 상고이유는 4가지로 엄격하게 제한한다. 피고인 방어권과 변호인 변호권 침해는 판결에 영향을 미친 헌법·법률 위반에 해당한다.

> 형사소송법 제383조(상고이유)
> 다음 사유가 있을 경우에는 원심판결에 대한 상고이유로 할 수 있다. 〈개정 1961.9.1, 1963.12.13〉
> 1. 판결에 영향을 미친 헌법·법률·명령 또는 규칙의 위반이 있는 때
> 2. 판결 후 형의 폐지나 변경 또는 사면이 있는 때
> 3. 재심청구의 사유가 있는 때
> 4. 사형, 무기 또는 10년 이상의 징역이나 금고가 선고된 사건에 있어서 중대한 사실의 오인이 있어 판결에 영향을 미친 때 또는 형의 양정이 심히 부당하다고 인정할 현저한 사유가 있는 때
>
> [출처] 형사소송법 일부개정 2024. 2. 13. [법률 제20265호, 시행 2024. 2. 13.] 법무부.

제2장

수 사

02~11

02 **반의사불벌죄** _ 성년후견인 처벌불원 의사표시 허용 논쟁

03 **반의사불벌죄** _ 주한미군기지에서 발생한 대한민국 군인 사이 폭행

04 **적법절차** _ 압수·수색 집행 후 복제본 추가 압수·수색

05 **적법절차** _ 압수조서 미작성과 전자정보 상세목록 미교부

06 **적법절차** _ 임의제출의 임의성과 관련성

07 **적법절차** _ 선행 사건 전자정보를 공범 수사용으로 새로이 탐색·출력

08 **적법절차** _ 압수한 증거물을 공범의 별건 범죄사실에 증거로 사용

09 **적법절차** _ 정보저장매체 임의제출과 소유자 본범 참여권

10 **적법절차** _ 임의제출·참여권·압수목록·제2차 증거·인과관계 희석·관련성

11 **적법절차** _ 임의제출 증거물·사법경찰관 압수조서 작성·형사소송법 취지

02

반의사불벌죄
성년후견인 처벌불원 의사표시 허용 논쟁

성년후견인이 의사무능력인 피해자를 대리하여 처벌불원의사를 결정할 수 있는지 여부

대법원 2023. 7. 17. 선고 2021도11126 전원합의체 판결
[교통사고처리특례법위반(치상)]

[공소사실 요지]

피고인이 자전거를 운행하던 중 전방주시의무를 게을리한 과실로 전방에서 보행 중이던 피해자를 들이받아 피해자에게 뇌손상 등의 중상해를 입게 한 사안이다. • 요약

1. 사실관계

피고인은 2018. 11. 19. 자전거를 운행하던 중 전방주시의무를 게을리하여 진행한 과실로 전방에서 보행하고 있던 피해자 공소외 1(남, 69세)을 보지 못하고 자전거 앞바퀴 부분으로 피해자를 들이받아 넘어지게 하였다. 결국 피고인은 업무상 과실로 피해자에게 열린 두개[頭蓋] 내 상처가 없는 미만성 뇌손상 등의 중상해를 입게 하였다.

2. 성년후견인의 처벌불원 의사표시

(1) 피해자는 위 사고로 의식불명이 되었고 치료를 받던 중인 2019. 6. 14.경 담당의사로부터 의사표현이 불가능한 식물인간 상태라는 취지의 진단을 받았다. 피해자는 제1심 변론종결일 무렵인 2020. 9. 21.경까지도 의식을 회복하지 못하였다.

(2) 피해자에 대하여 2019. 6. 20. 수원가정법원 2019느단50598 심판으로 성년후견이 개시되면서 성년후견인으로 피해자의 법률상 배우자인 공소외 2가 선임되었다. 위 법원은 성년후견인의 법정대리권의 범위에 '소송행위'를 포함시키고 그 대리권 행사에 법원의 허가를 받도록 정하였다.

(3) 공소외 2는 피고인 측으로부터 합의금을 수령한 후 제1심판결 선고 전인 2020. 11. 10. 제1심법원에 "피해자는 4,000만 원을 지급받고 피고인의 형사처벌을 원하지 않는다."라는 내용의 서면을 제출하였다.

[법리 쟁점]

성년후견인이 의사무능력인 피해자를 대리하여 반의사불벌죄의 처벌불원의사를 결정하거나 처벌희망의사를 철회할 수 있는지 여부(소극)

[참조조문]

[1] 헌법 제10조, 제12조 제1항, 형법 제1조 제1항, 제268조, 교통사고처리 특례법 제3조 제2항, 형사소송법 제26조, 제223조, 제225조, 제227조, 제228조, 제230조, 제232조, 제233조, 제236조, 제327조 제6호, 민법 제9조, 제929조, 제936조 제1항, 제938조, 제947조의2 / [2] 교통사고처리 특례법 제3조, 형법 제268조, 형사소송법 제26조, 제232조, 제236조, 제327조 제6호

[참조판례]

대법원 2004. 11. 11. 선고 2004도4049 판결, 헌법재판소 2021. 4. 29. 선고 2018헌바113 결정, 대법원 2009. 11. 19. 선고 2009도6058 전원합의체 판결, 대법원 1994. 4. 26. 선고 93도1689 판결, 대법원 2009. 11. 19. 선고 2009도6058 전원합의체 판결, 대법원 2001. 6. 15. 선고 2001도1809 판결, 대법원 2009. 11. 19. 선고 2009도6058 전원합의체 판결, 대법원 1994. 4. 26. 선고 93도1689 판결, 대법원 2009. 12. 24. 선고 2009도11859 판결, 대법원 2010. 5. 13. 선고 2009도5658 판결, 대법원 2016. 5. 19. 선고 2014도6992 전원합의체 판결, 대법원 2006. 5. 12. 선고 2005도6525 판결, 대법원 2016. 5. 19. 선고 2014도6992 전원합의체 판결, 대법원 1997. 3. 20. 선고 96도1167 전원합의체 판결, 대법원 2018. 5. 2. 자 2015모3243 결정, 대법원 2006. 6. 22. 자 2004스42 전원합의체 결정, 대법원 2022. 5. 26. 선고 2021도2488 판결

[원심 판단]

제1심법원은 피고인에게 유죄를 선고하였다.
원심법원은 피고인에게 유죄를 선고하였다.
형사소송절차에서 명문의 규정이 없으면 소송행위의 법정대리가 허용되지

않는다. 피해자가 의사능력이 없더라도 피해자의 성년후견인이 반의사불벌죄에 관해서 피해자를 대리하거나 독립하여, 처벌불원의사를 표시하는 것은 허용되지 않는다. 원심은 공소사실을 유죄로 인정한 제1심판결을 그대로 유지하였다.
피고인이 상고하였다.

[대법원 판단]
대법원은 상고를 기각한다.
피해자가 의사무능력인 경우 성년후견인이 피해자를 대리하여 처벌불원 의사표시를 할 수 없다.

대법관 박정화, 대법관 민유숙, 대법관 이동원, 대법관 이흥구, 대법관 오경미의 반대의견과 다수의견에 대한 대법관 노정희, 대법관 천대엽의 보충의견 및 반대의견에 대한 대법관 민유숙의 보충의견이 있다.
반대의견의 요지는 다음과 같다.
(1) 피해자가 의사능력을 결여한 경우, 형사소송법 제26조의 유추적용과 성년후견제도의 활용을 통해 가정법원이 선임한 성년후견인이 가정법원의 허가를 받아 반의사불벌죄에 관한 처벌불원 의사표시를 할 수 있다.
(2) 형사소송법은 반의사불벌죄에서 피해자의 의사능력이 결여된 경우 처벌불원 의사표시에 관하여 명시적인 규정을 두고 있지 않은 법률 흠결상태이다. 피해자가 의사무능력인 경우에도 피해자의 자기결정권을 구현하고 피해자의 복리·보호를 위하여 제3자가 피해자의 의사를 지원·보완하는 방법을 통해 처벌불원 의사표시를 할 수 있도록 하는 것이 필요하다.
(3) 형사소송법이 명시적으로 규정하고 있지 않다. 그러나 이를 금지하는 규정 또한 존재하지 않는다. 피고인 또는 피의자가 의사무능력일 경우 일정한 범위에서 법정대리인에 의한 소송행위 대리를 규정한 형사소송법 제26조를 유추적용하고 성년후견제도를 활용함으로써 피해자가 의사무능력인 경우 피해자의 처벌불원 의사표시를 지원·보완할 수 있다. 이러한 유추해석은 처벌조각사유를 확대하는 것으로 피고인에게 불리하지 않으므로 죄형법정주의에 반하지 않는다.
(4) 또한 본인의 의사와 잔존능력을 존중하여 정상적인 사회 구성원으로 활동할 수 있도록 도입된 성년후견제도의 취지를 반영하는 해석이기도 하다.

낭독 형사소송법 판결문 02

대법원 2023. 7. 17. 선고 2021도11126 전원합의체 판결 [교통사고처리특례법위반(치상)]

<성년후견인이 의사무능력인 피해자를 대리하여 처벌불원의사를 결정할 수 있는지 여부>

판시 사항

[1] 반의사불벌죄에서 성년후견인이 명문의 규정 없이 의사무능력자인 피해자를 대리하여 피고인 또는 피의자에 대하여 처벌을 희망하지 않는다는 의사를 결정하거나 처벌을 희망하는 의사표시를 철회하는 행위를 할 수 있는지 여부(소극) / 이는 성년후견인의 법정대리권 범위에 통상적인 소송행위가 포함되어 있거나 성년후견개시심판에서 정하는 바에 따라 성년후견인이 소송행위를 할 때 가정법원의 허가를 얻더라도 마찬가지인지 여부(적극)

[2] 피고인이 자전거를 운행하던 중 전방주시의무를 게을리하여 보행자인 피해자 갑을 들이받아 중상해를 입게 하였다는 교통사고처리 특례법위반(치상)의 공소사실로 기소되었고, 위 사고로 의식불명이 된 갑에 대하여 성년후견이 개시되어 성년후견인으로 갑의 법률상 배우자 을이 선임되었는데, 을이 피고인 측으로부터 합의금을 수령한 후 제1심 판결선고 전에 갑을 대리하여 처벌불원의사를 표시한 사안에서, 위 특례법 제3조 제2항에서 차의 운전자가 교통사고로 인하여 범한 업무상과실치상죄는 '피해자의 명시적인 의사'에 반하여 공소를 제기할 수 없도록 규정하여 문언상 그 처벌 여부가 '피해자'의 '명시적'인 의사에 달려 있음이 명백하므로, 을이 갑을 대신하여 처벌불원의사를 형성하거나 결정할 수 있다고 해석하는 것은 법의 문언에 반한다고 한 사례.

판결 요지

[1] [다수의견] **반의사불벌죄에서**

성년후견인은

명문의 규정이 없는 한
의사무능력자인 피해자를 대리하여
피고인 또는 피의자에 대하여
처벌을 희망하지 않는다는 의사를 결정하거나
처벌을 희망하는 의사표시를
철회하는 행위를 할 수 없다. • 성년후견인·반의사불벌죄 행사 불가

이는 성년후견인의 법정대리권 범위에
통상적인 소송행위가 포함되어 있거나
성년후견개시심판에서 정하는 바에 따라
성년후견인이 소송행위를 할 때
가정법원의 허가를 얻었더라도 마찬가지이다.
구체적인 이유는 아래와 같다. • 법정대리권 한계

(가) 형사소송절차 규정을 해석·적용할 때
절차적 안정성과 명확성이 무엇보다 중요하다.
문언의 객관적인 의미에 충실한 해석이 필수적이다.
특히 반의사불벌죄에서 처벌불원의사와 같이
소송조건과 관련된 규정은
국가소추권·형벌권 발동의 기본 전제가 된다.
형사소송절차의 명확성과 안정성,
예측가능성을 확보하기 위해서
법문에 충실한 해석의 필요성이
무엇보다 크다.

교통사고처리 특례법 제3조 제2항에 따르면,
차의 운전자가
교통사고로 인하여 범한

형법 제268조의 업무상과실치상죄는
'피해자의 명시적인 의사'에 반하여
공소를 제기할 수 없도록 규정한다.
문언상 그 처벌 여부가
'피해자'의 '명시적'인 의사에 달려 있음이 명백하다.
따라서 제3자가
피해자를 대신하여
처벌불원의사를 형성하거나
결정할 수 있다고 해석하는 것은
법의 문언에 반한다. • 문리해석

교통사고처리 특례법은 물론
형법·형사소송법에도
반의사불벌죄에서
피해자의 처벌불원의사에 관하여
대리가 가능하다거나
법정대리인의 대리권에
피해자의 처벌불원 의사표시가 포함된다는
규정을 두고 있지 않다.
따라서 반의사불벌죄의 처벌불원의사는
원칙적으로 대리가 허용되지 않는다고
보아야 한다. • 반의사불벌죄 처벌불원의사 대리 허용 불가

(나) 형사사법의 목적과 보호적 기능,
국가소추주의 내지
국가형벌독점주의에 대한 예외로서
반의사불벌죄의 지위 등을 감안하면,
반의사불벌죄에서

피고인 또는 피의자에 대하여 처벌을 원하지 않거나
처벌희망의 의사표시를 철회하는 의사결정 그 자체는
특별한 규정이 없는 한
피해자 본인이 하여야 한다.

• 반의사불벌죄 처벌불원의사 피해자 본인에게만 허용(=일신전속권)

범죄행위를 하여
처벌을 받아야 할 자에 대해서
합리적 의심의 여지가 없는 증명이 있음을 전제로
그에 상응한 처벌이 이루어져야 한다는
형사사법의 보호적 기능을 담보하기 위하여
현행법은
국가소추주의 내지 국가형벌독점주의를 원칙으로 정하고 있다.

• 국가소추주의와 국가형벌 독점주의

그런데 반의사불벌죄는
특정 유형의 범죄에 관하여
피해자의 의사를 최대한 존중하는 취지에서
특별히
피해자의 명시적인 의사를
소극적 소추조건으로 규정한 것이다.

• 피해자 명시 의사 소극적 소추조건 명시(=입법부 의사)

이는 우리 법질서가
사인의 형사사법절차에 대한 개입을
예외적으로 인정한 부분이다.

그럼에도 법이 예정한 범위나 정도를 벗어나
사인의 형사사법절차에 대한 개입을 확대하게 되면,

궁극적으로 형사사법의 보호적 기능이 약화되고
결과적으로
국가형벌권이 불공평하게 행사되는 결과가 초래될 수 있다.

그러므로 반의사불벌죄를 해석할 때
피해자의 일방적인 의사에 의해
국가의 공적인 형벌기능이
좌우되는 것을 방지할 수 있도록
국가소추권·형벌권의 공평한 행사,
법익 보호와 책임원칙이라는
형사사법의 대원칙까지 고려하여야 한다. • 형사사법 대원칙

반의사불벌죄는
피해자의 일방적 의사표시만으로
이미 개시된 국가의 형사사법절차가
일방적으로 중단·소멸되는
강력한 법률효과가 발생한다는 점에서도
처벌불원의사는
피해자의 진실한 의사에
기한 것이어야 한다. • 반의사불벌죄와 피해자의 진실한 의사

처벌불원에 관한
법정대리인의 의사표시를
피해자 본인의 의사와
같다고 볼 수는 없다. • 피해자 의사와 법정대리인 의사 구별

법정대리인의 의사표시는
그 자체로
피해자의 의사가 아닐 뿐만 아니라

피해자의 진실한 의사에
부합한다는 점에 관한 담보가
전혀 없기 때문이다.

결국 피해자의 처벌불원의사는
입법적 근거 없이
타인의 의사표시에 의하여
대체될 수 있는 성질의 것이 아니다.
일신전속적인 특성을 가진다. • 피해자 처벌불원의사와 일신전속권

(다) 형사소송법은
친고죄의 고소 및 고소취소와
반의사불벌죄의 처벌불원의사를
달리 규정하였다.
반의사불벌죄의 처벌불원의사는
친고죄의 고소
또는 고소취소와 동일하게
취급할 수 없다. • 친고죄 고소취소와 반의사불벌죄 처벌불원의사 구별

형사소송법은
고소 및 고소취소에 관하여,
고소권자에 관한 규정(형사소송법 제223조 내지 제229조),
친고죄의 고소기간에 관한 규정(제230조),
고소취소의 시한과 재고소의 금지에 관한 규정(제232조 제1항, 제2항), 불가분에 관한 규정(제233조) 등
다수의 조문을 두고 있다.

특히 형사소송법 제236조는
"고소 또는 그 취소는

대리인으로 하여금 하게 할 수 있다."라고 하여
대리에 의한 고소 및
고소취소에 관한 명시적 근거 규정을 두었다.

반면 반의사불벌죄에 관하여는
형사소송법 제232조 제3항에서
"피해자의 명시한 의사에 반하여
공소를 제기할 수 없는 사건에서
처벌을 원하는 의사표시를 철회한 경우에도
제1항과 제2항을 준용한다."라고 한다.
고소취소의 시한과
재고소의 금지에 관한 규정을
준용하는 규정 하나만을 두었을 뿐
반의사불벌죄의 처벌불원의사에 대하여는
대리에 관한 근거 규정을 두지 않았다.
대리에 의한 고소 및 고소취소에 관한
형사소송법 제236조를 준용하는 근거 규정도 두지 않았다.
• 반의사불벌죄와 형사입법

친고죄와 반의사불벌죄는
피해자의 의사가 소추조건이 된다는 점에서는 비슷하지만
소추조건으로 하는 이유·방법·효과는 같다고 할 수 없다.
피고인 또는 피의자의 처벌 여부에 관한
피해자의 의사표시가 없는 경우
친고죄는 불처벌을,
반의사불벌죄는 처벌을 원칙으로 하도록
형사소송법이 달리 취급하는 것도
그 때문이라고 할 수 있다. • 반의사불벌죄와 형사철학

형사소송법이
친고죄와 달리
반의사불벌죄에 관하여
고소취소의 시한과
재고소의 금지에 관한 규정을
준용하는 규정 외에
다른 근거 규정이나 준용 규정을 두지 않은 것은
이러한 반의사불벌죄의 특성을 고려하여
고소 및 고소취소에 관한 규정에서 규율하는 법원칙을
반의사불벌죄의 처벌불원의사에 대하여는
적용하지 않겠다는
입법적 결단으로 이해하여야 한다. • 반의사불벌죄와 형사정책

피해자가 아닌 제3자에 의한 고소 및 고소취소
또는 처벌불원의사를 허용할 것인지 여부는
친고죄와 반의사불벌죄의 성질상 차이 외에
입법정책의 문제이기도 하다.
이는 반의사불벌죄에서
처벌불원 의사결정 자체는
피해자 본인이 해야 한다는 입법자의 결단이 드러난 것이다.
피해자 본인의 진실한 의사가 확인되지 않는 상황에서
함부로 피해자의 처벌불원의사가 있는 것으로
추단해서는 아니 됨을 의미한다. • 반의사불벌죄와 입법정책

(라) 민법상 성년후견인이
형사소송절차에서
반의사불벌죄의 처벌불원 의사표시를

대리할 수 있다고 보는 것은
피해자 본인을 위한 후견적 역할에
부합한다고 볼 수도 없다. • 성년후견 입법철학

피해자를
사건본인으로 하는 성년후견개시심판과
피고인 또는 피의자를 당사자로 하는 형사소송절차는
완전히 별개의 절차이다.
가정법원에 의한 성년후견인 선임은
형사소송절차에 대한 별도의 고려 없이
가사재판이 추구하는 가치를
충실히 구현할 수 있는 관점에서 이루어진다.
피해자 본인의 의사가
무엇보다 중요한 형사소송절차에서
반의사불벌죄에 대한 처벌불원의사에까지
성년후견인에게 대리를 허용하는 것은
피해자 보호를 비롯한 형사사법이 추구하는
보호적 기능의 구현과 무관할 뿐만 아니라
오히려 이에 역행한다고
볼 여지도 있다. • 민법과 형사소송법 보호기능 구별

반의사불벌죄가 아닌 범죄에서
피해자와의 합의 내지 피해자의 처벌불원의사는
유리한 양형참작사유에 해당할 여지가 있다.
피고인이나 피의자는
피해자와 합의를 하려는 적극적인 유인이 있다.
이러한 합의는
성년후견인을 통해서도 당연히 가능하다.

그러나 반의사불벌죄에서
피해자의 진실한 처벌불원의사가 확인되지 않음에도
성년후견인에 의한
처벌불원의사의 대리를 허용하는 것은
피해자가 아닌
피고인 또는 피의자의 이익·관점에
지나치게 경도된 것이다. • 피해자 관점 해석

반의사불벌죄에서
처벌불원의사로 국가의 형사사법기능이 중단되는 것은
그것이 '피해자'의 의사라는 점에서 정당성을 찾을 수 있다.
피해자가 의사무능력인 상황에서
성년후견인이
처벌불원의사를 대신 결정할 수 있도록 하는 것이
피해자 복리·보호에 부합한다고
추단할 수는 없다. • 피해자 복리·보호론

(마) 반의사불벌죄는
피해자에 대한 피해회복 등 당사자 사이에
사적인 분쟁해결을 촉진하고 존중하려는 취지도
포함되어 있다.

그러나 피해자의 처벌불원의사의 존부에
지나치게 무게중심을 두는
형사사법절차는
현실적으로 피해자에 대한 2차 가해와 같은
사회적 갈등이나 추가적인 법적 분쟁을 일으키는
주요한 원인이 될 수도 있다.

처벌불원의사를 표시하지 않는 행위가
피고인 또는 피의자에 대한 가혹함으로 치부되어,
결과적으로 피해자가 원치 않는 의사표시를
강요당하는 상황에 처할 수 있기 때문이다.

• 피해자 2차 가해 원인과 의사표시 강요 상황 유발 원인

2023. 7. 1. 시행된 대법원 양형기준은
'처벌불원' 또는 '합의'의 지위를
범죄별로 차등하여 규정하고,
정의 규정을 새롭게 정비함으로써
처벌불원과 합의의 양형인자로서의 기능을
체계적으로 세분화하였다.

새로 시행된 형사공탁제도는
인적사항이 특정되지 않은 상황에서도
피해자에 대한 공탁을 가능하게 함으로써
피해자의 보호라는 형사사법의 목적을 훼손하지 않으면서
피해회복과 유리한 양형인자를
확보할 수 있게 하였다.

이러한 제도적 변화까지 고려하면,
양형기준을 포함한 현행 형사사법 체계 아래에서
성년후견인이
의사무능력자인 피해자를 대리하여
피고인 또는 피의자와 합의를 한 경우에는
이를 소극적인 소추조건이 아니라
양형인자로서 고려하면 충분하다. • 합의와 양형인지

[대법관 박정화, 대법관 민유숙, 대법관 이동원, 대법관 이흥구, 대법관 오경미의 반대의견]

(가) 형사소송법은
반의사불벌죄에서
피해자의 의사능력이 결여된 경우
처벌불원 의사표시에 관하여
명시적인 규정을 두고 있지 않은
법률 흠결상태이다.
피해자가 의사무능력인 경우에도
피해자의 자기결정권을 구현하고
피해자의 복리·보호를 위하여
제3자가
피해자의 의사를 지원·보완하는 방법을 통해
처벌불원 의사표시를 하는 것이 필요하다. • 형사정책

피고인에게 유리한 방향으로
형사소송법의 관련 규정들을
유추적용할 필요성이 매우 크다.
그것이 본인의 의사와 잔존능력을 존중하여
가능한 최대한도에서
정상적인 사회의 구성원으로
활동할 수 있도록
새롭게 도입된 성년후견제도의 취지를 반영하는 해석이다.
• 성년후견제도 취지 반영론

따라서 반의사불벌죄에서
의사능력이 없는 피해자에게

성년후견이 개시되어 있는 경우
성년후견인이
가정법원의 허가를 받아
처벌불원의 의사표시를 할 수 있다고 보아야 한다.

• 가정법원 허가 후 허용론

(나) 형사소송법이
피해자의 의사무능력에 관하여
그 대리에 관한 아무런 규정을 두지 않은 것은
보충이 필요한 법률의 흠결에 해당한다.
성년후견인에 의한 처벌불원 의사표시의 허용은
피고인에게 불리하지 않으므로
유추해석을 허용하더라도 죄형법정주의에 반하지 않는다.

다수의견은
형사소송법상의 법률의 흠결을
입법정책 내지 입법재량으로만 이해하고
새로운 제도의 도입으로 인한
유추해석의 필요성과 허용성을
지나치게 협소하게 파악하였다.

그러한 해석론은 피해자의 생활반경을
극히 제한적인 영역으로만 한정하면서
성년후견제도의 이용가능성을 원천적으로 봉쇄하여
피해자의 복리와 보호를 후퇴시키고
소극적 소송조건을 부당하게 축소해석함으로써
결과적으로 처벌범위를 확대하는 것이 되어
타당하지 않다. • 소극적 소송조건 부당한 축소해석론

(다) 성년후견인에 의한
피후견인의 자기결정권에의 지원·보완은
관련 민법 규정들과 성년후견제도에 의하여 허용된다.

의사결정능력이 제한되거나 상실된 사람의
자기결정권 행사를 지원·보완하는 것은
'장애인의 권리에 관한 협약(Convention on the Rights of Persons with Disabilities)'을 비롯하여
국민의 헌법상의 권리인
인간으로서의 존엄과 가치,
행복을 추구할 권리를
보장받기 위한 제도적 장치이다.

형사재판의 피해자라는 이유로
보호에서 제외될 수 없다.
특히 예상하지 못한 사고로
인지능력을 상실한 피해자는
가해자에 대한 민사소송과
가해자를 피고인으로 하는 형사소송 등
여러 법률적 분쟁에 휘말리게 된다.
그런데 위 민사소송과 형사소송은
피해를 입게 된 원인인
역사적 사실이 서로 동일하다.
따라서 인지능력을 상실한 피해자를 대신하여
각 소송을 수행하는
성년후견인으로서는
민사와 형사를 분리하여

각 소송별로 독자적인 해결책을 모색하기보다는
이들을 통틀어 일체로 파악하여
총체적·전체적 관점에서
피해자의 최선의 이익을
추구하는 방향으로
해결책을 모색할 가능성이 높다.
이 점에서 각 소송은 상호 밀접하게 관련되어 있다.

따라서 민사소송에서든 형사소송에서든
성년후견인의 행위는
피해자의 최선의 이익이라는
동일한 지향점 위에
상호 유기적으로 연결되어 있다고 볼 수 있다.
양자를 분리하여 파악하는 것은
타당하다고 보기 어렵다.
손해배상금을 수령하는 행위와
처벌불원서를 제출하는 행위는
밀접하게 결합되어
전체적으로
피해자를 법률분쟁으로부터
해방시키는 절차를
구성하는 것이다.

이때 가정법원은
후견감독기관으로서
각 행위를 위한 허가재판에서
피해자의 의사능력결여 정도와
피해자복리 적합성을 심리하여 재판한다.

가정법원의 성년후견심판과
형사재판은 전혀 관계가 없다는 견해는
동의하기 어렵다. • 법을 통한 평화 보장론

개인의 신상에 관한 의사결정이
본인의 진실된 의사로 이루어져야 한다는 점은
반대의견의 전제이기도 하다.
그러나 인간은 예상하지 못한 사유로
의사능력을 상실할 수 있다.
그때에도 여전히 결정하여야 할 대상이 존재한다.
성년후견인에 의한 의사결정권의 지원·보완은
제3자에 의한 의사결정의 대행·대체가 아니라
본인의사에 관한 진지하고 철저한 탐구·확인을 통하여
가정법원이
선임한 공적 지위의 성년후견인으로 하여금
본인의사가 실질적으로 실현된 것과
동일한 법률적 효과를 지향하고
그 과정에서도 법원의 후견감독기능을 개입시켜
본인의 자기결정권 행사를 담보하려는 것이다. • 법원 후견감독기능

다수의견이 우려하는
피해자 복리와의 충돌,
피해자 의사의 무력화 등의 위험은
가정법원의 허가재판에서
걸러지게 될 것이다. • 가정법원 허가재판

(라) 다수의견은
의사무능력자인 피해자의 성년후견인이 한

처벌불원의사 내지 형사합의는
양형참작사정으로 고려하는 것으로 충분하다고 한다.
성년후견인이
피해자를 대리하여
손해배상금을 수령하는 행위를
피해변제로 참작할 수 있다는 점에 대하여는
반대의견도 이견이 없다.
피해변제의 측면에서
형사공탁제도의 취지와
도입배경에 관한 다수의견의 이해 역시
이를 다투지 않는다.

그러나
피해자의 처벌불원의사는
'피해자 본인의 진정한 의사'에 기하여
'상대방을 용서'하는 것이다.
다수의견이
가해자를 용서하고
그의 처벌을 원하지 않는다는 의사의 결정은
의사능력을 갖춘 피해자 본인에 의하여만
할 수 있다고 하면서도
처벌불원서를 양형참작사정으로서
적법유효한 처벌불원의사로 취급하는 것은
수긍하기 어렵다.

이러한 시각은
소극적 소송조건으로서의 처벌불원의사와
양형요소로서 기능할 수 있는 처벌불원의사의 의미를

이원적으로 파악하는 것이다.
그와 같은 이원적 취급의 근거를 알기 어렵다.
'처벌불원의사'의 의미를
형사소송절차 전반에 걸쳐
동일하게 새겨야 하는 것이
타당함은 다언을 요하지 않을 것이다.
'처벌불원의사'의 소송절차상의 지위나 기능을
그 절차적 특성이나 심리의 단계에 따라
다르게 파악하는 것은
'처벌불원의사'의 개념을 정의한 이후에
비로소 논의될 성질의 문제이다.

다수의견은 '처벌불원의사'의 의미를
심리절차에 따라 다르게 파악하고 있다는 점에서
동의하기 어렵다.
이 점에서 피해자 본인의 진실한 의사에 따른 처벌불원서가
항소심에서 제출되는 경우
양형참작사정으로 인정되는 것과는 다르다고
할 것이다. • 처벌불원의사의 소송절차상 지위와 기능

[2] 피고인이
자전거도로에서 자전거를 운행하던 중
전방주시의무를 게을리하여
보행자인 피해자 갑을 들이받아 중상해를 입게 하였다.
교통사고처리 특례법 위반(치상)의 공소사실로 기소되었다.

위 사고로 의식불명이 된 갑에 대하여
성년후견이 개시되어

성년후견인으로 갑의 법률상 배우자 을이 선임되었다.
을이 피고인 측으로부터 합의금을 수령한 후
제1심 판결선고 전에
갑을 대리하여 처벌불원의사를 표시한 사안이다.

위 특례법 제3조 제2항에서
차의 운전자가 교통사고로 인하여 범한 업무상과실치상죄는
'피해자의 명시적인 의사'에 반하여
공소를 제기할 수 없도록 규정하여
문언상 그 처벌 여부가
'피해자'의 '명시적'인 의사에 달려 있음이 명백하다.

그러므로 갑의 성년후견인인 을이 갑을 대신하여
처벌불원의사를 형성하거나 결정할 수 있다고 해석하는 것은
법의 문언에 반한다는 이유로,
같은 취지에서 공소사실을 유죄로 인정한
원심의 판단이 정당하다고 한 사례.

• 성년후견인 처벌불원 의사표시 불허용·유죄·상고기각

판결 해설

반의사불벌죄는 친고죄보다 법익침해가 중하다. 불처벌 명시적 의사표시는 대개 깊이 반성하거나 또는 피해변상을 통해 합의한 피의자·피고인을 위해 피해자가 행하는 것이다(손동권·신이철, 형사소송법, 제4판, 세창출판사, 2019, 197면).

성년후견인의 소송행위 대리는 명문 규정이 없다. 긍정설과 부정설이 대립한다. 판례는 부정설 입장이다. 형사소송법에 근거 규정 또는 준용 규정이 없으면, 반의사불벌죄에서 처벌불원의사를 대리할 수 없다. 입법철학과 형사정책이 담겨있다. 대리인과 피의자·피고인과 합의는 양형자료이다. 법원은 유죄·무죄 실체 판결을 한다.

그러나 피해자가 본인 스스로 처벌불원의사표시를 한 경우, 법원은 형사소송법 제327조 제6호에 근거하여 공소기각판결을 선고한다(이창현, 사례형사소송법, 제7판, 정독, 2024, 74-75면).

■ 형사판결과 민사판결 비교분석

미성년자인 환자에 대한 진료 과실 등으로 병원에 손해배상을 구하는 사건

대법원 2023. 3. 9. 선고 2020다218925 판결 [손해배상(의)]

[사건 개요]

1. 원고 1(당시 11세 7개월)은 2016. 6. 17. 모야모야병 치료를 위해 피고 서울대학교병원(이하 '피고 병원'이라 한다)에 내원하였다. 원고 1의 어머니 원고 2는 피고 병원 의료진으로부터 모야모야병 치료를 위한 간접 우회로 조성술 시행 전 검사로서 뇌혈관 조영술(이하 '이 사건 조영술'이라 한다)을 하여야 한다는 설명을 들었다.
2. 원고 1은 2016. 6. 30. 피고 병원에 입원한 뒤 2016. 7. 1. 09:00경부터 10:20경까지 이 사건 조영술을 받은 후 10:37경 병실로 옮겨졌다.
3. 원고 1은 2016. 7. 1. 12:02경부터 간헐적으로 입술을 실룩이면서 경련 증상을 보이기 시작했다. 그런데 16:01경 경련이 가라앉은 듯하다가 16:20경 다시 경련 증상이 나타났다. 이에 17:26경 뇌 MRI 촬영검사가 시행되었다. 그 결과 좌측 중대뇌동맥에 급성 뇌경색 소견이 보여 18:52경 중환자실로 옮겨져 집중치료를 받았다.
4. 원고 1은 2016. 7. 13. 간접 우회로 조성술을 받은 다음, 2016. 7. 20. 피고 병원을 퇴원하였다. 그러나 영구적인 우측 편마비 및 언어기능 저하가 후유장애로 남게 되었다.

[법리 쟁점]

미성년자인 환자에게 의료행위에 관한 설명을 하지 않은 것에 대하여 설명의무 위반으로 손해배상을 구할 수 있는지 여부(원칙적 소극)

[참조조문]

[1] 의료법 제24조의2, 민법 제750조 / [2] 의료법 제24조의2 제1항, 제2

항, 응급의료에 관한 법률 제9조 제1항, 제2항, 생명윤리 및 안전에 관한 법률 제16조 제1항, 제2항, 민법 제750조

[참조판례]

[1] 대법원 1994. 4. 15. 선고 93다60953 판결(공1994상, 1440), 대법원 2022. 1. 27. 선고 2021다265010 판결(공2022상, 446)

[원심 판단]

원고는 피고 병원에서 모야모야병 치료를 위한 뇌혈관 조영술을 시행한 후 급성 뇌경색이 발병하여, 영구적인 우측 편마비 및 언어기능 저하가 후유장애로 남게 된 미성년자인 환자이다.
원심은 원고의 후유장애 발생에 피고 병원의 업무상 과실은 없다고 판단하면서도 의사가 미성년자인 원고에게 설명의무를 다 하지 않아 원고의 자기결정권을 침해하였다고 판단하면서 원고에 대한 위자료 지급을 명하였다.

1. 피고 병원 의료진이 이 사건 조영술을 선택, 시행하는 과정에서나 시행한 후에 적절한 조치를 다하였다. 원고 1의 뇌경색과 후유장애 발생에 피고 병원 의료진의 주의의무 위반이 없다. 원고들이 피고 병원 의료진의 주의의무 위반을 원인으로 구하는 손해배상청구를 받아들이지 않았다.
2. 또한 원고 2의 설명의무 위반에 따른 손해배상청구도 받아들이지 않았다. 필요한 심리를 다하지 않은 채 논리와 경험의 법칙에 반하여 자유심증주의의 한계를 벗어나거나 의료행위에 있어서 주의의무와 설명의무 등에 관한 법리를 오해하여 판결에 영향을 미친 잘못이 없다.
3. 피고 병원 의료진이 원고 1(당시 11세 7개월·미성년자)에게 이 사건 조영술의 시행과정이나 시행 후에 발생할 수 있는 위험성을 구체적으로 설명하지 않아 원고 1의 자기결정권을 침해하였다. 그에 대한 위자료를 지급하여야 한다.

원고와 피고가 모두 상고하였다.
원고, 상고인 겸 피상고인
원고 1(개명 전 성명: ○○○)
미성년자이므로 법정대리인 친권자 부 △△△, 모 원고 2
원고, 상고인
원고 2(개명 전 성명: □□□)

피고, 피상고인 겸 상고인
서울대학교병원

[대법원 판단]
대법원은 원심판결 중 피고 패소 부분을 파기하고, 이 부분 사건을 서울고등법원에 환송한다.
원고들의 상고를 모두 기각한다.
관련 규정의 취지상 원고도 의사의 설명의무 대상이다. 그러나 일반적인 의료행위 모습, 미성년자의 복리 등을 고려할 때, 의료행위에 관한 설명이 미성년자에게 전달되지 않거나 또는 미성년자의 의사가 배제될 것이 명백한 경우가 아니면, 친권자나 법정대리인에게 설명하면, 미성년자에 대한 설명의무를 이행한 것으로 보아야 한다. 이 사건에서 피고 병원 의사가 원고에게 설명의무를 다하였다고 볼 여지가 있다. 대법원은 원심판결을 일부 파기·환송하였다.

판시 사항

[1] 의사의 설명의무의 내용

[2] **의사가 미성년자인 환자에 대해서 의료행위에 관한 설명의무를 부담하는지 여부(원칙적 적극) / 의사가 미성년자인 환자의 친권자나 법정대리인에게 의료행위에 관하여 설명한 경우, 그러한 설명이 친권자나 법정대리인을 통하여 미성년자인 환자에게 전달됨으로써 의사는 미성년자인 환자에 대한 설명의무를 이행하였다고 볼 수 있는지 여부(적극) / 의사가 미성년자인 환자에게 직접 의료행위에 관하여 설명하고 승낙을 받을 필요가 있는 특별한 사정이 있는 경우, 의사가 미성년자인 환자에게 직접 설명의무를 부담하는지 여부(적극) 및 이때 설명 정도**

판결 요지

[1] **의사는**
응급환자의 경우나 그 밖에 특별한 사정이 없는 한
환자에게

수술 등 인체에 위험을 가하는 의료행위를 할 경우
그에 대한 승낙을 얻기 위한 전제로서
환자에게
질병의 증상,
치료방법의 내용 및 필요성,
발생이 예상되는 생명,
신체에 대한 위험과 부작용 등에 관하여
당시의 의료수준에 비추어
환자가 의사결정을 함에 있어
중요하다고 생각되는 사항을
구체적으로 설명하여
환자로 하여금
수술 등의 의료행위에 응할 것인지
스스로 결정할 기회를 가지도록 할
의무가 있다(대법원 1994. 4. 15. 선고 93다60953 판결, 대법원 2022. 1. 27. 선고 2021다265010 판결 등 참조). • 환자 자기결정권

[2] 의료법 제24조의2 제1항, 제2항은
의사·치과의사 또는 한의사가
사람의 생명 또는 신체에
중대한 위해를 발생하게 할 우려가 있는
수술, 수혈, 전신마취를 하는 경우
수술 등에 따라
전형적으로 발생이 예상되는
후유증 또는 부작용 등을
환자에게,
환자가 의사결정능력이 없는 경우

환자의 법정대리인에게 설명하고
서면으로
그 동의를 받아야 한다고 규정하고 있다.

• 환자에게 설명의무·환자가 의사결정능력이 없는 경우 법정대리인에게 설명의무

또한 「응급의료에 관한 법률」
제9조 제1항, 제2항은
응급의료종사자가
의사결정능력이 없는 응급환자에 대하여
응급의료를 하여야 하는 경우
응급환자의 법정대리인이 동행하였으면
그 법정대리인에게
응급의료에 관하여 설명하고
동의를 받아야 한다.

법정대리인이 동행하지 아니하였다면
동행한 사람에게
설명한 후
응급처치를 하여야 한다고 규정하고 있다.

「생명 윤리 및 안전에 관한 법률」
제16조 제1항, 제2항은
인간대상연구를 함에 있어
인간대상연구자는
연구대상자로부터 서면동의를 받아야 한다.
그런데 동의 능력이 없거나
불완전한 사람으로서
아동복지법 제3조 제1호의

18세 미만인 아동이 참여하는 연구의 경우
법정대리인 등의 서면동의를 받아야 하고,
이 경우 법정대리인 등의 동의는
연구대상자의 의사에 어긋나서는
아니 된다고 규정하고 있다.

[3] 이러한 의료법 및 관계 법령들의 취지에 비추어 보면,
환자가 미성년자라도
의사결정능력이 있는 이상
자신의 신체에 위험을 가하는
의료행위에 관한 자기결정권을 가질 수 있다.
그러므로 원칙적으로
의사는
미성년자인 환자에 대해서
의료행위에 관하여
설명할 의무를 부담한다. • 미성년 환자에게 설명의무

그러나 미성년자인 환자는
친권자나 법정대리인의 보호 아래
병원에 방문하여
의사의 설명을 듣고
의료행위를 선택·승낙하는 상황이 많을 것이다.
이 경우 의사의 설명은
친권자나 법정대리인에게 이루어지고
미성년자인 환자는
설명 상황에 같이 있으면서
그 내용을 듣거나
친권자나 법정대리인으로부터

의료행위에 관한 구체적인 설명을 전해 들음으로써
의료행위를 수용하는 것이 일반적이다.
아직 정신적이나 신체적으로
성숙하지 않은 미성년자에게는
언제나 의사가
직접 의료행위를 설명하고
선택하도록 하는 것보다는
이처럼 미성년자와 유대관계가 있는
친권자나 법정대리인을 통하여
설명이 전달되어 수용하게 하는 것이
미성년자의 복리를 위해서
더 바람직할 수 있다.
따라서 의사가
미성년자인 환자의 친권자나
법정대리인에게
의료행위에 관하여 설명하였다면,
그러한 설명이
친권자나 법정대리인을 통하여
미성년자인 환자에게 전달됨으로써
의사는 미성년자인 환자에 대한
설명의무를 이행하였다고 볼 수 있다.

• 미성년자인 경우 법정대리인에게 설명의무 이행

다만 친권자나 법정대리인에게 설명하더라도
미성년자에게 전달되지 않아
의료행위 결정과 시행에
미성년자의 의사가 배제될 것이 명백한 경우나

미성년자인 환자가
의료행위에 대하여
적극적으로 거부 의사를 보이는 경우처럼
의사가
미성년자인 환자에게
직접 의료행위에 관하여 설명하고
승낙을 받을 필요가 있는
특별한 사정이 있으면,
의사는
친권자나 법정대리인에 대한 설명만으로
설명의무를 다하였다고 볼 수는 없다.
미성년자인 환자에게 직접 의료행위를 설명하여야 한다.

• 미성년자가 적극 거부를 할 경우 미성년 환자에게 직접 의료행위 설명

이와 같이
의사가
미성년자인 환자에게 직접 설명의무를 부담하는 경우
의사는
미성년자인 환자의 나이,
미성년자인 환자가
자신의 질병에 대하여
갖고 있는 이해 정도에 맞추어
설명을 하여야 한다. • 미성년자에게 설명할 경우 설명범위와 설명방법

[4] 위 법리와 기록에 비추어 원심판결의 이유를 살펴본다.
원심은
피고 병원 의료진이
2016. 6. 30. 원고 2에게

이 사건 조영술에 관하여 설명하였다.
원고 2는
이 사건 조영술 시술동의서에
환자의 대리인 또는 보호자로서 서명하였다고 인정하였다.
그렇다면
원고 1은 원고 2로부터
피고 병원 의료진의 설명 내용을 전해 듣고
이 사건 조영술 시행을 수용하였을 가능성이 높다.
당시 원고 2와 함께
피고 병원 의료진의 설명을 들었을 수도 있다.
사정이 이러하다면 특별한 사정이 없는 한
피고 병원 의료진은 원고 1에게 설명의무를
다하였다고 볼 수 있을 것이다. • 법정대리인에게 설명의무 이행

원심이
피고 병원 의료진이
이 사건 조영술에 관한
설명의무를 이행하지 않았음을 문제 삼아
원고 1의 자기결정권이
침해되었다고 판단하려면
우선 원고 1에게
의료행위의 의미를 이해하고
선택·승낙할 수 있는 결정 능력이 있는지를 심리하여야 한다.
원고 1이 그러한 능력을 가지고 있다고 판단된다면
원고 2에게 이 사건 조영술에 관한 설명을 하였더라도
원고 1에게 직접 설명하여야 하는
특별한 사정이 있었는지를 심리하였어야 했다.

그런데도 원심은 이러한 심리를 하지 않은 채
원고 1에게 직접 설명하였다는 사정이 없었다는 이유만으로
피고 병원 의료진이 원고 1의 자기결정권을
침해하였다고 판단하였다.
이러한 원심 판단은
미성년자인 환자에 대한 의사의 설명의무에 관한
법리를 오해함으로써 필요한 심리를 다하지 아니하여
판결에 영향을 미친 잘못이 있다. • 설명의무 법리 오해

그러므로 피고의 나머지 상고이유에 관한 판단을 생략한 채,
원심판결 중 피고 패소 부분을 파기하고
이 부분 사건을 다시 심리·판단하도록 원심법원에 환송하며,
원고들의 상고를 모두 기각하기로 하여,
관여 대법관의 일치된 의견으로 주문과 같이 판결한다.

판결 해설

대법원은 형사사건에서 법정대리인의 처벌불원의사를 인정하지 않는다. 반면 민사사건에서 미성년자인 경우 법정대리인에게 설명의무를 이행하고 동의를 받아 의료행위를 할 수 있다고 인정한다. 법정대리인이 미성년자의 이익을 위해 설명을 받고 미성년 건강을 위해 환자의 자기결정권을 대리할 수 있다. 미세하지만 차이가 있다. 형법과 민법의 법리가 다르다. 이를 동일하게 보는 입장이 형사사건에서 소수 견해이다. 입법론으로 해결하여 분쟁을 줄이는 방안이 있을 것이다.

1. 반의사불벌죄 개념

반의사불벌죄는 피해자 의사와 공소제기를 연결한 범죄이다. 검사는 피해자가 명시한 의사에 반하여 공소를 제기할 수 없다. 검사가 공소를 제기하여도 제1심 선고 전에 피해자가 처벌을 원하지 않는다는 의사를 명시적으로 밝힌 때 공소제기가 부적법하여 공소기각판결을 선고한다.

2. 반의사불벌죄 규정

형법 제260조 제3항 폭행죄·형법 제283조 제3항 협박죄·형법 제312조 제2항 명예훼손죄·형법 제266조 제2항 과실치상죄가 반의사불벌죄이다. 군형법 제60조6 제1호는 군사기지에서 군인을 폭행 또는 협박한 경우 형법 제260조 제3항과 제283조 제3항 반의사불벌죄 적용을 배제한다(임웅, 형법총론, 제13정판, 법문사, 2023, 100－101면).

3. 반의사불벌죄에서 처벌불원 의사표시자

반의사불벌죄에서 피고인에 대한 처벌불원 의사표시를 할 수 있는 사람은 원칙적으로 피해자 본인이다. 피해자가 미성년자라도 어느 정도 의사능력과 변별능력이 있으면, 본인이 처벌불원 의사표시를 할 수 있다.

피해자가 피고인 처벌에 관하여 아무런 의사표시를 하지 않고 사망한 경우, 그 의사표시에 관한 권한이 상속인에게 승계가 되지 않는다. 따라서 피해자 상속인이 피고인과 합의하고 피고인에 대한 처벌불원의 의사표시를 하더라도, 공소기각판결 사유가 되지 않는다(임동규, 형사소송법, 제17판, 법문사, 2023, 152면).

피고인이 뇌손상으로 의사표시를 할 수 없는 경우에도 동일한 법리가 적용된다. 일신전속적 법익 침해에 대해 피고인만 처벌불원 의사표시를 할 수 있다. 따라서 법정대리인이 피고인과 합의하고 피고인에 대한 처벌불원의 의사표시를 하더라도, 공소기각판결 사유가 되지 않는다. 합의서는 양형에서 참고가 될 수 있다.

03

반의사불벌죄
주한미군기지에서 발생한 대한민국 군인 사이 폭행

주한미군의 기지에서 발생한 군인 사이의 폭행에 대하여 피해자의 처벌불원 의사가 표시된 사건

대법원 2023. 6. 15. 선고 2020도927 판결
[폭행]

[공소사실 요지]

군인인 피고인이 2018. 3. 초순 12:00경 평택시 (주소 생략)에 있는 군사기지인 '○○ ○○○○ 기지'에서 군인인 피해자가 피고인에게 경례를 하지 않았다는 이유로 오른쪽 손바닥으로 피해자의 왼쪽 얼굴 부위를 5~8 차례에 걸쳐 툭툭 치는 방법으로 때려 폭행하였다.
검사는 피고인을 군형법 제4조 폭행죄로 기소하였다.

[법리 쟁점]

[1] 군인 등이 군사기지 및 군사시설 보호법 제2조 제1호에서 정한 '군사기지'에서 군인 등을 폭행한 경우에 폭행죄를 반의사불벌죄로 규정한 형법 제260조 제3항을 적용하지 않도록 정한 군형법 제60조의6 제1호의 취지
[2] 군인 등이 대한민국의 국군이 군사작전을 수행하기 위한 근거지에서 군인 등을 폭행한 경우, 그곳이 대한민국의 영토 내인지, 외국군의 군사기지인지 등과 관계없이 군형법 제60조의6 제1호에 따라 형법 제260조 제3항의 적용이 배제되는지 여부(적극)

[참조조문]

[1] 군형법 제4조, 제60조의6 제1호, 형법 제260조 제1항, 제3항, 군사기지 및 군사시설 보호법 제2조 제1호 / [2] 군형법 제1조, 제4조, 제60조의6

제1호, 형법 제260조 제1항, 제3항, 군사기지 및 군사시설 보호법 제1조, 제2조 제1호

[참조판례]

[1] 헌법재판소 2022. 3. 31. 선고 2021헌바62, 194 전원재판부 결정(헌공 306, 527)

[원심 판단]

제1심법원은 피고인에게 유죄를 선고하였다.

원심법원은 피고인에게 군사법원법 제382조 제6호에 따라 공소를 기각하였다.

이 사건 범행 장소인 '○○ ○○○○ 기지'는 미군이 주둔하고 있는 외국군의 군사기지로서 군사기지법 제2조 제1호의 '군사기지'에 해당되지 않는다. 그러므로 군형법 제60조의6 제1호가 적용되지 않는다. 제1심판결 선고 전에 피해자가 피고인의 처벌을 희망하지 아니하는 의사표시가 있었다. 이 사건 공소사실을 유죄로 판단한 제1심판결을 파기하고 군사법원법 제382조 제6호에 따라 공소를 기각하였다.

검사가 상고하였다.

[대법원 판단]

대법원은 상고를 기각하였다.

피고인과 피해자가 소속된 부대는 주한미군을 지원하는 작전을 수행하는 대한민국의 국군부대로 그 본부가 주한미군기지 안에 위치하고, 부대장인 피고인과 부대원인 피해자 모두 위 주한미군기지에서 임무를 수행하고 있는 것으로 보인다. 이 사건 범행 장소는 대한민국 국군이 군사작전을 수행하기 위한 근거지에 해당한다고 볼 여지가 크므로, 비록 외국군의 군사기지라고 하더라도, 그곳에서 일어난 이 사건 범행은 군형법 제60조의6 제1호가 적용되는 군사기지에서 벌어진 군인의 군인에 대한 폭행죄에 해당한다. 이와 달리 판단한 원심판결에는 군형법 제60조의6 제1호에서 말하는 '군사기지'의 의미에 관한 법리를 오해하고 필요한 심리를 다하지 아니한 판결결과에 영향을 미친 위법이 있다고 판단한다. 대법원은 원심판결을 파기·이송하였다.

낭독 형사소송법 판결문 03

대법원 2023. 6. 15. 선고 2020도927 판결 [폭행]
<주한미군의 기지에서 발생한 군인 사이의 폭행에 대하여 피해자의 처벌불원 의사가 표시된 사건>

판시 사항

[1] 군인 등이 군사기지 및 군사시설 보호법 제2조 제1호에서 정한 '군사기지'에서 군인 등을 폭행한 경우에 폭행죄를 반의사불벌죄로 규정한 형법 제260조 제3항을 적용하지 않도록 정한 군형법 제60조의6 제1호의 취지
[2] 군인 등이 대한민국의 국군이 군사작전을 수행하기 위한 근거지에서 군인 등을 폭행한 경우, 그곳이 대한민국의 영토 내인지, 외국군의 군사기지인지 등과 관계없이 군형법 제60조의6 제1호에 따라 형법 제260조 제3항의 적용이 배제되는지 여부(적극)

판결 요지

[1] 군형법 제60조의6 제1호는
군인 등이 「군사기지 및 군사시설 보호법」(군사기지법)
제2조 제1호에서 정한 군사기지에서 군인 등을 폭행한 경우
폭행죄를 반의사불벌죄로 규정한 형법 제260조 제3항을
적용하지 않도록 정하고 있다.

군사기지법 제2조 제1호는 '군사기지'를
'군사시설이 위치한 군부대의 주둔지·
해군기지·항공작전기지·방공기지·군용전기통신기지,
그 밖에 군사작전을 수행하기 위한 근거지'로 정의하고 있다.

- 군형법 제60조6 제1호 형법 제260조 제3항 반의사불벌죄 적용 배제설

이는 병영질서의 확립과 군기 유지를 위해

처벌할 공공의 이익이 크고 진정성 있는 합의를 통해
분쟁 해결을 기대하기 어려운
군인 상호간 폭행의 불법성을 고려함으로써
공소제기의 적정과 균형을 추구함과 동시에
궁극적으로는 군사기지에서의 폭행으로부터
병역의무자를 보호하기 위한 것이다(헌법재판소 2022. 3. 31. 선고 2021헌바62, 194(병합) 결정 참조). • 병역의무자 보호 특례규정

[2] 군형법 제60조의6 제1호, 군사기지 및 군사시설 보호법(군사기지법) 제2조 제1호의 문언과 내용, 입법 목적 및 관련 규정의 체계적 해석 등을 고려하면,
군인 등이 대한민국의 국군이
군사작전을 수행하기 위한 근거지에서 군인 등을 폭행했다면
그곳이 대한민국의 영토 내인지,
외국군의 군사기지인지 등과 관계없이
군형법 제60조의6 제1호에 따라
형법 제260조 제3항이 적용되지 않는다. • 외국군 주둔 군사기지 포함설
구체적인 이유는 다음과 같다.

(1) 군사기지법 제2조 제1호는 '군사작전 수행의 근거지'를
군사기지로 정의하고 있다.
그러한 근거지가
대한민국의 영토 내일 것을 요한다거나
외국군의 군사기지여서는 안 된다고 규정하고 있지 않다.
군사기지 및 군사시설을 보호하고
군사작전의 원활한 수행을 보장하여
국가안전보장에 이바지함을 목적으로 하는
군사기지법의 입법목적(제1조)에 비추어 보면,

대한민국의 국군이
군사작전을 수행하기 위한 근거지가 되는 이상
이는 국가안전보장을 위하여
보호하여야 할 대상인 군사기지에 해당된다.

(2) 군형법 제60조의6 제1호 규정의 내용과
입법 취지에 비추어 보더라도,
군사기지법 제2조 제1호의 정의 규정이 정한 군사기지의 개념요소,
즉 대한민국의 국군이 군사작전을 수행하기 위한 근거지는
그곳이 대한민국 영토 밖이든
외국군의 군사기지이든
엄격한 상명하복의 위계질서와
장기간의 병영생활이 요구되는
병역의무의 이행장소라는 점에서
다른 대한민국의 국군 군사기지와 동일하다.

그러므로 그곳에서 일어난 폭행에 대해서는
형법상 반의사불벌죄 규정의 적용이 배제되어야 한다.
• 군사기지 폭행과 반의사불벌죄 적용 배제

☞ 대한민국 국군 군사기지와 외국군 군사기지는 법리상 동일하다.

☞ 한국 군인은 군형법 제60조6 제1호에 근거하여 형법 제260조 제3항 반의사불벌죄가 적용되지 않는다. 문리해석이다.

04

적법절차
압수·수색 집행 후 복제본 추가 압수·수색

수사기관이 취득한 복제본에 대한 추가 압수수색의 적법 여부

대법원 2023. 10. 18. 선고 2023도8752 판결
[아동·청소년의성보호에관한법률위반(위계등유사성행위)·아동·청소년의성보호에관한법률위반(성매수등)·아동·청소년의성보호에관한법률위반(성착취물제작·배포등)·성폭력범죄의처벌등에관한특례법위반(카메라등이용촬영·반포등)·미성년자의제강간·미성년자의제유사강간·아동복지법위반(아동에대한음행강요·매개·성희롱등)·성매매알선등행위의처벌에관한법률위반(성매매)]

[공소사실 요지]

경찰이 피해자 甲에 대한 범죄 혐의사실로 발부된 제1영장에 따라 2022. 6. 24. 피고인의 휴대전화 및 전자정보에 관한 집행을 완료('1차 압수·수색')한 후 2022. 7. 27. 그 복제본이 저장되어 있던 경찰관의 컴퓨터에서 피해자 乙에 대한 범죄 혐의사실에 관한 증거를 압수('2차 압수·수색')하였다가, 검사의 보완수사요구에 따라 제2영장을 발부받아 2022. 9. 10. 다시 경찰관의 컴퓨터에서 피해자 乙, 丙에 대한 범죄 혐의사실에 관한 증거를 압수('3차 압수·수색')한 사안이다. **· 요약**

1. 피해자 공소외 1

(1) 아동·청소년의성보호에관한법률위반(위계등유사성행위)

피고인은 2022. 4. 17. 오전경 원주시 이하 불상지에서 인스타그램 메신저로 피해자 공소외 1(여, 당시 13세)의 발을 빨게 해주면 피해자에게 10만 원을 주기로 약속한 뒤 같은 날 13:00경 ○○초등학교 앞 노상에서 피해자를 만나서 원심이 인용한 제1심 판시와 같은 방법으로 위력으로 아동·청소년인 피해자를 상대로 유사성행위를 하였다.

(2) 아동·청소년의성보호에관한법률위반(성매수등)

피고인은 2022. 6. 1. 18:00경 원주시 이하 불상지에서 인스타그램 메신저

로 같은 피해자(당시 14세)에게 원심 판시와 같은 내용의 메시지를 보내어 ○○초등학교에서 만나기로 약속한 후, 2022. 6. 2. 20:51경 ○○초등학교 후문 앞 노상에서 피해자를 만남으로써, 아동·청소년인 피해자의 성을 사기 위하여 피해자를 유인하거나 성을 팔도록 권유하였다.

2. 피해자 성명불상자들

(1) 성폭력범죄의처벌등에관한특례법위반(카메라등이용촬영·반포등)

피고인은 2021. 8. 9. 21:19경 원주시에 있는 자신의 주거지에서 성명불상의 피해자와 성매매를 하면서 테이블 위에 설치해 놓은 자신의 휴대전화 카메라를 이용하여 그 장면을 몰래 촬영한 것을 비롯하여 2021. 8. 9.경부터 2022. 5. 29.경까지 제1심 별지 2 범죄일람표 1의 기재와 같이 6회에 걸쳐 자신의 휴대전화를 이용하여 성적 욕망 또는 수치심을 유발할 수 있는 피해자들의 신체를 의사에 반하여 촬영하였다.

(2) 성매매알선등행위의처벌에관한법률(성매매)

피고인은 2021. 8. 9. 21:19경 같은 장소에서 인터넷을 통해 불상의 여성을 부른 뒤 불상의 금액을 주고 성교행위를 하여 성매매를 하였다.

3. 피해자 공소외 2

(1) 미성년자의제강간·아동복지법위반(아동에대한음행강요·매개·성희롱등)·아동·청소년의성보호에관한법률위반(성착취물제작·배포등)

피고인은 2021. 10. 16. 09:39경 원주시에 있는 자신의 거주지 지하주차장의 승용차에서 피해자 공소외 2(여, 15세)로 하여금 자신의 성기를 입으로 빨게 한 뒤, 피해자를 간음하고 계속하여 손가락을 피해자의 성기에 넣었으며, 자신의 휴대전화 카메라를 이용하여 위 행위를 촬영함으로써 제1심 별지 2 범죄일람표 2의 연번 1번 기재와 같이 13세 이상 16세 미만의 피해자를 간음함과 동시에 아동인 피해자에게 성적 수치심을 주는 성희롱 등의 성적 학대행위를 하고, 아동·청소년성착취물을 제작하였다.

(2) 미성년의제유사강간, 아동복지법위반(아동에대한음행강요·매개·성희롱등)·아동·청소년의성보호에관한법률위반(성착취물제작·배포등)

피고인은 2021. 10. 23. 09:36경 같은 장소에 주차된 승용차에서 같은 피해자의 성기에 오이를 넣고, 자신의 휴대전화 카메라를 이용하여 위 행위를 촬영한 것을 비롯하여 2021. 10. 23.경부터 2021. 11. 6.경까지 제1심 별지 2 기재 범죄일람표 2의 연번 2 내지 4번 기재와 같이 3회에 걸쳐

13세 이상 16세 미만의 피해자를 유사강간함과 동시에 아동인 피해자에게 성적 수치심을 주는 성희롱 등의 성적 학대행위를 하고, 아동 ·청소년성착취물을 제작하였다.

(3) 아동복지법위반(아동에대한음행강요·매개·성희롱등)·아동·청소년의성보호에관한법률위반(성착취물제작·배포등)

피고인은 2022. 4. 5. 07:55경 같은 장소에 주차된 승용차에서 같은 피해자(16세)를 간음하였고, 자신의 휴대전화 카메라를 이용하여 위 행위를 촬영한 것을 비롯하여 2022. 4. 5.경부터 2022. 5. 29.경까지 제1심 별지 2 범죄일람표 2의 연번 5, 6번 기재와 같이 2회에 걸쳐 아동인 피해자에게 성적 수치심을 주는 성희롱 등의 성적 학대행위를 하고, 아동·청소년성착취물을 제작하였다.

[법리 쟁점]

[1] 압수·수색영장의 집행 종료 후 다시 압수·수색을 할 수 있는지 여부(소극)

[2] 수사기관이 압수·수색영장의 집행으로 취득한 복제본에 저장된 전자정보에 대하여 새로운 범죄 혐의의 수사를 위해 열람, 탐색, 복제, 출력할 수 있는지 여부(소극)

[3] 적법한 압수·수색영장의 집행을 위한 절차

[참조조문]

[1] 형사소송법 제215조 / [2] 형사소송법 제215조, 제307조, 제308조의2 / [3] 헌법 제12조 제3항, 형사소송법 제118조, 제121조, 제122조, 제129조, 제215조, 제219조, 제307조, 제308조의2

[참조판례]

[1] 대법원 1999. 12. 1. 자 99모161 결정(공2000상, 524) / [2] 대법원 2023. 6. 1. 선고 2018도19782 판결(공2023하, 1162) / [3] 대법원 2022. 7. 14. 자 2019모2584 결정(공2022하, 1694)

[원심 판단]

제1심법원은 피고인에게 유죄를 선고하였다.

원심법원은 피고인에게 유죄를 선고하였다.

2차 압수·수색에 따른 전자정보가 제1영장에 따른 집행으로 적법하게 압수되었다는 전제하에 제1영장에 기재된 혐의사실과 2차 및 3차 압수·수색에 따른 전자정보 사이에 인적·객관적 관련성이 인정된다. 그 이후 제2영장에 따른 집행으로 같은 증거가 압수되었다. 그러므로 비록 피고인이 참여권을 보장받지 못하였더라도 적법절차의 실질적인 내용을 침해하는 경우에 해당한다고 볼 수 없다. 이러한 이유로 증거능력을 인정하여, 이 사건 공소사실 전부에 관하여 유죄판결을 선고하였다.
피고인이 상고하였다.

[대법원 판단]

대법원은 원심판결 중 피고사건 부분(보호관찰명령 부분 포함)을 파기하고, 이 부분 사건을 서울고등법원에 환송한다.
① 제1영장은 피해자 甲에 대한 전자정보를 압수하고 피고인에게 압수목록을 교부한 2022. 6. 24. 그 목적을 달성하여 효력이 상실되었다. 그러므로 2차 압수·수색이 제1영장을 이용한 것이라면 이는 효력을 상실한 영장을 재집행한 것이 되어 그 자체로 위법하다. ② 제1영장을 이용한 2차 압수·수색은 수사기관의 통상적·원칙적인 집행절차가 아니었다. ③ 2차 압수·수색은 압수·수색절차의 종료로 삭제·폐기의 대상일 뿐 더 이상 수사기관의 탐색·복제·출력 대상이 될 수 없는 복제본을 대상으로 새로운 범죄 혐의의 수사를 위하여 기존 압수·수색 과정에서 출력하거나 복제한 유관정보의 결과물에 대한 열람을 넘어 이를 이용하여 새로이 영장 없이 압수·수색한 경우에 해당하여 그 자체로 위법하다. ④ 3차 압수·수색은 1차 압수·수색에 따른 복제본이 저장된 경찰관 컴퓨터의 전자정보를 대상으로 발부된 제2영장을 집행한 것이다. 이는 제1영장의 집행이 종료됨에 따라 당연히 삭제·폐기되었어야 할 전자정보를 대상으로 한 것이어서 그 자체로 위법하다. ⑤ 경찰이 3차 압수·수색을 할 때 피고인에게 제2영장을 사전에 제시하지 않았음은 물론 피고인에 대한 영장 사본의 교부 의무와 3차 압수·수색의 집행 일시·장소의 통지의무까지 모두 해태하는 위법이 있다. ⑥ 3차 압수·수색 과정에서 피고인의 참여권을 보장한 취지는 실질적으로 침해되었다고 봄이 타당하다. 대법원은 이와 달리 전자정보에 대한 2, 3차 압수·수색이 적법하다고 판단한 원심판결을 파기·환송하였다.

낭독 형사소송법 판결문 04

대법원 2023. 10. 18. 선고 2023도8752 판결

[아동·청소년의성보호에관한법률위반(위계등유사성행위)·아동·청소년의성보호에관한법률위반(성매수등)·아동·청소년의성보호에관한법률위반(성착취물제작·배포등)·성폭력범죄의처벌등에관한특례법위반(카메라등이용촬영·반포등)·미성년자의제강간·미성년자의제유사강간·아동복지법위반(아동에대한음행강요·매개·성희롱등)·성매매알선등행위의처벌에관한법률위반(성매매)]

<수사기관이 취득한 복제본에 대한 추가 압수수색의 적법 여부>

판시 사항

[1] 수사기관이 압수·수색영장을 제시하고 집행에 착수하여 압수·수색을 실시하고 집행을 종료한 후 그 영장의 유효기간 내에 동일한 장소 또는 목적물에 대하여 다시 압수·수색할 필요가 있는 경우, 종전의 압수·수색영장을 제시하고 다시 압수·수색을 할 수 있는지 여부(소극)

[2] 수사기관이 하드카피나 이미징 등(복제본)에 담긴 전자정보를 탐색하여 혐의사실과 관련된 정보(유관정보)를 선별하여 출력하거나 다른 저장매체에 저장하는 등으로 압수를 완료한 경우, 혐의사실과 관련 없는 전자정보(무관정보)를 삭제·폐기하여야 하는지 여부(적극) / 수사기관이 새로운 범죄 혐의의 수사를 위하여 무관정보가 남아 있는 복제본을 탐색, 복제 또는 출력할 수 있는지 여부(소극) 및 이때 수사기관이 열람할 수 있는 범위(=기존 압수·수색 과정에서 출력하거나 복제한 유관정보의 결과물)

[3] 헌법과 형사소송법이 정한 압수·수색절차의 내용 및 관련 규정 / 수사기관이 압수·수색영장의 집행기관으로서 준수하여야 할 적법절차의 내용

판결 요지

[1] 형사소송법 제215조에 따른 압수·수색영장은

수사기관의 압수·수색에 대한 허가장이다.

거기에 기재되는 유효기간은 집행에 착수할 수 있는
종기終期를 의미하는 것이다. • 압수·수색영장의 유효기간

수사기관이 압수·수색영장을 제시하고
집행에 착수하여 압수·수색을 실시하고
그 집행을 종료하였다면
이미 그 영장은 목적을 달성하여 효력이 상실되는 것이다.

동일한 장소 또는 목적물에 대하여
다시 압수·수색할 필요가 있는 경우라면
그 필요성을 소명하여 법원으로부터
새로운 압수·수색영장을 발부받아야 하는 것이다.

앞서 발부받은 압수·수색영장의 유효기간이
남아 있다고 하여 이를 제시하고
다시 압수·수색을 할 수 없다(대법원 1999. 12. 1.자 99모161 결정 참조).
• 새로운 압수·수색영장을 발부받고 다시 집행

[2] 수사기관은 하드카피나 이미징 등(복제본)에 담긴
전자정보를 탐색하여 혐의사실과 관련된 정보(유관정보)를
선별하여 출력하거나
다른 저장매체에 저장하는 등으로 압수를 완료하면
혐의사실과 관련 없는 전자정보(무관정보)를
삭제·폐기하여야 한다. • 혐의사실과 관련 없는 전자정보 삭제·폐기

수사기관이 새로운 범죄혐의의 수사를 위하여
무관정보가 남아있는 복제본을 열람하는 것은
압수·수색영장으로 압수되지 않은 전자정보를
영장 없이 수색하는 것과 다르지 않다.

따라서 복제본은 더 이상 수사기관의 탐색, 복제 또는 출력 대상이 될 수 없다. • 복제본 수사기관 탐색·복제·출력 대상 될 수 없음

수사기관은 새로운 범죄혐의의 수사를 위하여
필요한 경우에도 기존 압수·수색 과정에서
출력하거나 복제한 유관정보의 결과물을
열람할 수 있을 뿐이다(대법원 2023. 6. 1. 선고 2018도19782 판결 참조).
• 출력물·복제물·결과물 열람만 가능함

[3] 수사기관이 압수 또는 수색을 할 때
처분을 받는 사람에게
반드시 적법한 절차에 따라
법관이 발부한 영장을 사전에 제시하여야 한다. • 사전 영장 제시

처분을 받는 자가 피의자인 경우
영장 사본을 교부하여야 한다(헌법 제12조 제3항 본문, 형사소송법 제219조 및 제118조). • 사전 영장 사본 교부 의무

피의자·피압수자 또는 변호인(이하 '피의자 등'이라 한다)은
압수·수색영장의 집행에 참여할 권리가 있다(형사소송법 제219조, 제121조). • 피의자·피압수자 방어권과 변호인 변호권

수사기관이 압수·수색영장을 집행할 때에도
원칙적으로 피의자 등에게
미리 집행 일시와 집행 장소를 통지하여야 한다(형사소송법 제219조, 제122조). • 집행 일시와 장소 통지 의무

수사기관은 압수영장을 집행한 직후에
압수목록을 곧바로 작성하여 압수한 물건의
소유자·소지자·보관자 기타 이에 준하는 사람에게

교부하여야 한다(형사소송법 제219조, 제129조). • 압수목록 교부

헌법과 형사소송법이 정한 절차와 관련 규정,
그 입법 취지 등을 충실히 구현하기 위하여,
수사기관은 압수·수색영장의 집행기관으로서
피압수자로 하여금피압수자에게
법관이 발부한 영장에 의한 압수·수색이라는
강제처분이 이루어진다는 사실을 확인할 수 있도록해야한다.

형사소송법이 압수·수색영장에
필요적으로 기재하도록 정한 사항이나
그와 일체를 이루는 내용까지
구체적으로 충분히 인식할 수 있는 방법으로
압수·수색영장을 제시하고
피의자에게는 그 사본까지 교부하여야 하며,한다.

증거인멸의 가능성이 최소화됨을 전제로
영장 집행과정에 대한 참여권이 충실히 보장될 수 있도록
사전에 피의자 등에 대하여
집행 일시와 집행 장소를 통지하여야 함은 물론통지하여야 한다.

피의자 등의 참여권이 형해화되지 않도록충분히 보장되도록
그 통지의무의 예외로 규정된
'피의자 등이 참여하지 아니한다는 의사를 명시한 때
또는 급속을 요하는 때'라는 사유를
엄격하게 해석하여야 한다(대법원 2022. 7. 14.자 2019모2584 결정 참조).

• 영장 제시권·사본 교부권·영장 집행 참여권 보장

05

적법절차 압수조서 미작성과 전자정보 상세목록 미교부

압수조서 미작성, 전자정보 상세목록 미교부, 참여권 보장대상 등이 문제된 사건

대법원 2023. 6. 1. 선고 2020도12157 판결
[상표법위반]

[공소사실 요지]

피고인이 2018. 6.경 샌디스크 엘엘씨가 상표등록을 한 'SanDisk'와 동일한 문양의 가짜 상표가 부착되어 있는 메모리카드 12,000개를 중국 불상자에게 인도하기 위하여 소지하였다는 상표법 위반으로 기소되었다.

피고인은 2018. 6.경 파주시 (주소 생략)에 있는 피고인이 운영하는 '○○상사' 사무실에서, 샌디스크 엘엘씨가 반도체메모리장치 등을 지정상품으로 하여 등록번호 (생략)호로 상표등록을 한 'SanDisk'와 동일한 문양의 가짜 상표가 부착되어 있는 메모리카드 12,000개 정품 가액 약 4억 8,000만 원 상당(이하 '이 사건 메모리카드'라 한다)을 일명리샤웨이로부터 교부받아 '△△△△국제운송'이라는 상호의 업체를 통해 중국에 있는 불상자에게 인도하기 위하여 소지하였다. 이로써 피고인은 타인의 등록상표가 표시된 지정상품과 유사한 상품을 인도하기 위하여 소지하는 방법으로 샌디스크 엘엘씨의 상표권을 침해하였다.

검사는 피고인을 상표법 제108조 제1항 제4호, 제230조 위반죄로 기소하였다.

[법리 쟁점]

[1] 이 사건 휴대전화 압수집행 과정에서 압수조서 및 전자정보 상세목록이 작성·교부되지 않았지만, 그에 갈음하여 수사보고가 작성된 경우에 압

수의 위법 여부(소극)
[2] 특별사법경찰관이 관할구역 밖에서 수사할 경우 관할 검사장에게 보고의무를 규정한 구 특별사법경찰관리 집무규칙 제4조의 성격
[3] 이 사건 위조 메모리카드 압수집행 과정에서 메모리카드를 소지하지 않은 피의자가 참여권 보장대상에 해당하는지 여부(소극)

[참조조문]
[1] 헌법 제12조 제1항, 제3항, 형사소송법 제121조, 제129조, 제218조, 제219조 / [2] 헌법 제12조 제1항, 제3항, 형사소송법 제121조, 제129조, 제219조, 상표법 제108조 제1항 제4호, 제230조

[참조판례]
[1] 대법원 2021. 11. 18. 선고 2016도348 전원합의체 판결(공2022상, 57)

[원심 판단]
제1심법원은 피고인에게 유죄를 선고하였다.
원심법원은 피고인에게 유죄로 인정한 제1심판결을 파기하고 무죄를 선고하였다.
1. 특별사법경찰관은 2018. 8. 23. 인천세관 유치품보관창고에서 사전 압수·수색영장(이하 '이 사건 영장'이라 한다)에 의하여 이 사건 메모리카드를 압수하였다. 이 과정에서 피고인에 대한 참여통지는 없었고 압수목록도 교부하지 않았다. 그러므로 이 사건 메모리카드에 대한 압수조서, 압수목록은 증거능력이 없다.
2. 특별사법경찰관은 2018. 8. 27. 위 '○○상사'에서 이 사건 영장에 의하여 피고인 소유의 휴대전화(이하 '이 사건 휴대전화'라 한다)를 압수한 다음 위 휴대전화에 저장된 전자정보에 대하여 복제·탐색·출력하는 과정에서 이 사건 휴대전화 압수에 관한 압수조서를 작성하지 않았고, 피고인에게 파일명세가 특정된 압수목록을 교부하지도 않았다. 그리고 인천세관 소속 특별사법경찰관이 관할구역 밖에서 수사하면서 수사를 행하는 지역을 관할하는 의정부지방검찰청 검사장 또는 의정부지방검찰청 고양지청장에게 보고하였음을 인정할 증거가 없다. 따라서 이 사건 휴대전화에 대한 압수는 위법하고, 그 위법의 정도도 무거워 이를 탐색하여 얻은 카카오톡 및 문자메시지 등은 증거능력이 없다.

3. 이 사건 휴대전화에서 추출된 전자정보가 위법하게 수집된 증거로서 증거능력이 인정되지 않는 이상 그에 터 잡아 수집한 2차적 증거인 피고인에 대한 경찰 및 검사 작성 피의자신문조서도 증거수집의 위법과 인과관계가 희석 또는 단절되었다고 볼 수 없다.
검사가 상고하였다.

[대법원 판단]
대법원은 원심판결을 파기하고, 사건을 의정부지방법원에 환송한다.
1. 휴대전화에 저장된 전자정보의 증거능력에 관하여
① 특별사법경찰관은 휴대전화의 압수 과정에서 압수조서 및 전자정보 상세목록을 작성·교부하지는 않았지만, 그에 갈음하여 압수의 취지가 상세히 기재된 수사보고의 일종인 조사보고를 작성하였는바, 적법절차의 실질적인 내용을 침해하였다고 보기는 어렵다. ② 구 「특별사법경찰관리 집무규칙(2021. 1. 1. 법무부령 제995호로 폐지되기 전의 것)」 제4조는 내부적 보고의무 규정에 불과하다. 그러므로 특별사법경찰관리가 위 보고의무를 이행하지 않았다고 하여 적법절차의 실질적인 내용을 침해하는 경우에 해당하지 않는다. 증거능력이 인정된다.
2. 메모리카드의 증거능력에 관하여
① 피고인은 유체물인 이 사건 메모리카드 압수 당시 메모리카드를 소지하고 있지 않았고, 당초 자신은 아무런 관련이 없다고 진술하였다. ② 특별사법경찰관은 메모리카드 보관자인 세관측에 이 사건 영장을 제시하면서 메모리카드를 압수하였고, 압수조서를 작성하였다. 세관측에 압수목록을 교부한 점을 감안하면 피고인은 압수 집행과정에서 절차 참여를 보장받아야 하는 사람에 해당한다고 단정할 수 없거나, 압수 집행과정에서 피고인에 대한 절차 참여를 보장한 취지가 실질적으로 침해되었다고 보기 어렵다. 증거능력이 인정된다.
3. 대법원은 이 사건 휴대전화 및 메모리카드에 관한 증거들의 증거능력을 부정하고 무죄를 선고한 원심판결을 파기·환송하였다.

낭독 형사소송법 판결문 05

대법원 2023. 6. 1. 선고 2020도12157 판결 [상표법위반]
<압수조서 미작성, 전자정보 상세목록 미교부, 참여권 보장대상 등이 문제된 사건>

판시 사항

[1] 압수의 대상이 되는 전자정보와 그렇지 않은 전자정보가 혼재된 정보저장매체나 복제본을 임의제출 받은 수사기관이 정보저장매체 등을 수사기관 사무실 등으로 옮겨 탐색·복제·출력하는 일련의 과정에서, 범죄혐의사실과 무관한 전자정보의 임의적인 복제 등을 막기 위한 적절한 조치를 취하지 않은 경우, 압수·수색의 적법 여부(원칙적 소극)
[2] 피고인이 대표로 있는 회사가 수하인으로 기재된 위조품 메모리카드가 세관 휴대품검사관에 의해 적발되어 피고인이 타인의 등록상표가 표시된 지정상품과 유사한 상품을 인도하기 위하여 소지하였다는 이유로 상표법 위반으로 기소되었다.
세관 소속 특별사법경찰관이 관할 법원 판사가 피고인을 피의자로 하여 상표법 위반을 혐의사실로 발부한 위 메모리카드 및 피고인의 휴대전화 등에 대한 사전 압수·수색영장에 의해 세관 유치품보관창고에서 유치창고 담당자를 피압수자로 하여 위 메모리카드를 압수하였고, 피고인이 대표로 있는 회사 소재지 관할 지방검찰청 검사장에 대하여 별도의 보고절차를 밟지 않고 위 회사에 대한 압수·수색을 실시하여 피고인의 휴대전화를 압수한 다음 문자메시지 등을 탐색·복원·출력한 사안이다.
위 휴대전화 및 메모리카드에 관한 증거들의 증거능력을 부정한 원심판결에 법리오해 등의 잘못이 있다고 한 사례.

판결 요지

[1] 압수의 대상이 되는 전자정보와 그렇지 않은 전자정보가
혼재된 정보저장매체나 그 복제본을
임의제출 받은 수사기관이 정보저장매체 등을

수사기관 사무실 등으로 옮겨
이를 탐색·복제·출력하는 경우,
그와 같은 일련의 과정에서
형사소송법 제219조, 제121조에서 규정하는
피압수·수색 당사자(이하 '피압수자'라 한다)**나 변호인에게**
참여의 기회를 보장하고
압수된 전자정보의 파일 명세가 특정된
압수목록을 작성·교부하여야 하며
범죄혐의사실과 무관한 전자정보의 임의적인 복제 등을
막기 위한 적절한 조치를 취하는 등
영장주의 원칙과 적법절차를 준수하여야 한다. • 적법절차 준수

만약 그러한 조치가 취해지지 않았다면
피압수자 측이 참여하지 아니한다는 의사를
명시적으로 표시하였거나
임의제출의 취지와 경과
또는 그 절차 위반행위가 이루어진 과정의
성질과 내용 등에 비추어
피압수자 측에 절차 참여를 보장한 취지가
실질적으로 침해되었다고 볼 수 없을 정도에
해당한다는 등의 특별한 사정이 없는 이상
압수·수색이 적법하다고 평가할 수 없다(대법원 2021. 11. 18. 선고 2016도348 전원합의체 판결 참조). • 절차 참여권 보장

[2] 피고인이 대표로 있는 회사가 수하인으로 기재된 위조품 메모리카드가 세관 휴대품검사관에 의해 적발되어 피고인이 타인의 등록상표가 표시된 지정상품과 유사한 상품을 인도하기 위하여 소지하였다는 이유로 상표법 위반으로 기소되었다. • 상표법 위반죄

세관 소속 특별사법경찰관이 관할 법원 판사가
피고인을 피의자로 하여 상표법 위반을 혐의사실로 발부한
위 메모리카드 및 피고인의 휴대전화 등에 대한
사전 압수·수색영장에 의해 세관 유치품 보관창고에서
유치창고 담당자를 피압수자로 하여 위 메모리카드를 압수하였다.
피고인이 대표로 있는 회사 소재지 관할
지방검찰청 검사장에 대하여 별도의 보고 절차를 밟지 않고
위 회사에 대한 압수·수색을 실시하여
피고인의 휴대전화를 압수한 다음
문자메시지 등을 탐색·복원·출력한 사안이다. • 적법절차

① 특별사법경찰관이 피고인의 휴대전화 압수·수색 과정에서
압수조서 및 전자정보 파일명세가 특정된
압수목록을 작성·교부하지는 않았다.

그에 갈음하여 압수의 취지가 상세히 기재된
'조사보고(압수·수색검증영장 집행결과 보고)'를 작성하였다.
조사보고의 작성 경위 및 복원된 전자정보의 내용을 감안하면
적법절차의 실질적인 내용을 침해하였다고 보기는 어렵다.
구 특별사법경찰관리 집무규칙(2021. 1. 1. 법무부령 제995호로 폐지되기 전의 것) **제4조는 내부적 보고의무 규정에 불과하다.**

특별사법경찰관리가 위 규정에서 정한 보고를 하지 않은 채
관할구역 외에서 수사를 하였다고 하여 적법절차의 실질적인 내용을 침해하는 경우에 해당한다고 볼 수 없다. • 적법절차

피고인의 휴대전화 압수·수색 과정에서
피고인에 대한 절차 참여를 보장한 취지가

실질적으로 침해되어 압수·수색이 위법하다고 볼 수 없다.

② 특별사법경찰관은 당초 수하인인 피고인으로부터
위 메모리카드를 임의제출 받으려 하였다.
그러나 피고인이
"자신은 메모리카드와는 아무런 관련이 없다."라는 취지로
주장하면서 자필 진술서까지 제출하자,
부득이하게 영장을 발부받아
세관 유치창고 담당자를 피압수자로 하여
압수집행을 한 것으로 보인다. • 영장 발부 후 압수집행

특별사법경찰관은 세관 유치창고 담당자에게
영장을 제시하면서 위 메모리카드를 압수하여
압수조서를 작성하였다. • 영장 제시와 압수조서 작성

위 유치창고 담당자에게 압수목록을 교부한 점에 비추어,
피고인은 위 메모리카드 압수 집행과정에서
절차 참여를 보장받아야 하는 사람에 해당한다고
단정할 수 없거나, 압수 집행과정에서
피고인에 대한 절차 참여를 보장한 취지가
실질적으로 침해되었다고 보기 어려워
압수가 위법하다고 볼 수 없다. • 참여권 실질적 침해 없음

위 휴대전화 및 메모리카드에 관한 증거들의 증거능력을 부정한 원심판결에 법리 오해의 잘못이 있다고 한 사례. • 파기환송

06

적법절차
임의제출의 임의성과 관련성

압수조서 미작성, 전자정보 상세목록 미교부, 임의제출의 임의성, 관련성이 문제된 사건

대법원 2023. 6. 1. 선고 2020도2550 판결
[성폭력범죄의처벌등에관한특례법위반(카메라등이용촬영)]

[공소사실 요지]

피고인은 2018. 9. 21.부터 2019. 1. 13.경까지 총 8회에 걸쳐 이 사건 휴대전화를 이용하여 잠이 든 피해자 3명의 음부 부위 등을 그 의사에 반하여 촬영하였다는 공소사실로 성폭법 위반(카메라등이용촬영)으로 기소되었다. **・요약**

1. 피고인은 2018. 9. 21. 02:53경 오산시 소재 ○○○ 모텔에서, 피해자 공소외 1(여, 20세)과 성관계를 한 다음 평소 사용하던 삼성갤럭시S8 휴대폰(이하 '이 사건 휴대전화기'라 한다)의 동영상 기능을 실행하여 잠이 든 피해자의 음부를 동의 없이 촬영한 것을 비롯하여 그때부터 2019. 1. 13.경까지 원심 판시 별지 범죄일람표 순번 제1 내지 6, 8번 기재와 같이 총 7회에 걸쳐 카메라나 그 밖에 이와 유사한 기능을 갖춘 기계장치를 이용하여 성적 욕망 또는 수치심을 유발할 수 있는 피해자 2명의 신체를 그 의사에 반하여 촬영하였다(이하 '쟁점 공소사실'이라 한다).

2. 피고인은 2018. 12. 26. 05:29경 서울 서대문구 소재 △△호텔에서, 함께 투숙한 피해자 공소외 2(여, 20세)가 옷을 벗고 잠자는 사이에 이 사건 휴대전화기를 이용하여 이불 밖으로 나온 피해자의 다리를 포함한 침대 위의 피해자 사진을 찍음으로써, 범죄일람표 순번 제7번 기재와 같이 성적 욕망 또는 수치심을 유발할 수 있는 타인의 신체를 의사에 반하여 촬영하였다.

검사는 피고인을 성폭법 위반(카메라등이용촬영)죄로 기소하였다.

[법리 쟁점]

[1] 사법경찰관이 피의자신문조서에 압수의 취지를 기재하여 압수조서를 갈음한 조치가 위법한지 여부(소극)
[2] 전자정보 상세목록이 교부되지 않았다고 하더라도 압수가 적법하다고 볼 수 있는 경우
[3] 임의제출물 압수의 임의성 인정 여부
[4] 이 사건 동영상의 관련성 인정 여부(적극)

[참조조문]

[1] 형사소송법 제106조, 제218조, 제219조, 형사소송규칙 제62조, 제109조 / [2] 형사소송법 제218조, 제307조, 제308조 / [3] 형사소송법 제106조, 제218조, 제219조

[참조판례]

[2] 대법원 2016. 3. 10. 선고 2013도11233 판결(공2016상, 587) / [3] 대법원 2021. 11. 18. 선고 2016도348 전원합의체 판결(공2022상, 57), 대법원 2022. 2. 17. 선고 2019도4938 판결(공2022상, 628)

[원심 판단]

제1심법원은 피고인에게 유죄를 선고하였다.
원심법원은 피고인에게 무죄를 선고하였다.
경찰관이 피고인으로부터 임의제출 방식으로 압수한 위 범죄일람표 순번 제1 내지 6, 8번 기재 동영상(이하 '이 사건 동영상'이라 한다)의 증거능력을 인정할 수 없다. 나머지 증거들만으로는 범죄의 증명이 없는 경우에 해당한다.
검사가 상고하였다.

[대법원 판단]

대법원은 원심판결 중 무죄 부분을 파기하고, 이 부분 사건을 의정부지방법원에 환송한다.
이 사건 휴대전화 내 동영상의 증거능력에 관하여 ① 구 범죄수사규칙 제119조 제3항에 따라 피의자신문조서 등에 압수의 취지를 기재하여 압수조서를 갈음할 수 있도록 하더라도, 압수절차의 적법성 심사·통제 기능에

차이가 없으므로 이러한 사정만으로 압수절차가 위법하다고 볼 수 없다. ② 이 사건 동영상의 압수 당시 실질적으로 피고인에게 해당 전자정보 압수목록이 교부된 것과 다름이 없다고 볼 수 있어 절차상 권리가 실질적으로 침해되었다고 보기 어렵다. ③ 피고인이 사법경찰관에게 이 사건 동영상을 제출한 경위, 이 사건 공판의 진행 경과 및 검사의 임의성에 대한 증명 정도에 비추어 이 사건 동영상 제출의 임의성 여부를 보다 면밀히 살펴보았어야 한다. ④ 이 사건 동영상은 임의제출에 따른 압수의 동기가 된 범죄혐의사실과 구체적·개별적 연관관계가 있는 전자정보로서 관련성이 인정된다. 증거능력을 인정한다. 대법원은 위 법리에 따라 이 사건 동영상의 증거능력을 부정하고 무죄를 선고한 원심판결을 파기·환송하였다.

낭독 형사소송법 판결문 06

대법원 2023. 6. 1. 선고 2020도2550 판결 [성폭력범죄의처벌등에관한특례법위반(카메라등이용촬영)]

<압수조서 미작성, 전자정보 상세목록 미교부, 임의제출의 임의성, 관련성이 문제된 사건>

판시 사항

[1] 사법경찰관이 임의제출된 증거물을 압수한 경우 압수경위 등을 구체적으로 기재한 압수조서를 작성하도록 한 형사소송법 등 관련 규정의 취지 / 구 (경찰청) 범죄수사규칙 제119조 제3항에 따라 피의자신문조서 등에 압수의 취지를 기재하여 압수조서를 갈음할 수 있도록 한 경우, 이러한 관련 규정의 취지에 반하는지 여부(소극)

[2] 임의로 제출된 물건을 압수하는 경우, 제출에 임의성이 있다는 점에 관한 증명책임 소재(=검사)와 증명 정도 및 임의로 제출된 것이라고 볼 수 없는 경우 증거능력 유무(소극)

[3] 수사기관이 전자정보를 담은 매체를 피의자로부터 임의제출받아 압수하면서 거기에 담긴 정보 중 무엇을 제출하는지 명확히 확인하지 않은 경우, 압수 대상이 되는 정보 범위 / 카메라 기능과 정보저장매체

기능을 함께 갖춘 휴대전화기를 이용한 불법촬영 범죄의 경우, 그 안에 저장된 같은 유형의 전자정보에서 발견되는 간접증거나 정황증거는 범죄혐의사실과 구체적·개별적 연관관계가 인정될 수 있는지 여부(적극)

판결 요지

[1] 형사소송법 제106조, 제218조, 제219조,
형사소송규칙 제62조, 제109조,
구 (경찰청) 범죄수사규칙(2021. 1. 8. 경찰청 훈령 제1001호로 개정되기 전의 것, 이하 '구 범죄수사규칙'이라 한다)
제119조 등 관련 규정들에 의하면,
사법경찰관이 임의제출된 증거물을 압수한 경우
압수경위 등을 구체적으로 기재한
압수조서를 작성하도록 하고 있다. • 임의제출물 압수조서 작성의무

이는 사법경찰관으로 하여금
압수절차의 경위를 기록하도록 함으로써
사후적으로 압수절차의 적법성을 심사·통제하기 위한 것이다.

구 범죄수사규칙 제119조 제3항에 따라 피의자신문조서 등에
압수의 취지를 기재하여
압수조서를 갈음할 수 있도록 하더라도,
압수절차의 적법성 심사·통제 기능에 차이가 없다.
• 압수조서와 피의자신문조서 압수 취지 기재 동일

☞ 그러나 압수 당시 상황과 피의자신문조서 상황과 성질이 다르다. 법원이 왜 동일하게 판단하는지 의문이다. 적법성 심사·통제 시점이 다르다.

☞ 적법절차는 압수 당시에 현장에서 이행되어야 한다. 피의자신문조서로 위법성이 치유될 수 없다. 성격과 성질이 다르다. 인권 침해는 바로 생활 현장에서 발생한다.

☞ 대법원 판례는 수사절차 적법성 문제를 엄격하게 판단할 필요가 있다. 수사

기관에 잘못된 신호를 줄 수 있기 때문이다. 위법수집증거 논쟁을 조기에 종식하고 적법성 심사·통제를 적극적으로 요구할 필요가 있다.

[2] 임의로 제출된 물건을 압수하는 경우,
그 제출에 임의성이 있다는 점에 관하여는
검사가 합리적 의심을 배제할 수 있을 정도로 증명하여야 한다.

• 적법절차 검사 증명

임의로 제출된 것이라고 볼 수 없는 경우
증거능력을 인정할 수 없다(대법원 2016. 3. 10. 선고 2013도11233 판결).

• 임의성 엄격 해석

☞ 적법절차는 임의성 보다 먼저 준수해야 하는 형사소송법 가치이다.

[3] 수사기관이 전자정보를 담은 매체를
피의자로부터 임의제출 받아 압수하면서
거기에 담긴 정보 중 무엇을 제출하는지
명확히 확인하지 않은 경우,
임의제출의 동기가 된 범죄혐의사실과 관련되고
이를 증명할 수 있는 최소한의 가치가 있는 정보여야
압수의 대상이 된다.
범행 동기와 경위, 수단과 방법, 시간과 장소 등에 관한
간접증거나 정황증거로 사용될 수 있는 정보도
그에 포함될 수 있다. • 범죄 혐의와 관련된 최소 정보로 제한

한편 카메라의 기능과 정보저장매체의 기능을 함께 갖춘
휴대전화기인 스마트폰을 이용한 불법 촬영 범죄와 같이
범죄의 속성상 해당 범행의 상습성이 의심되거나
성적 기호 내지 경향성의 발현에 따른
일련의 범행의 일환으로 이루어진 것으로 의심되고,

범행의 직접증거가 스마트폰 안에 이미지 파일이나
동영상 파일의 형태로 남아 있을 개연성이 있는 경우
그 안에 저장되어 있는 같은 유형의 전자정보에서
그와 관련한 유력한 간접증거나 정황증거가
발견될 가능성이 높다는 점에서
이러한 간접증거나 정황증거는
범죄혐의사실과 구체적·개별적 연관관계를 인정할 수 있다(대법원 2021. 11. 18. 선고 2016도348 전원합의체 판결 참조).

• **범죄 혐의와 구체적·개별적으로 관련된 간접증거와 정황증거 인정**

✎ 참조 조문

> 형사소송법 제218조(영장 없이 할 수 있는 압수·수색·검증)
> ① 검사·사법경찰관은 다음 각호 어느 하나에 기재된 사람의 물건에 대해 영장 없이 압수·수색·검증할 수 있다.
> 1. 피의자·그밖에 다른 사람이 유류한 물건
> 2. 소유자·소지자·보관자가 임의로 제출한 물건
> ② 제1항 물건이 제215조·제216조·제217조 요건을 갖춘 경우, 검사·사법경찰관은 제1항 제1호·제2호를 적용할 수 없다.
> ③ 제1항 물건에 디지털 전자정보를 담은 경우, 그 물건 내부를 수색하여 정보를 탐색할 때, 제215조에 근거하여 지방법원판사에게 반드시 압수·수색·검증 영장을 발부받아야 한다.

형사소송법 제218조를 명확하게 규정하면, 실무에서 많은 논란을 줄일 수 있다. 입법부는 형사소송법 제215조·제216조·제217조·제218조를 입법철학을 가지고 체계적으로 규정하였다. 형사소송법 제215조가 원칙이다. 긴급한 경우 일정한 요건을 갖춘 때, 사후영장을 받도록 규정하였다. 대물적 강제처분에서 사전영장 또는 사후영장은 헌법 제12조 정신이다. 형사소송법 제218조를 '디지털 정보'까지 확대하는 상황은 문제가 많다. 휴대전화기는 사람의 오장칠부五臟七腑이다. 혈액을 생각하면 된다.

07

적법절차
선행 사건 전자정보를 공범 수사용으로 새로이 탐색·출력

선행 사건의 전자정보 압수·수색 과정에서 생성한 이미징 사본을 선행 사건의 판결 확정 이후 그 공범에 대한 범죄혐의의 수사를 위해 새로 탐색·출력한 것이 위법한지 여부가 문제된 사건

대법원 2023. 6. 1. 선고 2018도19782 판결
[군사기밀보호법위반·군기누설]

[공소사실 요지]

현역 군인인 피고인이 방산업체 관계자의 부탁을 받고 군사기밀과 군사상 기밀을 누설하였다는 군사기밀보호법 위반 및 군형법상 군기누설 혐의로 기소되었다.

1. 구 국군기무사령부(이하 '기무사'라 한다) 수사관은 공소외 1이 해외 방위산업체 컨설턴트 및 무역대리점 업무를 하면서 방위사업청 등이 발주하는 방위력개선사업과 관련한 군사기밀을 탐지·수집·누설하였다는 혐의로 수사를 진행하던 중, 2014. 6. 9. 서울중앙지방법원 판사로부터 공소외 1 등 6명의 신체, 사무실, 주거지 등에 대하여 압수·수색·검증영장(이하 '제1영장'이라 한다)을 발부받았다.

제1영장의 압수할 물건에는 위 군사기밀과 관련한 군 관련 자료, 이를 파일 형태로 담고 있는 컴퓨터, 노트북, 외장형 하드디스크, USB, CD, DVD, 휴대전화 등 정보저장매체와 그 정보저장매체에 수록된 내용, 수첩, 노트 등 범죄사실과 관련된 문서자료 등이 포함되었다.

제1영장의 압수 대상 및 방법에 관하여는 혐의사실과 관련된 전자정보만을 문서로 출력하거나 수사기관이 휴대한 저장매체에 복사하는 방법을 원칙으로 하되, 이러한 압수 집행이 불가능하거나 현저히 곤란한 경우 저장

매체 전부를 하드카피·이미징하는 방식으로 복제할 수 있고, 집행 현장에서 복제가 불가능하거나 현저히 곤란한 경우에는 저장매체의 원본을 봉인, 반출한 뒤 복제작업을 마치고 지체 없이 반환하도록 하며, 복제한 저장매체에서 혐의사실과 관련된 전자정보만을 출력, 복사하여야 하고, 위와 같은 증거물 수집이 완료되고 복제한 저장매체를 보전할 필요성이 소멸된 후에는 혐의사실과 관련 없는 전자정보를 지체 없이 삭제·폐기하도록 하는 제한사항이 존재하였다.
2. 기무사 수사관은 2014. 6. 10. 제1영장을 집행하면서, 공소외 1의 주거지에 있던 공소외 1의 노트북, 메모리카드, 외장형 하드디스크 전부를 모두 이미징하는 방법으로 복제하여 '삼성 노트북 이미지', 'Transcend Flash 메모리 이미지', 'Micro SD Flash 메모리 이미지', 'Seagate 외장형 HDD 이미지 파일' 등(이하 '이미징 사본'이라 한다)을 생성하였다.
3. 서울중앙지방검찰청 검사는 2014. 7.경 공소외 1을 군사기밀보호법위반 등의 혐의로 기소하였다. 서울중앙지방법원은 2015. 1. 8. 공소외 1이 '특수전지원함/특수침투정', 'GPS 화물낙하산', '소형무장헬기', '고공침투장비', '기상레이더 2차' 사업 등과 관련한 군사기밀을 탐지·수집 및 누설하였다는 공소사실을 유죄로 인정하여 공소외 1에 대하여 징역 4년을 선고하고, 압수된 이미징 사본 중 일부를 몰수하는 판결을 선고하였다.
공소외 1과 검사는 위 판결에 불복하여 항소, 상고하였으나, 공소외 1의 일부 뇌물공여의 점이 추가로 유죄로 인정된 것 이외에 위 군사기밀 탐지·수집 및 누설에 관한 유죄 부분은 그대로 유지되었고, 위 판결은 2015. 9. 24. 대법원의 상고기각 판결로 확정되었다(이하 공소외 1에 대한 위 형사사건을 '선행사건'이라 한다).
4. 기무사 수사관은 2016. 7.경 군 내부 실무자가 공소외 1에게 '소형무장헬기' 사업과 관련한 군사기밀을 누설하였을 가능성을 확인하고, 2016. 7. 19. 서울중앙지방검찰청에 보관되어 있던 선행사건의 기록과 압수물을 대출받았다.
5. 기무사 수사관은 2016. 7. 21.경 압수물 중 이미징 사본에 대한 분석(이하 '1차탐색'이라 한다)을 하고, 이를 기초로 피고인이 공소외 1에게 '소형무장헬기' 사업 등과 관련한 군사기밀을 누설하였다는 혐의로 피고인에 대한 내사를 개시하였다.

6. 기무사 수사관은 2016. 8. 2. 국방부 보통군사법원 군판사로부터 피고인이 '특수전지원함/특수침투정', '소형무장헬기', '기상레이더 2차' 사업과 관련한 군사기밀을 누설하였다는 범죄사실에 관한 증거자료를 확보할 필요가 있다는 등의 사유로 서울중앙지방검찰청에 보관된 선행사건의 압수물 중 위 사업 관련 군사기밀 및 군 관련 자료, 범죄사실을 증명할 수 있는 자료 등에 관한 압수·수색·검증영장(이하 '제2영장'이라 한다)을 발부받았다.
7. 기무사 수사관은 2016. 8. 4. 서울중앙지방검찰청 형사증거과 직원 공소외 2의 참여 하에 제2영장을 집행하여, 그곳에 보관되어 있던 선행사건 압수물인 이미징 사본에서 공소외 1의 이메일 기록을 추출하여 압수하였다.

[법리 쟁점]

전자정보 압수·수색 과정에서 생성한 이미징 사본 등의 복제본에 혐의사실과 관련 없는 전자정보가 남아 있는 경우 이를 새로운 범죄혐의의 수사를 위하여 탐색, 복제 또는 출력할 수 있는지 여부(소극)

[참조조문]

[1] 형사소송법 제106조, 제114조, 제215조, 제219조 / [2] 형사소송법 제215조, 제307조, 제308조의2

[참조판례]

[1] 대법원 2015. 7. 16. 자 2011모1839 전원합의체 결정(공2015하, 1274)

[원심 판단]

제1심법원은 피고인에게 무죄를 선고하였다.
원심법원은 피고인에게 무죄를 선고하였다.
수사기관이 피고인에 대한 수사를 위하여 유죄판결이 이미 확정된 A(누설 상대방)에 대한 수사 당시 전자정보 압수수색 과정에서 생성한 이미징 사본을 탐색, 출력한 행위가 위법하다. 이를 바탕으로 수집한 전자정보 등 2차적 증거는 위법수집증거에 해당하여 유죄의 증거로 사용할 수 없다. 위법수집증거 배제법칙의 예외에 해당한다고 보기도 어렵다.
군검사가 상고하였다.

[대법원 판단]

대법원은 상고를 기각한다.

전자정보 압수수색 과정에서 생성되는 하드카피나 이미징 형태의 복제본은 무관정보를 포함하고 있어 압수 완료시 삭제·폐기의 대상이 될 뿐 새로운 범죄 혐의 수사를 위한 수사기관의 추가적인 탐색, 출력의 대상이 될 수 없다는 법리를 선언하고, 이에 따라 수사기관의 탐색, 출력행위의 위법성 및 이를 통하여 수집한 2차적 증거의 증거능력에 관한 원심의 판단을 수긍하여 상고를 기각하였다.

낭독 형사소송법 판결문 07

대법원 2023. 6. 1. 선고 2018도19782 판결 [군사기밀보호법위반·군기누설]
<선행 사건의 전자정보 압수·수색 과정에서 생성한 이미징 사본을 선행 사건의 판결 확정 이후 그 공범에 대한 범죄혐의 수사를 위해 새로 탐색·출력한 것이 위법한지 여부가 문제된 사건>

판시 사항

[1] 수사기관의 전자정보에 대한 압수·수색이 저장매체 자체를 직접 반출하거나 저장매체에 들어 있는 전자파일 전부를 하드카피나 이미징 등 형태로 수사기관 사무실 등 외부에 반출하는 방식으로 허용되는 예외적인 경우

[2] 수사기관이 하드카피나 이미징 등 형태(복제본)에 담긴 전자정보를 탐색하여 혐의사실과 관련된 정보를 선별하여 출력하거나 다른 저장매체에 저장하는 등으로 압수를 완료한 경우, 혐의사실과 관련 없는 전자정보(무관정보)를 삭제·폐기하여야 하는지 여부(적극) 및 수사기관이 새로운 범죄 혐의의 수사를 위하여 무관정보가 남아 있는 복제본을 탐색, 복제 또는 출력할 수 있는지 여부(소극)

판결 요지

[1] 수사기관의 전자정보에 대한 압수·수색은
원칙적으로 영장 발부의 사유로 된 범죄혐의사실과
관련된 부분만을 문서 출력물로 수집하거나

수사기관이 휴대한 저장매체에 해당 파일을 복제하는 방식으로 이루어져야 한다. • 전자정보 압수·수색 범위와 범죄 혐의 관련성

수사기관이 저장매체 자체를 직접 반출하거나
그 저장매체에 들어 있는 전자파일 전부를
하드카피나 이미징 등 형태(이하 '복제본'이라 한다)로
수사기관 사무실 등 외부에 반출하는 방식으로
압수·수색하는 것은
현장의 사정이나 전자정보의 대량성으로 인하여
관련 정보 획득에 긴 시간이 소요되거나
전문 인력에 의한 기술적 조치가 필요한 경우 등
범위를 정하여 출력 또는 복제하는 방법이 불가능하거나
압수의 목적을 달성하기에 현저히 곤란하다고
인정되는 때에 한하여
예외적으로 허용될 수 있을 뿐이다(대법원 2015. 7. 16. 자 2011모1839 전원합의체 결정 등 참고). • 반출 압수·수색은 예외적으로 허용

[2] 수사기관은 복제본에 담긴 전자정보를 탐색하여
혐의사실과 관련된 정보(이하 '유관정보'라 한다)를
선별하여 출력하거나 다른 저장매체에 저장하는 등으로
압수를 완료하면
혐의사실과 관련 없는 전자정보(이하 '무관정보'라 한다)를
삭제·폐기하여야 한다. • 혐의 없는 전자정보를 신속히 폐기처분함

수사기관이 새로운 범죄혐의의 수사를 위하여
무관정보가 남아있는 복제본을 열람하는 것은
압수·수색영장으로 압수되지 않은 전자정보를
영장 없이 수색하는 것과 다르지 않다.

• 무관정보로 새로운 범죄 혐의 수사 금지(=탐색·출력·검색·열람 금지)

따라서 복제본은 더 이상 수사기관의 탐색, 복제
또는 출력 대상이 될 수 없다. • 복제본에서 탐색·복사·출력 금지

수사기관은 새로운 범죄혐의의 수사를 위하여
필요한 경우에도 유관 정보만을 출력하거나
복제한 기존 압수·수색의 결과물을 열람할 수 있을 뿐이다.
• 혐의사실 관련 정보 열람만 허용

[3] 기무사는 1차 탐색 당시 제1영장 기재 혐의사실과
관련된 정보와 무관정보가 뒤섞여 있는 이미징 사본을
탐색의 대상으로 삼았다.

무관정보는 제1영장으로 적법하게 압수되었다고 보기 어렵다.
그러므로 참여권 보장 여부와 관계없이 이미징 사본의 내용을
탐색하거나 출력한 행위는 위법하다. • 적법절차 위반

따라서 이를 바탕으로 수집한 전자정보 등 2차적 증거는
위법수집증거에 해당하여 유죄의 증거로 사용할 수 없다.
공소외 1이 선행사건 수사 당시 이미징 사본에 관한 소유권을
포기하였다거나, 제2영장을 발부받았다는 등
군검사가 상고이유로 주장하는 사유만으로
위법수집증거라도 유죄의 증거로 사용할 수 있는
예외적인 경우에 해당한다고 보기 어렵다. • 위법수집증거

원심법원은 압수 절차나 압수물의 증거능력, 위법수집증거에 관한
법리를 오해하는 등의 잘못이 없다. • 상고기각

08

적법절차
압수한 증거물을 공범의 별건 범죄사실에 증거로 사용

군사기밀보호법 위반 혐의에 관한 압수수색영장으로 압수한 증거물을 그 군사기밀보호법 위반죄 공범의 별건 범죄사실에 관한 증거로 사용한 사건

대법원 2023. 6. 1. 선고 2018도18866 판결
[군사기밀보호법위반(예비적 죄명: 군기누설)]

[공소사실 요지]

현역 군인인 피고인이 방산업체 관계자의 부탁을 받고 군사기밀 사항을 메모지에 옮겨 적은 후 이를 전달하여 누설한 행위와 관련하여 군사기밀 보호법 위반죄(예비적 죄명 군형법상 군기누설죄)로 기소되었다.

[법리 쟁점]

압수수색영장 기재 혐의사실과 관련성의 의미 및 그 판단기준

[참조조문]

[1] 헌법 제12조, 형사소송법 제199조 제1항, 제215조 제1항, 제307조, 제308조의2 / [2] 형사소송법 제215조 제1항

[참조판례]

[2] 대법원 2017. 1. 25. 선고 2016도13489 판결(공2017상, 496), 대법원 2017. 12. 5. 선고 2017도13458 판결(공2018상, 141), 대법원 2021. 7. 29. 선고 2020도14654 판결, 대법원 2021. 12. 30. 선고 2019도10309 판결

[원심 판단]

제1심법원은 피고인에게 무죄를 선고하였다.

원심법원은 피고인에게 무죄를 선고하였다.
서울남부지방법원 판사가 2015. 9. 15. 발부한 압수·수색·검증영장(이하 '이 사건 영장'이라 한다)에 기하여 압수한 압수물은 이 사건 영장 기재 혐의사실과 무관한 별개의 증거를 압수한 것으로 위법수집증거에 해당한다고 판단하였다.
이 사건에 증거로 제출된 위 메모지가 누설 상대방의 다른 군사기밀 탐지·수집 혐의에 관하여 발부된 압수수색영장으로 압수한 것인데, 영장 혐의사실과 사이에 관련성이 인정되지 아니하여 위법수집증거에 해당하고, 군검사가 제출한 그 밖의 증거는 위법수집증거에 기초하여 획득한 2차 증거로서 최초 증거수집단계에서의 위법과 인과관계가 희석되거나 단절된다고 보기 어렵다.
검사가 상고하였다.

[대법원 판단]
대법원은 상고를 기각한다.
압수수색영장 기재 혐의사실과의 관련성에 관한 종전 법리를 재확인하고, 관련성에 의한 제한은 증거수집뿐만 아니라 압수된 증거의 사용에도 적용된다는 법리를 선언하면서, 이러한 법리에 따라 메모지 및 그 파생증거의 증거능력을 부정한 원심의 판단을 수긍하여 군검사의 상고를 기각하였다.

낭독 형사소송법 판결문 08

대법원 2023. 6. 1. 선고 2018도18866 판결 [군사기밀보호법위반(예비적 죄명: 군기누설)]
<군사기밀보호법 위반 혐의에 관한 압수수색영장으로 압수한 증거물을 그 군사기밀보호법 위반죄 공범의 별건 범죄사실에 관한 증거로 사용한 사건>

판시 사항

[1] 수사기관이 영장 발부의 사유로 된 범죄 혐의사실과 관계가 없는 증거를 압수할 수 있는지 여부(소극) 및 별도의 영장을 발부받지 아니하고 압수물 또는 압수한 정보를 그 압수의 근거가 된 압수·수색영장 혐의사실과 관계가 없는 범죄의 유죄 증거로 사용할 수 있는지 여부(소극)

[2] 영장에 의한 압수·수색을 규정한 형사소송법 제215조 제1항에서 '해당 사건과 관계가 있다'는 것의 의미 / 이때 압수·수색영장에 기재된 혐의사실과의 객관적 관련성이 인정되는 범위와 판단 기준 및 피의자 또는 피고인과의 인적 관련성이 인정되는 범위

판결 요지

[1] 헌법 제12조의 영장주의와
형사소송법 제199조 제1항 단서의
강제처분 법정주의는
수사기관의 증거수집뿐만 아니라
강제처분을 통하여 획득한 증거의 사용까지 아우르는
형사절차의 기본원칙이다. • 적법절차 헌법·형사소송법 근거

☞ 헌법 제12조 영장주의와 형사소송법 제199조 제1항 강제처분 법정주의는 형사절차 기본원칙이다. 증거수집과 증거사용에 모두 적용한다.

따라서 수사기관은 영장 발부의 사유로 된 범죄혐의사실과
관계가 없는 증거를 압수할 수 없다. • 위법수집증거 금지(=관련성)

별도의 영장을 발부받지 아니하고서
압수물 또는 압수한 정보를
그 압수의 근거가 된 압수·수색영장 혐의사실과
관계가 없는 범죄의 유죄 증거로 사용할 수 없다. • 사용금지

[2] 형사소송법 제215조 제1항은
"검사는 범죄수사에 필요한 때
피의자가 죄를 범하였다고 의심할 만한 정황이 있고
해당 사건과 관계가 있다고 인정할 수 있는 것에 한정하여
지방법원판사에게 청구하여 발부받은 영장에 의하여
압수, 수색 또는 검증을 할 수 있다."라고 규정한다.

• 형사소송법 제215조 영장주의

여기에서 '해당 사건과 관계가 있다'는 것은
압수·수색영장에 기재한 혐의사실과 관련되고
이를 증명할 수 있는 최소한의 가치가 있는 것으로
압수·수색영장의 혐의사실과 사이에
객관적, 인적 관련성이 인정되는 것을 말한다.

• 해당 혐의사실 관련 사건과 객관적·인적 관련성 판단

혐의사실과의 객관적 관련성은
압수·수색영장에 기재된 혐의사실 자체
또는 그와 기본적 사실관계가 동일한 범행과
직접 관련되어 있는 경우를 의미하지만,
범행 동기와 경위, 범행 수단과 방법, 범행 시간과 장소 등을
증명하기 위한 간접증거나 정황증거 등으로
사용될 수 있는 경우에도 인정할 수 있다.

• 혐의사실과 기본사실관계 동일 범죄에 직접 관련(=직접증거·간접증거·정황증거 포함이론)

이때 객관적 관련성은
압수·수색영장에 기재된 혐의사실의 내용과
수사의 대상, 수사 경위 등을 종합하여
구체적·개별적 연관관계가 있는 경우에만 인정할 수 있다.
혐의사실과 단순히 동종 또는 유사범행이라는 사유만으로
객관적 관련성이 있다고 볼 수는 없다(대법원 2017. 1. 25. 선고 2016도13489 판결, 대법원 2017. 12. 5. 선고 2017도13458 판결, 대법원 2021. 7. 29. 선고 2020도14654 판결). • 객관적 관련성 엄격 해석

그리고 피의자 또는 피고인과의 인적 관련성은
압수·수색영장에 기재된 대상자의 공동정범이나 교사범 등

공범이나 간접정범은 물론 필요적 공범 등에 대한
사건에 대해서도 인정할 수 있다.

• 인적 범위(=공동정범·간접정범·교사범·필요적 공범 포함이론)

[3] 이 사건 영장에 기하여 압수한 메모지 2장은
위법수집증거로서
그 압수 절차 위반행위가 위법수집증거 배제법칙의
예외를 인정할 수 있는 경우에 해당하지 않는다.

위 메모지에 기초하여 수집된 다른 증거 역시
위법수집증거에 터 잡아 획득한 2차적 증거로서
위 압수 절차와 2차적 증거수집 사이에
인과관계가 희석 또는 단절된다고 보기 어렵다.
모두 위법수집증거에 해당한다. • 제2차 증거 위법수집증거

원심은 필요한 심리를 다하지 않은 채
논리법칙과 경험법칙을 위반하여
자유심증주의 한계를 벗어나거나
위법수집증거 배제법칙의 예외 및 위법수집증거에 기초하여
획득한 2차적 증거의 증거능력에 관한 법리를 오해한 잘못이 없다.

• 위법수집증거와 제2차 증거 증거능력 판단

09

적법절차
정보저장매체 임의제출과 소유자 본범 참여권

증거은닉범이 본범으로부터 은닉을 교사받고 소지·보관 중이던 본범의 정보저장매체를 임의제출하는 경우 본범의 참여권 인정 여부가 문제된 사건

대법원 2023. 9. 18. 선고 2022도7453 전원합의체 판결
[업무방해]

[공소사실 요지]

피고인이 허위의 인턴활동 확인서를 작성한 후 A의 아들 대학원 입시에 첨부자료로 제출하도록 함으로써 A 등과 공모하여 대학원 입학담당자들의 입학사정 업무를 방해한 공소사실로 기소되었다.

1. 수사기관은 2019. 8. 27.경 공소외 1, 공소외 2의 자녀 입시·학사 비리 혐의, 사모펀드 투자 비리 혐의, ○○학원 비리 혐의 등과 관련된 △△대학교, □□ 사무실, ○○학원 등에 대한 압수·수색을 기점으로 각종 의혹에 대한 수사를 본격화하였다.

2. 공소외 1은 압수·수색 등 수사에 대비하여 혐의사실과 관련된 전자정보가 저장된 컴퓨터 등을 은닉하고자, 2019. 8. 31.경 공소외 3에게 서재에 있던 컴퓨터에서 떼어낸 정보저장매체 2개 중 1개(HDD 1개), 아들 공소외 4의 컴퓨터에서 떼어낸 정보저장매체 2개(HDD 1개, SSD 1개) 등 공소외 1, 공소외 2, 공소외 4(이하 '공소외 1 등'이라 한다)이 주거지에서 사용하던 3개의 정보저장매체(이하 '이 사건 하드디스크'라 한다)를 건네주면서 "수사가 끝날 때까지 숨겨놓으라."라는 취지로 지시하였다. 공소외 3은 이 사건 하드디스크를 서울 양천구 소재 상가 지하 1층 헬스장 개인보관함 등에 숨겨두었다.

3. 이 사건 하드디스크에는 공소외 1이 은닉하고자 했던 증거들, 즉 자녀들의 대학·대학원 입시에 활용한 인턴십 확인서 및 공소외 4, 피고인 등 관련자들의 문자메시지 등이 저장되어 있었다.
4. 수사기관은 2019. 9. 10.경 공소외 3을 증거은닉혐의 피의자로 입건하였다. 공소외 3은 2019. 9. 11. 수사기관에 이 사건 하드디스크를 임의제출하였다.
5. 수사기관은 이 사건 하드디스크 임의제출 및 그에 저장된 전자정보에 관한 탐색·복제·출력 과정에서 공소외 3과 그 변호인에게 참여 의사를 확인하고 참여 기회를 부여하는 등 참여권을 보장하였는데 공소외 3측은 탐색·복제·출력 과정에 참여하지 않겠다는 의사를 밝혔다. **수사기관은 공소외 1 등에게는 위와 같은 참여 의사를 확인하거나 참여 기회를 부여하지 않았다.**

[법리 쟁점]

증거은닉범 B가 본범 A로부터 은닉을 교사받고 소지·보관 중이던 A 등의 정보저장매체를 임의제출하는 경우 증거은닉범행의 피의자이면서 임의제출자인 B에게만 참여의 기회를 부여하고 A 등에게 참여의 기회를 부여하지 않은 것이 위법한지 여부(소극)

[참조조문]

[1] 헌법 제12조 제1항, 제3항, 제17조, 형사소송법 제114조, 제118조, 제121조, 제122조, 제123조, 제129조, 제131조, 제218조, 제219조, 제307조, 제308조의2 / [2] 헌법 제12조 제1항, 제3항, 제16조, 제17조, 형법 제30조, 제155조 제1항, 제314조 제1항, 형사소송법 제121조, 제218조, 제219조, 제307조, 제308조의2

[참조판례]

[1] 대법원 2021. 11. 18. 선고 2016도348 전원합의체 판결(공2022상, 57), 대법원 2022. 1. 27. 선고 2021도11170 판결(공2022상, 486)

[원심 판단]

제1심법원은 피고인에게 유죄를 선고하였다.
원심법원은 피고인에게 유죄를 선고하였다.

이 사건 하드디스크의 임의제출 과정에서 B에게만 참여의 기회를 부여하고 A 등에게 참여의 기회를 부여하지 않은 것이 위법하다고 볼 수 없다. 원심법원은 공소사실을 유죄로 인정한 제1심판결을 그대로 유지하였다. 피고인이 상고하였다.

[대법원 판단]

대법원은 상고를 기각하였다.

대법관 민유숙, 대법관 이흥구, 대법관 오경미의 반대의견과 다수의견에 대한 대법관 안철상, 대법관 노태악, 대법관 천대엽의 보충의견 및 반대의견에 대한 대법관 오경미의 보충의견이 있다.

반대의견의 요지는 다음과 같다.

1. 선례의 법리와 취지에 따르면, 전자정보 압수·수색 절차에서 참여권은 영장주의에 반하는 무관정보의 무분별한 탐색과 수집을 통제하기 위한 절차적 권리로서 인정되어 온 것으로 볼 수 있다. 따라서 무관정보의 탐색·복제·출력 등으로 사생활의 비밀과 자유, 정보에 대한 자기결정권 등의 법익을 침해받을 우려가 있는 사람에게 참여권이 인정되어야 한다. 정보저장매체의 현실적 소지·보관자 외에 소유·관리자가 별도로 존재하고, 압수·수색으로 인하여 그 소유·관리자가 전자정보에 대한 사생활의 비밀과 자유, 정보에 대한 자기결정권, 재산권 등을 침해받을 우려가 있는 경우, 그 소유·관리자는 실질적 피압수자로서 참여권을 보장받아야 하고, 이때 실질적 피압수자가 압수·수색의 원인이 된 범죄혐의사실의 피의자일 것을 요하는 것은 아니다.

2. 본범이 증거은닉범에게 증거은닉을 교사하면서 정보저장매체를 교부한 경우 그 전자정보에 관한 관리처분권을 확정적으로 완전히 포기하였다고 인정할 만한 다른 특별한 사정이 없는 한 그와 같은 교부사실만으로 본범이 전자정보에 관한 관리처분권을 양도·포기하였다고 단정할 수 없다. 증거은닉범이 본범으로부터 증거은닉을 교사받아 소지·보관하고 있던 본범 소유의 정보 저장매체를 피의자의 지위에서 수사기관에 임의제출한 경우라도 본범은 여전히 그 정보저장매체에 저장된 무관정보의 탐색·복제·출력 과정에서 사생활의 비밀과 자유 등을 침해받지 않을 실질적인 이익을 갖는다고 평가되므로 본범에게도 참여권이 보장되어야 한다.

낭독 형사소송법 판결문 09

대법원 2023. 9. 18. 선고 2022도7453 전원합의체 판결 [업무방해]
<증거은닉범이 본범으로부터 은닉을 교사받고 소지·보관 중이던 본범의 정보저장매체를 임의제출하는 경우 본범의 참여권 인정 여부가 문제된 사건>

판시 사항

[1] 정보저장매체를 임의제출한 피압수자에 더하여 임의제출자 아닌 피의자에게도 참여권이 보장되어야 하는 '피의자의 소유·관리에 속하는 정보저장매체'의 의미 및 이에 해당하는지 판단하는 기준 / 피의자나 그 밖의 제3자가 과거 그 정보저장매체의 이용 내지 개별 전자정보의 생성·이용 등에 관여한 사실이 있다거나 그 과정에서 생성된 전자정보에 의해 식별되는 정보주체에 해당한다는 사정만으로 그들을 실질적 피압수자로 취급하여야 하는지 여부(소극)

[2] 피고인이 허위의 인턴십 확인서를 작성한 후 갑의 자녀 대학원 입시에 활용하도록 하는 방법으로 갑 등과 공모하여 대학원 입학담당자들의 입학사정업무를 방해하였다는 공소사실과 관련하여, 갑 등이 주거지에서 사용하던 컴퓨터 내 정보저장매체(하드디스크)에 인턴십 확인서 등 증거들이 저장되어 있고, 갑은 자신 등의 혐의에 대한 수사가 본격화되자 을에게 지시하여 하드디스크를 은닉하였는데, 이후 수사기관이 을을 증거은닉혐의 피의자로 입건하자 을이 이를 임의제출하였고, 수사기관은 하드디스크 임의제출 및 그에 저장된 전자정보에 관한 탐색·복제·출력 과정에서 을 측에 참여권을 보장한 반면 갑 등에게는 참여 기회를 부여하지 않아 그 증거능력이 문제 된 사안이다.
증거은닉범행의 피의자로서 하드디스크를 임의제출한 을에 더하여 임의제출자가 아닌 갑 등에게도 참여권이 보장되어야 한다고 볼 수 없다고 한 사례.

판결 요지

[1] **[다수의견] (가) 정보저장매체 내의**

전자정보가 가지는 중요성은
헌법과 형사소송법이 구현하고자 하는
적법절차, 영장주의, 비례의 원칙과 함께
사생활의 비밀과 자유,
정보에 대한 자기결정권 등의 관점에서 유래된다.

• 헌법과 형사소송법 정신

압수의 대상이 되는 전자정보와
그렇지 않은 전자정보가 혼재된 정보저장매체나 그 복제본을
임의제출 받은 수사기관이
그 정보저장매체 등을 수사기관 사무실 등으로 옮겨
이를 탐색·복제·출력하는 경우,
그와 같은 일련의 과정에서
형사소송법 제219조, 제121조에서 규정하는
압수·수색영장 집행을 받는 당사자(피압수자)나 그 변호인에게
참여 기회를 보장하고
압수된 전자정보의 파일명세가 특정된
압수목록을 작성·교부하여야 한다.
범죄혐의사실과 무관한 전자정보의 임의적인 복제 등을
막기 위한 적절한 조치를 취하는 등
영장주의 원칙과 적법절차를 준수하여야 한다. • 적법절차 준수

만약 그러한 조치가 취해지지 않았다면
피압수자 측이 참여하지 않겠다는 의사를
명시적으로 표시하였거나
임의제출의 취지와 경과
또는 그 절차 위반행위가 이루어진 과정의
성질과 내용 등에 비추어

피압수자 측에 절차 참여를 보장한 취지가
실질적으로 침해되었다고 볼 수 없을 정도에 해당한다는
특별한 사정이 없는 이상
압수·수색이 적법하다고 평가할 수 없다. • 참여자 의사표시이론

비록 수사기관이 정보저장매체 또는 복제본에서
범죄혐의사실과 관련된 전자정보만을
복제·출력하였다고 하더라도 달리 볼 것은 아니다.
• 정보저장매체·복제본 복제·출력에도 참여자 의사표시 존중

피해자 등 제3자가
피의자의 소유·관리에 속하는 정보저장매체를
임의제출한 경우
실질적 피압수자인 피의자가
수사기관으로 하여금수사기관에게 그 전자정보 전부를
무제한 탐색하는데 동의한 것으로 보기 어렵다. • 무제한탐색금지

피의자 스스로 임의제출한 경우
피의자의 참여권 등이 보장되어야 하는 것과 견주어 보더라도
특별한 사정이 없는 한 피의자에게 참여권을 보장하고
압수한 전자정보 목록을 교부하는 등
피의자의 절차적 권리를 보장하기 위한
적절한 조치가 이루어져야 한다(대법원 2021. 11. 18. 선고 2016도348 전원합의체 판결 등 참조). • 방어권 보장(=목록교부와 참여권 보장)

(나) 이와 같이 정보저장매체를 임의제출한 피압수자에 더하여
임의제출자 아닌 피의자에게도 참여권이 보장되어야 하는
'피의자의 소유·관리에 속하는 정보저장매체'란,
피의자가 압수·수색 당시 또는 시간적으로 근접한 시기까지

해당 정보저장매체를 현실적으로 지배·관리하면서
그 정보저장매체 내 전자정보 전반에 관한
전속적인 관리처분권을 보유·행사하고,
달리 이를 자신의 의사에 따라 제3자에게 양도하거나
포기하지 아니한 경우로서,
피의자를 그 정보저장매체에 저장된 전자정보 전반에 대한
실질적인 압수·수색 당사자로 평가할 수 있는 경우를 말하는 것이다. • 실질적 압수·수색 당사자 평가설

이에 해당하는지 여부는 민사법상 권리의 귀속에 따른
법률적·사후적 판단이 아니라
압수·수색 당시 외형적·객관적으로 인식 가능한
사실상의 상태를 기준으로 판단하여야 한다. • 사실 상태 기준설

이러한 정보저장매체의
외형적·객관적 지배·관리 등 상태와 별도로 단지
피의자나 그 밖의 제3자가
과거 그 정보저장매체의 이용 내지 개별 전자정보의
생성·이용 등에 관여한 사실이 있다거나
그 과정에서 생성된 전자정보에 의해 식별되는
정보 주체에 해당한다는 사정만으로
그들을 실질적으로 압수·수색을 받는 당사자로
취급하여야 하는 것은 아니다(대법원 2022. 1. 27. 선고 2021도11170 판결 등 참조). • 실질적 압수·수색 당사자에 대한 제한 기준

[대법관 민유숙, 대법관 이흥구, 대법관 오경미의 반대의견]

(가) 다수의견은
참여권을 보장받는 주체인 '실질적 피압수자'를

압수·수색의 원인이 된
범죄혐의사실의 피의자를 중심으로
협소하게 파악하는 것으로서
선례의 취지와 방향에 부합하지 않는다.

또 다수의견에 의하면
현대사회의 개인과 기업에게
갈수록 중요한 의미를 갖는
전자정보에 관한 수사기관의 강제처분에서
적법절차와 영장주의를 구현해야 하는
헌법적 요청을 외면함으로써
실질적 피압수자인 전자정보 관리처분권자의
사생활의 비밀과 자유 등에 관한
기본권이 침해되는 반헌법적 결과를 용인하게 된다.

(나) 대법원 2021. 11. 18. 선고 2016도348 전원합의체 판결
및 대법원 2022. 1. 27. 선고 2021도11170 판결 등에서
대법원은 전자정보의 압수·수색에서
참여권이 보장되는 주체인 실질적 피압수자는
해당 정보저장매체를 현실적으로 지배·관리하면서
그 정보저장매체 내 전자정보 전반에 관한
전속적인 관리처분권을 보유·행사하는 자로서
그에 대한 실질적인 압수·수색의 당사자로
평가할 수 있는 사람이라고 하였다.

이러한 선례의 법리와 취지에 따르면,
강제처분의 직접 당사자이자 형식적 피압수자인
정보저장매체의 현실적 소지·보관자 외에

소유·관리자가 별도로 존재하고,
강제처분에 의하여
그의 전자정보에 대한 사생활의 비밀과 자유,
정보에 대한 자기결정권, 재산권 등을
침해받을 우려가 있는 경우,
그 소유·관리자는 참여권의 보장 대상인
실질적 피압수자라고 보아야 한다.
이때 실질적 피압수자가 압수·수색의 원인이 된
범죄혐의사실의 피의자일 것을 요하는 것은 아니다.

따라서 증거은닉범이 본범으로부터
증거은닉을 교사받아 소지·보관하고 있던
본범 소유·관리의 정보저장매체를
피의자의 지위에서 수사기관에 임의제출하였고,
본범이 그 정보저장매체에 저장된
전자정보의 탐색·복제·출력 시
사생활의 비밀과 자유 등을
침해받지 않을 실질적인 이익을 갖는다고
평가될 수 있는 경우,
임의제출자이자 피의자인 증거은닉범과 함께
그러한 실질적 이익을 갖는 본범에게도
참여권이 보장되어야 한다.

[2] 피고인이 허위의 인턴십 확인서를 작성한 후 갑의 자녀 대학원 입시에 활용하도록 하는 방법으로 갑 등과 공모하여 대학원 입학담당자들의 입학사정업무를 방해하였다는 공소사실과 관련하여, 갑이 주거지에서 사용하던 컴퓨터 내 정보저장매체(하드디스크)에 인턴십 확인서 등 증거들이 저장되어 있다.

갑은 자신 등의 혐의에 대한 수사가 본격화되자 을에게 지시하여 하드디스크를 은닉하였다. 이후 수사기관이 을을 증거은닉 혐의 피의자로 입건하자 을이 이를 임의제출하였다.

수사기관은 하드디스크 임의제출 및 그에 저장된 전자정보에 관한 탐색·복제·출력 과정에서 을 측에 참여권을 보장한 반면 갑 등에게는 참여 기회를 부여하지 않아 그 증거능력이 문제 된 사안이다.

• 을의 참여권과 전자정보 증거능력이 쟁점이 된 사건

을은 임의제출의 원인이 된
범죄혐의사실인 증거은닉 범행의 피의자로서
자신에 대한 수사 과정에서
하드디스크를 임의제출하였다.
하드디스크 및 그에 저장된 전자정보는
본범인 갑 등의 혐의사실에 관한 증거이기도 하지만
동시에 은닉행위의 직접적인 목적물에 해당하여
을의 증거은닉 혐의사실에 관한 증거이기도 하다. • 은닉 증거물

을은 하드디스크와 그에 저장된 전자정보에 관하여
실질적 이해관계가 있는 자에 해당한다.
하드디스크 자체의 임의제출을 비롯하여
증거은닉 혐의사실 관련
전자정보의 탐색·복제·출력 과정 전체에 걸쳐
을은 참여의 이익이 있다. • 을의 참여권

하드디스크의 은닉과 임의제출 경위,
그 과정에서 을과 갑 등의 개입 정도 등에 비추어
압수·수색 당시 또는 이에 근접한 시기에

하드디스크를 현실적으로 점유한 사람은 을이라고 할 것이다.

나아가 을이 그 무렵 위와 같은 경위로
하드디스크를 현실적으로 점유한 이상
다른 특별한 사정이 없는 한
저장된 전자정보에 관한 관리처분권을
사실상 보유·행사할 수 있는 지위에 있는 사람도
을이라고 볼 수 있다. • 저장된 전자정보에 관한 실질적 관리처분권

갑은 임의제출의 원인이 된
범죄혐의사실인 증거은닉 범행의 피의자가 아닐 뿐만 아니라
하드디스크의 존재 자체를 은폐할 목적으로
막연히 '자신에 대한 수사가 끝날 때까지'
은닉할 것을 부탁하며 하드디스크를 을에게 교부하였다.

이는 자신과 하드디스크 및 그에 저장된 전자정보 사이의
외형적 연관성을 은폐·단절하겠다는 목적하에
그 목적 달성에 필요하다면
'수사 종료'라는 불확정 기한까지
하드디스크에 관한 전속적인 지배·관리권을 포기하거나
을에게 전적으로 양도한다는 의사를
표명한 것으로 볼 수 있다.[확대해석] • 전속 지배권·관리권 포기 의사 표명설

이 점 등을 종합하면, 증거은닉 범행의 피의자로서
하드디스크를 임의제출한 을에 더하여
임의제출자가 아닌 갑 등에게도
참여권이 보장되어야 한다고 볼 수 없다.[축소해석] • 참여권 제외이론

이와 같은 취지에서 하드디스크에 저장된 전자정보의 증거능력을
인정한 원심의 판단이 정당하다고 한 사례. • 상고기각

10

적법절차
임의제출·참여권·압수목록·제2차 증거·인과관계 희석·관련성

음란합성사진 파일의 음화 해당 여부 및 휴대전화 전자정보의 증거능력이 문제된 사건

대법원 2023. 12. 14. 선고 2020도1669 판결
[정보통신망이용촉진및정보보호등에관한법률위반(명예훼손), 성폭력범죄의처벌등에관한특례법위반(카메라등이용촬영), 음화제조교사]

[공소사실 요지]

피고인이 성명불상자에게 지인의 얼굴과 나체사진이 합성된 음란한 사진(음란합성사진) 파일 제작을 의뢰하고(음화제조교사), 지하철 등지에서 여고생들을 불법촬영(성폭력처벌법 위반) 등을 한 사안이다.

1. 음화제조교사

피고인은 2017. 4. 2. 03:33경 지인의 얼굴과 나체사진이 합성된 음란한 사진(이하 '음란합성사진'이라고 한다)을 얻고자 음란합성사진 제작자인 성명불상자에게 피해자 공소외 1(여, 20세)의 사진과 이름, 나이, 주소 등을 제공하고 "합성 부탁드립니다."라고 하여, 위 성명불상자가 음란한 물건인 피해자의 음란합성사진 파일을 공연히 전시할 목적으로 제조할 것을 마음먹게 하였다. 그리하여 위 성명불상자는 그 무렵 피해자의 얼굴이 합성된 음란합성사진 파일을 제조하고, 피고인에게 완성된 음란합성사진 파일을 전송하였다. 피고인은 그때부터 2017. 11. 15.까지 사이에 제1심 판시 별지1 범죄일람표 기재와 같이 17회에 걸쳐 성명불상자로 하여금 공연히 전시할 목적으로 음란한 물건을 제조하도록 교사하였다.

2. 「정보통신망 이용촉진 및 정보보호 등에 관한 법률」 위반(명예훼손)

피고인은 2017. 5. 21. 12:50경 위 성명불상자에게 피해자 공소외 2(여,

22세)의 사진과 이름 등을 보내 음란합성사진 제작을 의뢰하면서, 공소외 2 ○○살 ○○구 ○○동 거주 뒹굴고 싶어서 일부러 동남아만 돌아다니는 사람입니다.'라는 메시지를 전송함으로써 비방할 목적으로 공공연하게 거짓의 사실을 드러내어 피해자의 명예를 훼손하였다.

3. 「성폭력범죄의 처벌 등에 관한 특례법」 위반(카메라등이용촬영)

피고인은 2016. 7. 14.경 지하철 전동차 안에서 성명불상의 피해자가 밤색 교복치마를 입고 서 있는 것을 발견하고 소지하고 있던 피고인 소유의 갤럭시노트5 휴대전화에 설치된 무음카메라 어플을 이용하여 피해자의 다리를 몰래 촬영하였다. 피고인은 그때부터 2017. 11. 6.까지 지하철, 학원 강의실 등지에서 원심 판시 별지 범죄일람표 기재와 같이 6회에 걸쳐 카메라 기능을 갖춘 기계장치를 이용하여 성적 수치심을 유발할 수 있는 피해자들의 신체를 그 의사에 반하여 촬영하였다.

[법리 쟁점]

[1] 음란합성사진 파일이 형법 제244조의 '음란한 물건'에 해당하는지 여부(소극)

[2] 당사자의 참여권이 보장되지 않고 전자정보 압수목록 교부하지 않았으며 객관적 관련성이 부정된 상태에서 수집된 휴대전화 전자정보 및 그에 따른 2차적 증거의 증거능력 인정 여부(소극)

[참조조문]

[1] 형법 제243조, 제244조 / [2] 형사소송법 제121조, 제129조, 제218조, 제219조 / [3] 형사소송법 제308조의2, 군사법원법 제359조의2 / [4] 형사소송법 제218조, 제307조, 제308조의2, 군사법원법 제359조의2

[참조판례]

[1] 대법원 1999. 2. 24. 선고 98도3140 판결(공1999상, 604) / [2][4] 대법원 2021. 11. 18. 선고 2016도348 전원합의체 판결(공2022상, 57) / [2] 대법원 2022. 1. 27. 선고 2021도11170 판결(공2022상, 486), 대법원 2023. 9. 18. 선고 2022도7453 전원합의체 판결(공2023하, 1835) / [3] 대법원 2009. 3. 12. 선고 2008도11437 판결(공2009상, 900), 대법원 2014. 1. 16. 선고 2013도7101 판결(공2014상, 427)

[원심 판단]

제1심법원은 피고인에게 공소사실에 대해 유죄를 선고하였다.
원심법원은 피고인에게 공소사실에 대해 유죄를 선고하였다.
(1) 압수·수색 절차에서 피고인의 참여권을 보장한 형사소송법 제121조, 제122조는 모두 압수·수색 영장의 집행을 전제로 한 규정으로 임의제출에 따른 압수의 경우 당연히 적용된다고 볼 수는 없다. 따라서 피고인이 이 사건 휴대전화에 관한 디지털포렌식 증거분석 과정에 참여하지 않았고, 사법경찰관이 압수·수색 후 피고인에게 전자정보 압수목록을 교부하지 않았다고 하여 압수·수색 절차가 위법하다고 볼 수는 없다. 그러므로 이 사건 휴대전화 내 전자정보의 증거능력이 인정된다.
(2) 군검사는 임의제출에 따른 압수의 동기가 된 음화제조교사 혐의사실과 별건의 혐의사실인 성폭력처벌법 위반(카메라등이용촬영) 관련 전자정보에 관하여 2018. 11. 2. 사전 압수·수색영장을 발부받아 압수하였다. 따라서 설령 사법경찰관의 증거수집과정이 위법하다고 하더라도 위 전자정보 압수와 사이에 인과관계가 희석되거나 단절되었다.
피고인이 상고하였다.

[대법원 판단]

대법원은 원심판결 중 유죄 부분을 파기하고, 이 부분 사건을 서울고등법원에 이송한다.
① 음란합성사진 파일은 형법 제244조의 '음란한 물건'에 해당한다고 볼 수 없다. ② 피해자가 임의제출한 이 사건 휴대전화 내 전자정보의 탐색 등 과정에서 실질적 피압수자인 피고인의 참여권이 보장되지 않았다. 전자정보 압수목록이 교부되지 않은 위법이 있다. ③ 이후 군검사가 이 사건 휴대전화를 피해자 측에 환부한 후 다시 압수수색 영장을 발부받아 압수하였더라도 선행 절차위법 사이에 인과관계가 희석된다고 볼 수 없다. ④ 음화제조교사 부분 혐의사실과 관련성이 없는 성폭력처벌법 위반 불법촬영 사진을 발견하였음에도 추가 탐색을 중단하지 않은 위법이 있다. 이 사건 휴대전화에서 탐색·복원·출력된 전자정보 및 그에 따른 2차적 증거의 증거능력이 부정된다. 대법원은 이와 달리 위 전자정보의 증거능력을 인정한 원심판결을 파기하고, 원심법원(고등군사법원)과 동등한 관할 법원인 서울고등법원으로 이송하였다.

낭독 형사소송법 판결문 10

대법원 2023. 12. 14. 선고 2020도1669 판결 [정보통신망이용촉진및정보보호등에관한법률위반(명예훼손), 성폭력범죄의처벌등에관한특례법위반(카메라등이용촬영), 음화제조교사]

<음란합성사진 파일의 음화 해당 여부 및 휴대전화 전자정보의 증거능력이 문제된 사건>

판시 사항

[1] 컴퓨터 프로그램파일이 형법 제243조(음화반포등)에서 규정한 '문서, 도화, 필름 기타 물건'에 해당하는지 여부(소극) / 이는 형법 제244조(음화제조등)의 '음란한 물건'의 해석에도 그대로 적용되는지 여부(적극)

[2] 피해자 등 제3자가 피의자의 소유·관리에 속하는 정보저장매체를 임의제출한 경우, 실질적 피압수자인 피의자에게 참여권을 보장하고 압수한 전자정보 목록을 교부하는 등 피의자의 절차적 권리를 보장하기 위한 적절한 조치가 이루어져야 하는지 여부(원칙적 적극) / 이때 정보저장매체를 임의제출한 피압수자에 더하여 임의제출자 아닌 피의자에게도 참여권이 보장되어야 하는 '피의자의 소유·관리에 속하는 정보저장매체'의 의미 및 이에 해당하는지 판단하는 기준

[3] 수사기관이 헌법과 형사소송법에서 정한 절차에 따르지 아니하고 수집한 증거 및 이를 기초로 하여 획득한 2차적 증거의 증거능력 유무(원칙적 소극) / 법원이 2차적 증거의 증거능력 인정 여부를 최종적으로 판단할 때 고려하여야 할 사정

[4] 임의제출된 정보저장매체에서 압수 대상이 되는 전자정보의 범위를 초과하여 수사기관 임의로 전자정보를 탐색·복제·출력하는 것이 허용되는지 여부(원칙적 소극) / 전자정보에 대한 압수·수색이 종료되기 전에 범죄혐의사실과 관련된 전자정보를 적법하게 탐색하는 과정에서 별도의 범죄혐의와 관련된 전자정보를 우연히 발견한 경우, 수사기관이 그러한 정보에 대하여 적법하게 압수·수색을 할 수 있는 요건

판결 요지

[1] 형법 제243조(음화반포등)는
음란한 문서, 도화, 필름 기타 물건을
반포, 판매 또는 임대하거나
공연히 전시 또는 상영한 자에 대한 처벌 규정으로서
컴퓨터 프로그램파일은 위 규정에서 규정하고 있는
문서, 도화, 필름 기타 물건에 해당한다고 할 수 없다.
이는 형법 제243조의 행위에 공할 목적으로
음란한 물건을 제조, 소지, 수입 또는 수출한 자를 처벌하는 규정인 형법 제244조(음화제조등)의 '음란한 물건'의 해석에도 그대로 적용된다. • 음란한 물건

[2] 피해자 등 제3자가
피의자의 소유·관리에 속하는
정보저장매체를 임의제출한 경우
실질적 피압수자인 피의자가
수사기관으로 하여금 그 전자정보 전부를 무제한 탐색하는데
동의한 것으로 보기 어려울 뿐만 아니라
피의자 스스로 임의제출한 경우
피의자의 참여권 등이 보장되어야 하는 것과 견주어 보더라도
특별한 사정이 없는 한
피의자에게 참여권을 보장하고
압수한 전자정보 목록을 교부하는 등
피의자의 절차적 권리를 보장하기 위한
적절한 조치가 이루어져야 한다(대법원 2021. 11. 18. 선고 2016도348 전원합의체 판결 참조). • 임의제출과 적법절차(=참여권·목록교부)

이와 같이 정보저장매체를 임의제출한 피압수자에 더하여
임의제출자 아닌 피의자에게도 참여권이 보장되어야 하는
'피의자의 소유·관리에 속하는 정보저장매체'란,
피의자가 압수·수색 당시 또는 시간적으로 근접한 시기까지
해당 정보저장매체를 현실적으로 지배·관리하면서
그 정보저장매체 내 전자정보 전반에 관한
전속적인 관리처분권을 보유·행사하고,
달리 이를 자신의 의사에 따라
제3자에게 양도하거나 포기하지 아니한 경우로서,
피의자를 그 정보저장매체에 저장된 전자정보 전반에 대한
실질적인 압수·수색 당사자로 평가할 수 있는 경우를 말하는 것이
다. • 실질적인 압수·수색 당사자 평가이론

이에 해당하는지 여부는
민사법상 권리의 귀속에 따른 법률적·사후적 판단이 아니라
압수·수색 당시 외형적·객관적으로 인식 가능한
사실상의 상태를 기준으로 판단하여야 한다. • 사실상 상태 기준

[3] 형사소송법 제308조의2(군사법원법 제359조의2)는
"적법한 절차에 따르지 아니하고 수집한 증거는
증거로 할 수 없다."라고 규정하고 있다.
수사기관이 헌법과 형사소송법이 정한 절차에 따르지 아니하고
수집한 증거는 물론,
이를 기초로 하여 획득한 2차적 증거 역시
유죄 인정의 증거로 삼을 수 없는 것이 원칙이다. • 적법절차

법원이 2차적 증거의 증거능력 인정 여부를
최종적으로 판단할 때

먼저 절차에 따르지 아니한 1차적 증거수집과
관련된 모든 사정,
즉 절차 조항의 취지와 그 위반의 내용 및 정도,
구체적인 위반 경위와 회피가능성,
절차 조항이 보호하고자 하는 권리
또는 법익의 성질과 침해 정도 및
피고인과의 관련성,
절차 위반행위와 증거수집 사이의 인과관계 등
관련성의 정도,
수사기관의 인식과 의도 등을 살펴야 한다. • 적법절차 준수

나아가 1차적 증거를 기초로 하여
다시 2차적 증거를 수집하는 과정에서
추가로 발생한 모든 사정들까지
구체적인 사안에 따라
주로 인과관계 희석 또는 단절 여부를 중심으로
전체적·종합적으로 고려하여야 한다. • 인과관계 희석·단절 판단

[4] 임의제출된 정보저장매체에서 압수의 대상이 되는
전자정보의 범위를 초과하여
수사기관 임의로 전자정보를 탐색·복제·출력하는 것은
원칙적으로 위법한 압수·수색에 해당하므로 허용될 수 없다.

만약 전자정보에 대한 압수·수색이 종료되기 전에
범죄혐의사실과 관련된 전자정보를
적법하게 탐색하는 과정에서
별도의 범죄 혐의와 관련된 전자정보를
우연히 발견한 경우라면,

수사기관은 더 이상의 추가 탐색을 중단하고 법원으로부터 별도의 범죄 혐의에 대한 압수·수색영장을 발부받은 경우에 한하여 그러한 정보에 대하여도 적법하게 압수·수색을 할 수 있다(대법원 2021. 11. 18. 선고 2016도348 전원합의체 판결 등 참조). **• 우연 정보 압수·수색 새영장론**

판결 해설

1. 범죄 혐의와 관련하여 전자정보를 수색하던 중 우연히 새로운 정보를 발견한 경우, 수색을 중단하고 추가로 압수·수색영장을 발부받아 적법하게 압수·수색해야 한다.

2. 임의제출된 휴대전화기 전자정보 탐색은 별도 압수·수색영장 없이 가능하다. 그러나 전자정보 탐색·수색 중 우연히 발견한 해당 사건 범죄 혐의와 무관한 정보는 반드시 새로운 압수·수색영장을 발부받아 집행해야 한다.

3. 이러한 논리라면 임의제출 받은 휴대전화기를 압수·수색·탐색할 경우, 전자정보 압수·수색·탐색에 관해서 별도 압수·수색을 발부받고 탐색함이 인권을 더 보호하는 길이 될 것이다.

11

적법절차
임의제출 증거물·사법경찰관 압수조서 작성·형사소송법 취지

사법경찰관이 임의제출된 증거물을 압수한 경우, 압수경위를 구체적으로 기재한 압수조서를 작성하도록 한 형사소송법 등 관련 규정 취지

대법원 2023. 6. 1. 선고 2020도2480 판결
[성폭력범죄의처벌등에관한특례법위반(카메라등이용촬영)]

[공소사실 요지]

피고인은 2018. 6. 말경부터 2018. 7. 초순경까지 피고인의 휴대전화를 이용하여 SNS메신저 프로그램에 접속하여 여자친구인 피해자와 서로 합의하에 촬영해 두었던 성관계 동영상 6개, 유방, 알몸 등의 사진 27장을 공소외 1에게 전송함으로써 피해자의 동의하에 촬영한 촬영물(이하 '이 사건 촬영물'이라 한다)을 피해자의 의사에 반하여 제공하였다. • 요약

1. 피해자는 2018. 9. 19. 구 「성폭력범죄의 처벌 등에 관한 특례법」(2018. 12. 18. 법률 제15977호로 개정되기 전의 것) 제14조 위반 혐의로 피고인을 고소하였다.
2. 사법경찰관 공소외 2는 2018. 10. 18. 08:33경 일산서부경찰서 여성청소년과 수사사무실에서 사법경찰리 공소외 3의 참여하에 피고인에 대한 제1회 피의자신문조서를 작성하였다. 당시 피고인은 사선변호인을 선임한 상태에서 처음부터 자신의 잘못을 시인하였고, 사법경찰관의 질문에 스스로 이 사건 휴대전화를 검색해 가며 범행의 일시 및 장소를 특정하여 답변하였다.
3. 사법경찰관은 피의자신문 말미에 이 사건 휴대전화를 제출할 수 있는지 물었고, 피고인은 '어차피 제출해야 된다고 하면 지금 제출하겠습니다.'

라고 답변하면서 이 사건 휴대전화를 제출하였다. 사법경찰관은 피의자신문조서 말미에 '이때 피의자가 소지하고 있던 휴대전화(노트8, 모델명: SM－N950N)를 임의제출하기에 본 조서를 압수조서에 갈음한다.'라고 기재하였다.

4. 사법경찰관은 이 사건 휴대전화를 제출받아 영장 없이 압수하면서 피고인에게 압수목록 및 압수증명서를 교부하였다. 피고인은 이 사건 휴대전화에 관한 임의제출서에 무인하였고, 임의제출서의 '제출자의 처분의견(반환의사 유무)'란에 '돌려주시길 희망합니다.'라고 자필로 기재하였다.

5. 피고인은 수사 초기부터 제1심, 원심 법정에 이르기까지 일관하여 자신의 범행 일체를 시인하며 반성하는 태도를 보였고, 증거에 모두 동의하였다. 나아가 수사에 적극 협조하였다는 점을 유리한 양형사유로 주장하기도 하였다.

6. 원심은 2019. 11. 14. 검사에게 '디지털증거의 적법 수집절차를 소명할 것' 등을 내용으로 하는 석명준비명령을 하였고, 이에 검사는 2019. 12. 16. 압수증명서, 임의제출서, 전자정보 확인서 등 관련서류와 함께 '휴대전화기 압수절차가 적법하다.'는 취지의 의견서를 제출하였다. 피고인은 원심법원의 위와 같은 조치에도 공소사실을 부인하거나 휴대전화기 제출에 임의성이 없었다는 취지의 주장은 하지 않았다.

7. 기록상 피고인이 피의자로 조사를 받던 중 이 사건 휴대전화를 제출할 당시 임의성에 대한 의심이 생길 정도로 위축된 상태에 있었다고 볼 만한 사정은 보이지 않고, 원심판결에도 그러한 사정에 대한 아무런 설시가 없다.

[법리 쟁점]

[1] 사법경찰관이 임의제출된 증거물을 압수한 경우 압수경위 등을 구체적으로 기재한 압수조서를 작성하도록 한 형사소송법 등 관련 규정의 취지 / 구 (경찰청) 범죄수사규칙 제119조 제3항에 따라 피의자신문조서 등에 압수의 취지를 기재하여 압수조서를 갈음할 수 있도록 한 것이 이러한 관련 규정의 취지에 반하는지 여부(소극)

[2] 임의로 제출된 물건을 압수하는 경우, 제출에 임의성이 있다는 점에 관한 증명책임 소재(＝검사)와 증명 정도(＝합리적 의심을 배제할 수 있을 정도) 및 임의로 제출된 것이라고 볼 수 없는 경우 압수물의 증거능력 유무(소극)

[참조조문]

[1] 형사소송법 제106조, 제218조, 제219조, 형사소송규칙 제62조, 제109조 [2] 형사소송법 제218조, 제307조, 제308조

[참조판례]

[2] 대법원 2016. 3. 10. 선고 2013도11233 판결(공2016상, 587)

[원심 판단]

제1심법원은 피고인에게 공소사실에 대해 유죄를 선고하였다.
원심법원은 피고인에게 공소사실에 대해 무죄를 선고하였다.
검사가 제출한 증거 중 경찰관이 피고인으로부터 임의제출 방식으로 압수한 휴대전화에서 추출한 이 사건 촬영물의 증거능력을 인정할 수 없다. 나머지 증거들만으로 범죄 증명이 없는 경우에 해당한다. 원심은 이 부분 공소사실을 유죄로 판단한 제1심판결을 파기하고 무죄로 판단하였다.
1. 형사소송법과 형사소송규칙의 위임 없이 제정된 구 (경찰청) 범죄수사규칙(2021. 1. 8. 경찰청 훈령 제1001호로 개정되기 전의 것, 이하 '구 범죄수사규칙'이라 한다) 제119조 제3항에 따라 피의자신문조서에 압수의 취지를 기재하고 압수조서를 작성하지 않은 것은 위법하다.
2. 피고인은 고소사건의 피의자로 조사받던 중 임의제출에 의한 압수의 효과에 대하여 충분히 고지받지 못한 채 위축된 상태에서 휴대전화기를 임의제출한 것으로 보이므로, 제출의 임의성에 대한 증명이 부족하다.
검사가 상고하였다.

[대법원 판단]

대법원은 원심판결 중 무죄 부분을 파기하고, 이 부분 사건을 의정부지방법원에 환송한다.

낭독 형사소송법 판결문 11

대법원 2023. 6. 1. 선고 2020도2480 판결 [성폭력범죄의처벌등에관한특례법위반(카메라등이용촬영)]

<사법경찰관이 임의제출된 증거물을 압수한 경우, 압수경위를 구체적으로 기재한 압수조서를 작성하도록 한 형사소송법 등 관련 규정 취지>

판시 사항

[1] 사법경찰관이 임의제출된 증거물을 압수한 경우 압수경위 등을 구체적으로 기재한 압수조서를 작성하도록 한 형사소송법 등 관련 규정의 취지 / 구 (경찰청) 범죄수사규칙 제119조 제3항에 따라 피의자신문조서 등에 압수의 취지를 기재하여 압수조서를 갈음할 수 있도록 한 것이 이러한 관련 규정의 취지에 반하는지 여부(소극)
[2] 임의로 제출된 물건을 압수하는 경우, 제출에 임의성이 있다는 점에 관한 증명책임 소재(=검사)와 증명 정도(=합리적 의심을 배제할 수 있을 정도) 및 임의로 제출된 것이라고 볼 수 없는 경우 압수물의 증거능력 유무(소극)

판결 요지

[1] 사법경찰관이 피의자신문조서에 압수의 취지를 기재하여 압수조서를 갈음한 조치가 위법한지 여부

형사소송법 제106조, 제218조, 제219조,
형사소송규칙 제62조, 제109조,
구 범죄수사규칙 제119조 등 관련 규정들에 의하면,
사법경찰관이 임의제출된 증거물을 압수한 경우
압수경위 등을 구체적으로 기재한 압수조서를
작성하도록 하고 있다. • 압수조서 작성 의무

이는 사법경찰관으로 하여금
압수절차의 경위를 기록하도록 함으로써
사후적으로 압수절차의 적법성을 심사·통제하기 위한 것이다.
• 압수절차 적법성 심사·통제

구 범죄수사규칙 제119조 제3항에 따라
피의자신문조서 등에 압수의 취지를 기재하여

압수조서를 갈음할 수 있도록 하더라도,
압수절차의 적법성 심사·통제 기능에 차이가 없다.

그러므로 위와 같은 사정만으로
이 사건 휴대전화에 관한 압수가
형사소송법이 정한 압수절차를 지키지 않은 것이어서
위법하다는 취지의 원심판단은
압수절차의 적법성에 관한 법리를 오해하여
판결에 영향을 미친 잘못이 있다.

[2] 이 사건 휴대전화 제출의 임의성 인정 여부

1. 임의로 제출된 물건을 압수하는 경우,
그 제출에 임의성이 있다는 점에 관하여
검사가 합리적 의심을 배제할 수 있을 정도로 증명하여야 한다.
임의로 제출된 것이라고 볼 수 없는 경우
증거능력을 인정할 수 없다(대법원 2016. 3. 10. 선고 2013도11233 판결).

2. 위와 같은 사실관계를 앞서 본 법리에 비추어 살펴본다.
피고인이 사법경찰관에게 이 사건 휴대전화를 제출한 경위,
이 사건 공판의 진행 경과 및
검사의 임의성에 대한 증명 정도가 위와 같다면,
원심은 피고인이 수사기관에서
이 사건 휴대전화를 제출한 구체적인 경위,
검사가 제출한 압수증명, 임의제출서,
전자정보 확인서 등의 작성 경위,
피고인의 공판정에서의 태도 등을 고려하여
이 사건 휴대전화 제출의 임의성 여부를
보다 면밀히 살펴보았어야 한다.

제3장

공소와 심판대상

12~18

12

공소장
주위적·예비적 공소사실과 법원 심판 대상

주위적·예비적 공소사실에 대하여 법원의 심판대상이 문제된 사건

대법원 2023. 12. 28. 선고 2023도10718 판결
[공문서위조(예비적 죄명 허위공문서작성)]

[공소사실 요지]

'피고인이 인감증명서를 작성하여 발급하였다'는 동일한 사실관계에 대하여 주위적으로 형법 제225조(공문서위조), 예비적으로 형법 제227조(허위공문사작성)로 기소된 사안이다. 환송 전 원심은 '피고인이 인감증명서 발급 권한이 있었던 것으로 보인다'는 이유로 주위적 공소사실은 이유에서 무죄로 판단하고, 예비적 공소사실을 유죄로 판단하였다. 유죄 부분에 대하여 피고인만 상고하자 대법원이 예비적 공소사실에 대한 환송 전 원심판결에 피고인이 형법상 공무원에 해당하는지 등을 심리하지 아니한 위법 등이 있다는 이유로 환송 전 원심판결 전부를 파기·환송하였던 사안이다.

· 요약

1. 주위적 공소사실

피고인은 상주시 ○○동 △△센터에서 기간제 계약직 직원으로 근무하면서 □□계장인 공소외 1이 담당하는 인감증명서 발급 등 각종 주민등록 보조 업무를 담당한 사람으로 인감증명서 발급 권한이 없었다.

피고인은 2017. 9. 26. 위 ○○동 △△센터에서 공소외 2의 부탁을 받고 공소외 3이 방문하지 않았음에도 마치 공소외 3이 직접 방문하여 발급 신청한 것처럼 인감증명서 발급대장의 '인감신고인' 란에 "공소외 3"과 그의 인적사항을 기재하고 '대리인' 란에 "본인"이라고 기재하고, 인감증명서의 우측 상단 '본인' 란에 "○"표시를 한 뒤 공소외 2에게 발급해주었다.

이로써 피고인은 공소외 2와 공모하여 행사할 목적으로 공문서인 인감증

명서 발급대장과 상주시 ○○동장 명의로 된 공소외 3의 인감증명서 1통을 위조하였다.

2. 예비적 공소사실

피고인은 상주시 ○○동 △△센터에서 기간제 계약직 직원으로 근무하면서 □□계장인 공소외 1이 담당하는 인감증명서 발급 등 각종 주민등록 보조 업무를 담당한 사람이다.

피고인은 2017. 9. 26. 위 ○○동 △△센터에서 공소외 2의 부탁을 받고 마치 공소외 3이 직접 방문하여 발급 신청한 것처럼 인감증명서의 우측 상단 '본인' 란에 "○"표시를 한 뒤 공소외 2에게 발급해주었다.

이로써 피고인은 공소외 2와 공모하여 행사할 목적으로 그 직무에 관하여 공문서인인감증명서를 허위로 작성하였다.

[법리 쟁점]

[1] 주위적·예비적 공소사실 중 예비적 공소사실만 유죄로 인정되고 그 부분에 대하여 피고인만 상고한 경우, 주위적 공소사실까지 상고심의 심판대상에 포함되는지 여부(적극)

[2] 이 경우 상고심이 예비적 공소사실에 대한 원심판결의 잘못을 지적하여 원심판결 전부 파기환송 시, 환송 후 원심의 심판대상에 주위적 공소사실까지 포함되는지 여부(적극)

[참조조문]

형법 제225조, 형법 제227조

[참조판례]

대법원 2006. 5. 25. 선고 2006도1146 판결

[원심 판단]

제1심법원은 피고인에게 무죄를 선고하였다.

원심법원은 피고인에게 무죄를 선고하였다.

주위적 공소사실에 대하여 이미 심판대상에서 벗어나 이를 심리·판단하여 유죄를 선고할 수 없다. 이러한 이유로 환송 전 원심의 판단을 그대로 유지하였다. 그리고 예비적 공소사실에 대하여 범죄가 되지 아니하거나 범죄의 증명이 없다는 이유로 무죄로 판단하였다.

검사가 상고하였다.

[대법원 판단]
대법원은 원심판결을 파기하고, 사건을 대구지방법원에 환송한다.
원심은 주위적 공소사실에 대하여 이를 심리·판단한 후, 주위적 공소사실을 유죄로 판단하지 않는 경우에 한하여 예비적 공소사실을 심리·판단하였어야 한다. 대법원은 이와 달리 판단한 원심을 파기·환송하였다.

낭독 형사소송법 판결문 12

대법원 2023. 12. 28. 선고 2023도10718 판결 [공문서위조(예비적 죄명 허위공문서작성)]
<주위적·예비적 공소사실에 대하여 법원의 심판대상이 문제된 사건>

판시 사항

[1] 주위적·예비적 공소사실 중 예비적 공소사실만 유죄로 인정되고 그 부분에 대하여 피고인만 상고한 경우, 주위적 공소사실까지 상고심의 심판대상에 포함되는지 여부(적극)
[2] 이 경우 상고심이 예비적 공소사실에 대한 원심판결의 잘못을 지적하여 원심판결 전부 파기환송 시, 환송 후 원심의 심판대상에 주위적 공소사실까지 포함되는지 여부(적극)

판결 요지

[1] 원래 주위적·예비적 공소사실의 일부에 대한
상고제기의 효력은
나머지 공소사실 부분에 대하여도 미치는 것이다.
동일한 사실관계에 대하여
서로 양립할 수 없는 적용법조의 적용을
주위적·예비적으로 구하는 경우
예비적 공소사실만 유죄로 인정되고
그 부분에 대하여 피고인만 상고하였다고 하더라도

주위적 공소사실까지 함께
상고심의 심판대상에 포함된다(대법원 2006. 5. 25. 선고 2006도1146 판결). • 상소제기 효력·상고심 심판대상·주위적 공소사실 포함

이때 상고심이 예비적 공소사실에 대한 원심판결이 잘못되었다는 이유로 원심판결을 전부 파기·환송한다면,
환송 후 원심은 예비적 공소사실은 물론
이와 동일체 관계에 있는 주위적 공소사실에 대하여도
이를 심리·판단하여야 한다. • 주위적·예비적 공소사실 모두 심판

[2] 검사는 '피고인이 인감증명서를 작성하여 발급하였다'는 동일한 사실관계에 대하여 주위적으로는 형법 제225조, 예비적으로는 형법 제227조의 적용을 구하였다. 위와 같은 적용법조들은 서로 양립할 수 없다. • 적용 법조 양립 불가

대법원은 예비적 공소사실에 대한 환송 전 원심판결이 잘못되었다는 이유로 이를 전부 파기·환송하였다. 원심으로서는 주위적 공소사실에 대하여 이를 심리·판단한 후, 주위적 공소사실을 유죄로 판단하지 않는 경우에 한하여 예비적 공소사실을 심리·판단하였어야 한다. • 주위적·예비적 공소사실 모두 판단

그럼에도 원심은 위 인감증명서 발급에 관한 주위적 공소사실에 대하여 실질적인 심리·판단을 하지 않은 채 환송 전 원심의 판단을 유지하고, 예비적 공소사실에 대한 판단으로 나아가 이를 무죄로 판단하였다. 이러한 원심 판단에는 파기환송 후 항소심의 심판대상에 관한 법리를 오해하여 판결에 영향을 미친 잘못이 있다. 이 점을 지적하는 검사의 상고이유 주장은 이유 있다. 원심판결을 파기하고, 사건을 다시 심리·판단하게 하기 위하여 원심법원에 환송하기로 한다.

판결 해설

1. 공소장

검사는 공소장公訴狀으로 공소를 제기한다. 서면주의이다. 심판 대상을 명확히 한다. 공소장에 죄명罪名과 적용법조적용법조를 기재한다. 공소사실은 공소장에 기재된 범죄사실이다. 구체적으로 특정해야 한다. 이중기소·시효·토지관할·범죄구성요건을 밝히고 다른 사실과 판별할 수 있을 정도로 기재한다. '5+5=10하 원칙'(주체·객체·행위·결과·동기+공범·일시·장소·수단·방법)으로 범죄사실별로 특정한다. 정범의 범죄사실도 구체적으로 기재한다. 일부 다소 불명확해도 피고인 방어권 행사에 지장이 없으면 공소제기 효력에 영향이 없다. 개괄적 표시가 부득이 한 경우 피고인에게 방어권 행사에 지장이 없으면 된다. 포괄일죄는 전체 범행의 시기와 종기를 기재하면 특정된다.

법원은 부본을 제1회 공판기일 5일 전까지 피고인 또는 변호인에게 송달해야 한다. 저장매체를 공소장에 첨부하여 제출할 수 없다. 서면주의 위반이다. 설령 그렇게 제출하여도 서면인 공소장에 기제된 부분만 공소가 제기된 것이다.

공소장에 기명날인 또는 서명날인이 없는 경우 공소제기는 위법·무효이다. 검사는 추완追完·추후보완할 수 있다. 피고인이 타인 성명을 모용한 경우, 공소장정정절차로 바로 잡거나 또는 바로 잡지 않는 경우 공소기각판결을 선고한다.

공소장에 수 개의 범죄사실과 적용법조를 예비적 또는 택일적으로 기재할 수 있다. 공소사실이 동일한 경우에 예비적 또는 택일적으로 기재할 수 있다. 한정설이 다수설이다. 심판순서는 검사의 기재 순서에 따라 진행한다. 법원은 먼저 주위적 공소사실을 심리·판단해야 한다. 유죄로 인정되지 않는 경우 비로소 예비적 공소사실을 심리·판단해야 한다. 법원이 주위적 공소사실은 판단하지 않고 예비적 공소사실만을 판단하는 것은 위법하다. 확정판결 기판력은 전부에 미친다.

주위적 공소사실이 무죄, 예비적 공소사실이 유죄이면, 판결 이유에서 주위적 공소사실에 대한 무죄 이유를 반드시 명시해야 한다. 주위적 공소사실과 예비적 공소사실이 모두 무죄이면, 판결 이유에서 모두 무죄임을 명시해야 한다(이주원, 형사소송법, 제3판, 박영사, 2021, 249－258면).

택일적 공소사실 전부가 현실적 심판 대상이 된다. 심판순서는 제한이 없다.

주위적·예비적 공소사실 중 예비적 공소사실만 유죄로 인정되고 그 부분에 대하여 피고인만 상고한 경우, 주위적 공소사실까지 상고심의 심판대상에 포함된다. 이 경우 상고심이 예비적 공소사실에 대한 원심판결의 잘못을 지적하여 원심판결 전부 파기환송 시, 환송 후 원심의 심판대상에 주위적 공소사실까지 포함된다(대법원 2023. 12. 28. 선고 2023도10718 판결).

2. 소송 경과

검사는 공소장에 주위적 공소사실과 같은 공소사실을 기재하여 공소를 제기하였다.

환송 전 원심은 예비적 공소사실을 추가하는 검사의 공소장변경허가신청을 허가한 후, 피고인이 인감증명서 발급 권한이 있었던 것으로 보인다는 이유로 주위적 공소사실은 이유에서 무죄로 판단하고, 예비적 공소사실을 유죄로 판단하였다.

환송 전 원심판결의 유죄 부분에 대하여 피고인만 상고하였다. 이에 따라 환송 전 원심판결 중 '인감증명서 발급대장'에 관한 무죄부분은 분리·확정되었다.

대법원은, 피고인이 형법상 공무원에 해당하는지, 신분상 공무원이 아니더라도 허위공문서작성죄 등으로 처벌할 수 있는 특별규정이 있는지에 관하여 심리하지 않고 예비적 공소사실을 유죄로 판단한 환송 전 원심은 허위공문서작성죄의 성립에 관한 법리오해나 심리미진의 위법이 있다고 판단하면서, 환송 전 원심판결 중 인감증명서 부분 전부를 파기·환송하였다.

그런데 원심은, '주위적 공소사실'에 대하여는 이미 심판 대상에서 벗어나 이를 심리·판단하여 유죄를 선고할 수 없다는 이유로 환송 전 원심의 판단을 그대로 유지하고, '예비적 공소사실'에 대하여는 피고인이 형법상 공무원이 아니므로 범죄가 되지 아니하거나 범죄의 증명이 없다는 이유로 무죄로 판단하면서, 검사의 항소를 기각하였다. 대법원은 원심판결을 파기·환송하였다.

3. 형법 제225조 공문서위조죄·공문서변조죄

형법 제225조 공문서위조죄·공문서변조죄는 행사할 목적으로 공무원 또는 공공기관의 문서 또는 도화를 위조 또는 변조함으로써 성립한다. 행위주체는 공무원 또는 비공무원이다. 제한이 없다. 행위객체는 공문서 또는 공도화이다. 직무와 관련하여 작성한 문서이다. 사안에서 인감증명서는 공문서이다.

실행행위는 위조 또는 변조이다. 위조는 작성 권한이 없는 사람이 공무원 또는 공공기관 명의를 모용하여 문서를 작성한 행위이다. 변조는 작성 권한이 없는 사람이 이미 진정하게 성립된 공문서 내용을 동일성이 상실하지 않을 정도로 변경하는 행위이다.

공문서작성을 보조하는 공무원 또는 공문서 발급을 보조 업무를 담당하는 사람이 허위내용의 공문서를 작성하여 발급하는 경우 공문서위조죄가 성립한다. 사안에서 주위적 공소사실이다.

대법원은 피고인이 형법상 공무원에 해당하는지, 신분상 공무원이 아니더라도 허위공문서작성죄 등으로 처벌할 수 있는 특별규정이 있는지 심리하여야 한다고 판시하였다.

4. 형법 제227조 허위공문서작성죄

형법 제227조 허위공문서작성죄는 공무원이[행위주체] 행사할 목적으로 그 직무에 관하여 문서 또는 도화를 허위로 작성하거나 변개함으로써 성립한다. 행위주체는 작성 권한이 있는 공무원에 한정한다. 진정신분범이다. '자신 명의'로 문서를 작성할 권한이 있는 공무원과 전결을 위임받은 공무원이다. 문서 작성 권한이 없는 보조자는 행위주체가 될 수 없다. 사안에서 예비적 공소사실이다.

13

공소사실 특정
포괄일죄 공소사실 기재 방법

성매매알선등행위의처벌에관한법률위반(성매매알선등)죄 성립 여부 및 공소사실 특정 여부가 문제된 사건

대법원 2023. 6. 29. 선고 2020도3626 판결
[성매매알선등행위의처벌에관한법률위반(성매매알선등)]

[공소사실 요지]

피고인은 남양주시 (주소 생략)타워 3층에서 마사지실과 샤워실 7개 등 시설을 갖추고 '○○○ ○○○'이라는 상호로 성매매업소를 운영한 사람이다. 공소외 1은 위 성매매업소에서 성매매 예약을 받고 손님을 객실로 안내하는 일을 하는 종업원이다.

피고인과 공소외 1은 공모하여, 피고인은 2017. 10. 10.부터 2017. 10. 12.까지, 공소외 1은 2017. 10. 12.경 위 업소에서 태국 국적의 마사지사 등 6명을 고용하고 인터넷 사이트에 성매매 광고를 한 후, 광고를 보고 연락하는 불특정 다수의 남성 손님에게 성매매 대금으로 10만 원을 받고 위 태국 국적 여성과 성교행위를 하도록 하여 성매매를 알선하였다.

검사는 피고인을 성매매알선 등 행위의 처벌에 관한 법률 제2조 제1항 제2호, 제19조 위반죄로 기소하였다.

[법리 쟁점]

[1] 성매수자에게 실제로 성매매에 나아가려는 의사가 없었다고 하더라도 성매매알선등행위의처벌에관한법률 제19조에서 정한 성매매알선죄가 성립하는지 여부(적극)

[2] 이 사건 공소사실 기재 범행이 포괄일죄 관계로서 그 공소사실이 특정되었는지 여부(적극)

[참조조문]

[1] 성매매알선 등 행위의 처벌에 관한 법률 제2조 제1항 제2호, 제19조 / [2] 형법 제37조 / [3] 형사소송법 제254조 제4항, 제327조 제2호

[참조판례]

[1] 대법원 2005. 2. 17. 선고 2004도8808 판결(공2005상, 458), 대법원 2011. 12. 22. 선고 2011도14272 판결 / [2] 대법원 2002. 7. 26. 선고 2002도1855 판결(공2002하, 2159), 대법원 2009. 10. 15. 선고 2009도2198 판결 / [3] 대법원 2002. 6. 20. 선고 2002도807 전원합의체 판결(공2002하, 1750), 대법원 2008. 7. 10. 선고 2008도1664 판결, 대법원 2010. 4. 29. 선고 2007도7064 판결, 대법원 2010. 9. 9. 선고 2008도11254 판결, 대법원 2017. 2. 21. 선고 2016도19186 판결

[원심 판단]

제1심법원은 피고인에게 모두 유죄를 선고하였다.

원심법원은 피고인에게 일부 성매매알선행위에 대하여 무죄를, 나머지 성매매알선행위에 대하여 공소사실 불특정을 이유로 공소기각판결을 선고하였다.

단속 경찰관에 대한 성매매알선행위에 대하여 현실적인 성매매의 실현 가능성이 없음을 전제로 무죄를 선고하였다. 나머지 공소사실에 대하여 실체적 경합 관계에 있음에도 개별적인 성매매알선행위가 특정되지 아니하였다는 이유로 공소를 기각하였다.

1. 무죄 부분

2017. 10. 12. 자 순경 공소외 2에 대한 성매매알선행위에 관하여, 「성매매알선 등 행위의 처벌에 관한 법률」(이하 '성매매처벌법'이라 한다) 제19조 제1항 제1호는 추상적 위험범이 아니다. 구체적이면서 현실적인 성매매의 실현 가능성을 전제로 성매매를 알선한 사람을 처벌하는 규정이다. 그러므로 성을 실제로 매수하려는 당사자가 아닌 단속 경찰관에게 접대부를 알선하였더라도 성매매처벌법 위반(성매매알선등)죄가 성립하지 아니한다.

2. 공소기각 부분

성매매처벌법 제19조 제1항 제1호 위반죄의 경우에는 알선행위별로 범죄

가 성립한다. 각 알선죄 상호 간 실체적 경합 관계에 있다. 그럼에도 이 부분 공소사실에 개별적인 성매매알선행위가 구체적으로 기재되지 않아 공소제기의 절차가 법률의 규정을 위반하여 무효인 때에 해당한다. 이러한 이유로 이 부분 공소사실을 유죄로 판단한 제1심판결을 직권으로 파기하고 공소를 기각하였다.
검사가 상고하였다.

[대법원 판단]
대법원은 원심판결을 파기하고, 사건을 의정부지방법원에 환송한다.
성매매처벌법 제19조에서 정한 성매매알선죄는 알선자의 개입이 없더라도 당사자 사이에 성매매에 이를 수 있을 정도의 주선행위만 있으면 족하다. 성매매죄와 별개의 독자적인 정범을 구성한다. 피고인이 성매매 당사자인 단속 경찰관과 성매매 여성 사이에 성매매에 이를 수 있을 정도의 주선행위를 한 이상 단속 경찰관에게 성매수 의사가 있었는지 여부와 무관하게 성매매처벌법 위반(성매매알선등)죄가 성립한다. 이 사건 공소사실 기재 범행은 피고인이 2017. 10. 10.부터 2017. 10. 12.까지 자신이 운영하던 성매매업소에서 성매매 광고를 보고 방문한 손님들에게 대금 10만 원을 받고 종업원인 태국 국적 여성 6명과의 성매매를 알선하였다. 그 전체가 포괄일죄 관계로서 공소사실이 특정되었다. 대법원은 이와 달리 본 원심을 파기·환송하였다.

낭독 형사소송법 판결문 13

대법원 2023. 6. 29. 선고 2020도3626 판결 [성매매알선등행위의처벌에관한법률위반(성매매알선등)]
<성매매알선등행위의처벌에관한법률위반(성매매알선등)죄 성립 여부 및 공소사실 특정 여부가 문제된 사건>

판시 사항

[1] 성매매알선 등 행위의 처벌에 관한 법률 제2조 제1항 제2호에서 규정한 '성매매알선'의 의미 및 성매매의 알선이 되기 위한 알선 정도 / 법 제19조에서 정한 성매매알선죄의 성격(=성매매죄의 종범이 아닌 독자

적인 정범) 및 알선자가 성매매를 하려는 당사자들의 의사를 연결하여 더 이상 알선자의 개입이 없더라도 당사자 사이에 성매매에 이를 수 있을 정도의 주선행위를 한 경우, 성매수자에게 실제로 성매매에 나아가려는 의사가 없었더라도 성매매알선죄가 성립하는지 여부(적극)
[2] 동일 죄명에 해당하는 수 개의 행위를 단일하고 계속된 범의하에 일정기간 계속하여 행하고 피해법익도 동일한 경우의 죄수(=포괄일죄)
[3] 범죄의 일시·장소·방법을 명시하여 공소사실을 특정하도록 한 취지 및 공소사실의 특정 정도 / 포괄일죄의 경우, 공소사실의 특정 정도

판결 요지

[1] 「성매매알선 등 행위의 처벌에 관한 법률」(성매매처벌법)
제2조 제1항 제2호가 규정하는 '성매매알선'은
성매매를 하려는 당사자 사이에 서서 이를 중개하거나
편의를 도모하는 것을 의미한다.
성매매의 알선이 되기 위하여는 반드시 그 알선에 의하여
성매매를 하려는 당사자가 실제로 성매매를 하거나
서로 대면하는 정도에 이르러야만 하는 것은 아니다.
성매매를 하려는 당사자들의 의사를 연결하여
더 이상 알선자의 개입이 없더라도
당사자 사이에 성매매에 이를 수 있을 정도의
주선행위만 있으면 족하다(대법원 2005. 2. 17. 선고 2004도8808 판결, 대법원 2011. 12. 22. 선고 2011도14272 판결). **• 성매매 주선**

그리고 성매매처벌법 제19조에서 정한 성매매알선죄는
성매매죄 정범에 종속되는 종범이 아니라
성매매죄 정범의 존재와 관계없이
그 자체로 독자적인 정범을 구성한다.
알선자가 위와 같은 주선행위를 하였다면

성매수자에게 실제로
성매매에 나아가려는 의사가 없었다고 하더라도
위 법에서 정한 성매매알선죄가 성립한다. • 성매매알선죄

[2] 동일 죄명에 해당하는 수개의 행위를
단일하고 계속된 범의하에 일정 기간 계속하여 행하고
그 피해법익도 동일한 경우
이들 각 행위를 통틀어
포괄일죄로 처단하여야 할 것이다(대법원 2002. 7. 26. 선고 2002도1855 판결, 대법원 2009. 10. 15. 선고 2009도2198 판결 등 참조). • 포괄일죄

[3] 공소사실의 기재에 관해서
범죄의 일시·장소·방법을 명시하여
공소사실을 특정하도록 한 법의 취지는
법원에 대하여 심판의 대상을 한정하고
피고인에게 방어의 범위를 특정하여
방어권 행사를 쉽게 해주기 위한 데에 있다. • 심판범위와 방어권

그러므로 공소사실은 이러한 요소를 종합하여
구성요건 해당 사실을 다른 사실과
구별할 수 있을 정도로 기재하면 족하다.
공소장에 범죄의 일시·장소·방법 등이
구체적으로 적시되지 않았더라도
위와 같이 공소사실을 특정하도록 한
법의 취지에 반하지 아니하고
공소公訴 범죄의 성격에 비추어 개괄적 표시가 부득이한 경우
공소내용이 특정되지 않아
공소제기가 위법하다고 할 수 없다.

• 공소장 기재 정도·다른 구성요건과 구별될 정도

특히 포괄일죄에 관해서
일죄의 일부를 구성하는
개개의 행위에 대하여 구체적으로 특정되지 아니하더라도
전체 범행의 시기와 종기, 범행방법, 피해자나 상대방,
범행 횟수나 피해액의 합계 등을 명시하면
이로써 그 범죄사실은 특정되는 것이다(대법원 2002. 6. 20. 선고 2002도807 전원합의체 판결, 대법원 2010. 9. 9. 선고 2008도11254 판결 등 참조).

• 포괄일죄와 공소사실 특정

그리고 공소장에 범죄의 일시·장소·방법 등의 일부가
다소 불명확하더라도 그와 함께 적시된 다른 사항들에 의하여
공소사실을 특정할 수 있다.
그리하여 피고인의 방어권 행사에 지장이 없다면,
공소제기의 효력에는 영향이 없다(대법원 2008. 7. 10. 선고 2008도1664 판결, 대법원 2010. 4. 29. 선고 2007도7064 판결 등 참조).

• 피고인 방어권 행사와 공소제기 효력

14

공소사실 발령된 통고처분 범칙행위와 동일성

이미 발령된 통고처분의 범칙행위와 동일성이 인정되는 공소사실로 기소된 사건

대법원 2023. 3. 16. 선고 2023도751 판결
[사기·주민등록법위반·사서명위조·위조사서명행사·절도·업무방해]

[공소사실 요지]

피고인이 무전취식을 하고 출동한 경찰관에게 친형의 인적 사항을 모용함에 따라 친형 이름으로 「경범죄 처벌법」 상 경찰서장의 통고처분을 받았다가 모용사실이 적발되어 경찰관이 내부적으로 통고처분 오손처리 경위서를 작성하였다. 이후 납부 통고 등 후속절차는 중단된 상태에서 무전취식의 범칙행위와 동일성이 인정되는 사기의 공소사실로 재차 기소되었다.

[법리 쟁점]

이미 통고처분이 이루어진 범칙행위와 동일성이 인정되는 공소사실로 다시 기소된 경우 공소제기의 절차가 법률의 규정을 위반하여 무효인지 여부(적극)

[참조조문]

경범죄 처벌법 제5조, 제6조, 제7조, 제8조, 제8조의2, 제9조 제1항 제2호, 제2항, 제3항, 형사소송법 제248조, 제254조, 제327조 제2호

[참조판례]

대법원 1997. 11. 28. 선고 97도2215 판결(공1998상, 198), 대법원 2011. 4. 28. 선고 2009도12249 판결(공2011상, 1089), 대법원 2012. 9. 13. 선고 2012도6612 판결(공2012하, 1712), 대법원 2020. 4. 29. 선고 2017도13409 판결(공2020상, 1032), 대법원 2021. 4. 1. 선고 2020도15194 판결

[원심 판단]

제1심법원은 피고인에게 유죄를 선고하였다.

원심법원은 피고인에게 공소기각판결을 선고하였다.

피고인이 무전취식을 하고 출동한 경찰관에게 친형의 인적 사항을 모용함에 따라 친형 이름으로 「경범죄 처벌법」 상 경찰서장의 통고처분을 받았다가 모용사실이 적발되어 경찰관이 내부적으로 통고처분 오손처리 경위서를 작성하였다. 이후 납부 통고 등 후속 절차는 중단된 상태에서 무전취식의 범칙행위와 동일성이 인정되는 사기의 공소사실로 재차 기소된 경우이다. 이미 발령된 통고처분의 효력이 기소된 사기의 공소사실에도 미쳐 이 부분 공소제기의 절차가 법률의 규정을 위반하여 무효인 때에 해당한다. 원심은 이 부분 공소사실을 유죄로 판단한 제1심판결을 파기하고 이 부분 공소를 기각하였다.

피고인과 검사가 상고하였다.

[대법원 판단]

대법원은 상고를 모두 기각한다.

낭독 형사소송법 판결문 14

대법원 2023. 3. 16. 선고 2023도751 판결 [사기·주민등록법위반·사서명위조·위조사서명행사·절도·업무방해]

<이미 발령된 통고처분의 범칙행위와 동일성이 인정되는 공소사실로 기소된 사건>

판시 사항

[1] 경범죄처벌법상 범칙금제도의 의의 / 경찰서장이 범칙행위에 대하여 통고처분을 하였으나 통고처분에서 정한 범칙금 납부기간이 지나지 아니한 경우, 원칙적으로 경찰서장은 즉결심판을 청구하거나 이미 한 통고처분을 임의로 취소할 수 있는지 여부(소극) 및 검사는 동일한 범칙행위에 대하여 공소를 제기할 수 있는지 여부(소극) / 이때 공소를 제기할 수 없는 범칙행위의 범위 / 피의자가 다른 사람의 성명을 모용한 탓으로 공소장에 피모용자가 피고인으로 표시된 경우, 모용자가 피고인이

되고 피모용자에게 공소의 효력이 미치는지 여부(소극) / 이와 같은 법리는 경범죄 처벌법에 따른 경찰서장의 통고처분의 효력에도 마찬가지로 적용되는지 여부(적극)

판결 요지

「경범죄 처벌법」상 범칙금제도는
범칙행위에 대하여 형사절차에 앞서
경찰서장의 통고처분에 따라 범칙금을 납부할 경우
이를 납부하는 사람에 대하여
기소를 하지 않는 처벌의 특례를 마련해 둔 것으로
법원의 재판절차와는 제도적 취지와 법적 성질에서 차이가 있다(대법원 2012. 9. 13. 선고 2012도6612 판결 등 참조).

• 「경범죄 처벌법」상 범칙행위 처벌 특례

또한 범칙자가 통고처분을 불이행하였더라도
기소독점주의의 예외를 인정하여
경찰서장의 즉결심판청구를 통하여 공판절차를 거치지 않고
사건을 간이하고 신속·적정하게 처리함으로써
소송경제를 도모하되,
즉결심판 선고 전까지 범칙금을 납부하면
형사처벌을 면할 수 있도록 함으로써
범칙자에 대하여 형사소추와 형사처벌을
면제받을 기회를 부여하고 있다.

• 범칙금 납부와 형사소추와 형사처벌 면제 특례

따라서 경찰서장이 범칙행위에 대하여 통고처분을 한 이상,
범칙자의 위와 같은 절차적 지위를 보장하기 위하여
통고처분에서 정한 범칙금 납부기간까지

원칙적으로 경찰서장은 즉결심판을 청구할 수 없다.

• 범칙금 납부기간까지 즉결심판 청구 금지

범칙행위에 대한 형사소추를 위하여
이미 한 통고처분을 임의로 취소할 수 없다.
검사도 동일한 범칙행위에 대하여 공소를 제기할 수 없다고 보아야 한다(대법원 2020. 4. 29. 선고 2017도13409 판결, 대법원 2021. 4. 1. 선고 2020도15194 판결). • 통고처분 임의 취소 금지

이때 공소를 제기할 수 없는 범칙행위는
통고처분 시까지의 행위 중
범칙금 통고의 이유에 기재된 당해 범칙행위 자체 및 그 범칙행위와 동일성이 인정되는 범칙행위에 한정된다(대법원 2011. 4. 28. 선고 2009도12249 판결). • 범칙행위와 동일성 인정 범칙행위 한정

그리고 형사소송법 제248조에 따라 공소는
검사가 피고인으로 지정한 이외의 다른 사람에게
그 효력이 미치지 아니하는 것이다.

공소제기의 효력은 검사가 피고인으로 지정한 자에 대하여만 미치는 것이다. • 공소제기 효력·피고인 특정

따라서 피의자가 다른 사람의 성명을 모용한 탓으로
공소장에 피모용자가 피고인으로 표시되었더라도
이는 당사자의 표시상의 착오일 뿐이고,
검사는 모용자에 대하여 공소를 제기한 것이다.
모용자사칭자가 피고인이 되고
피모용자에게 공소의 효력이 미친다고는 할 수 없다(대법원 1997. 11. 28. 선고 97도2215 판결 등 참조). • 모용자가 피고인

이와 같은 법리는
「경범죄 처벌법」에 따른 경찰서장의 통고처분의 효력에도
마찬가지로 적용된다고 보아야 한다. • 통고처분에도 법리상 동일한 효력

원심은 판시와 같은 이유로
제1심 판시 2022고단741, 2022고단1809(병합) 사건의
제1의 가, 나항 기재 공소사실에 대하여
이를 유죄로 판단한 제1심판결을 파기하고,
이 부분 공소사실은 이미 통고처분이 이루어진 범칙행위와
동일성이 인정되는 것으로서
공소제기의 절차가 법률의 규정을 위반하여 무효인 때에 해당한다고 보아 이 부분 공소를 기각하였다. • 공소기각판결

원심판결 이유를 관련 법리와 기록에 비추어 살펴보면,
원심의 판단에 논리와 경험의 법칙을 위반하여
자유심증주의의 한계를 벗어나거나
통고처분의 효력에 관한 법리를 오해한 잘못이 없다. • 상고기각

판결 해설

1. 공소기각 판결 개념

공소기각 판결은 형식재판이다. 검사의 위법한 공소제기를 억제한다. 법원과 피고인에게 절차 부담을 면제한다. 소송경제와 피고인 이익 철학이 있다. 소송조건은 공소제기 적법·유효 요건이다. 실체 심리를 위한 조건이다.

2. 형사소송법 제327조 제1호·제2호·제3호·제4호·제5호·제6호 부존재

형사소송법 제327조 각호 부존재가 소송조건이다. 6개가 있다. 재판권 없음·기소 절차 위법·무효·이중기소·공소취소 후 재기소·고소취소·처벌불원이다. 검사는 공소기각 판결에 대해 상소할 수 있다. 피고인은

상소권이 없다. 피고인이 무죄를 주장하면서 상소할 수 없다. 공소기각 판결이 확정된 후 동일한 범죄사실에 대해 소송조건을 보완하여 다시 기소할 수 있다(이주원, 형사소송법, 제3판, 박영사, 566－569면).

3. 이중기소와 공소기각 판결

이 사안은 무전취식의 범칙행위와 동일성이 인정되는 사기의 공소사실로 재차 기소되었다. 이미 발령된 통고처분의 효력이 기소된 사기의 공소사실에도 미친다. 이 부분 공소제기 절차는 법률 규정을 위반하여 무효인 경우에 해당한다. 검사는 동일한 범칙행위에 대하여 공소를 제기할 수 없다.

그럼에도 검사가 기소를 하면 법원은 공소기각 판결을 선고한다. 피의자가 다른 사람의 성명을 모용사칭하여 공소장에 피모용자가 피고인으로 표시된 경우, 모용자가 피고인이 된다. 피모용자에게 공소의 효력이 미치지 않는다. 이와 같은 법리는 경범죄 처벌법에 따른 경찰서장의 통고처분의 효력에도 똑같이 적용된다.

✎참조 조문

형사소송법 제327조(공소기각판결)

재판장은 다음 각호 어느 하나에 해당하는 경우 판결로써 공소기각을 선고한다.

1. 피고인에 대해 재판권이 없는 경우
2. 공소제기절차가 법률위반으로 무효인 경우
3. 공소제기된 사건에 대하여 다시 공소제기된 경우
4. 제329조 공소취소와 재기소를 위반하여 공소제기된 경우
5. 친고죄 사건에서 고소가 취소된 경우
6. 반의사불벌죄 사건에서 처벌 희망 의사표시가 없는 경우 또는 철회된 경우

[전문개정 2020.12.8]

[출처] 형사소송법 일부개정 2024. 2. 13. [법률 제20265호, 시행 2024. 2. 13.] 법무부.

15

공소시효
피해 아동 성년에 달할 때까지 장래에 향하여 정지

아동학대범죄의 처벌 등에 관한 특례법 제34조 제1항 시행 이전에 피해 아동이 성년에 달한 경우 공소시효 정지 여부가 문제된 사건

대법원 2023. 9. 21. 선고 2020도8444 판결
[아동복지법위반(아동학대)]

[공소사실 요지]

피고인은 2019. 7. 22. 피해 아동 ○○○(1993. 12. 6.생)에 대한 2007. 12.경부터 2011. 12. 5.경까지 신체적 학대 행위를 하였다.
검사는 피고인을 아동복지법 제34조 제1항 위반(아동학대)죄로 기소하였다.

[법리 쟁점]

아동학대범죄의 처벌 등에 관한 특례법 제34조 제1항 시행 당시 피해아동이 이미 성년에 달한 경우 공소시효의 진행이 정지되는지 여부(소극)

[참조조문]

아동학대범죄의 처벌 등에 관한 특례법 제34조 제1항

[참조판례]

대법원 2015. 5. 28. 선고 2015도1362, 2015전도19 판결, 대법원 2016. 9. 28. 선고 2016도7273 판결

[원심 판단]

제1심법원은 피고인에게 면소판결을 선고하였다.
원심법원은 피고인에게 면소판결을 선고하였다.

아동학대처벌법 제34조 제1항은 완성되지 아니한 공소시효의 진행을 장래를 향하여 정지시키는 것이다. 피해 아동 A가 위 법 시행일인 2014. 9. 29. 이전인 2013. 7. 1. 이미 성년에 달한 이상 그 공소시효의 진행이 정지되지 않는다. 7년의 공소시효가 완성되었다. 원심은 이러한 이유로 아동복지법위반(아동학대) 부분을 면소로 판단하였다. 원심은 공소시효의 완성을 이유로 면소를 선고한 제1심판결을 그대로 유지하였다.
검사가 상고하였다.

[대법원 판단]
대법원은 상고를 기각한다.

낭독 형사소송법 판결문 15

대법원 2023. 9. 21. 선고 2020도8444 판결 [아동복지법위반(아동학대)]
＜아동학대범죄의 처벌 등에 관한 특례법 제34조 제1항 시행 이전에 피해 아동이 성년에 달한 경우 공소시효 정지 여부가 문제된 사건＞

판시 사항

아동학대범죄의 처벌 등에 관한 특례법 제34조 제1항 시행 당시 피해아동이 이미 성년에 달한 경우 공소시효의 진행이 정지되는지 여부(소극)

판결 요지

[1] **공소시효를 정지·연장·배제하는 특례조항을 신설하면서**
소급적용에 관한 명시적인 경과규정을 두지 않은 경우
그 조항을 소급하여 적용할 수 있는지에 관해서
보편타당한 일반원칙이 존재하지 않고,
적법절차원칙과 소급금지원칙을 천명한
헌법 제12조 제1항과 제13조 제1항의 정신을 바탕으로 하여
법적 안정성과 신뢰보호원칙을 포함한 법치주의 이념을
훼손하지 않는 범위에서 신중히 판단해야 한다(대법원 2015. 5. 28. 선

고 2015도1362, 2015전도19 판결). • 공소시효를 정지·연장·배제

[2] 신체적 학대 행위를 비롯한 아동학대범죄로부터
피해아동을 보호하기 위하여
2014. 1. 28. 법률 제12341호로 제정된
「아동학대범죄의 처벌 등에 관한 특례법」(아동학대처벌법) 제34조는
'공소시효의 정지와 효력'이라는 표제 아래
제1항에서 "아동학대범죄의 공소시효는
형사소송법 제252조에도 불구하고
해당 아동학대범죄의 피해아동이 성년에 달한 날부터 진행한다."
라고 규정하고, 그 부칙은
"이 법은 공포 후 8개월이 경과한 날부터 시행한다."
라고 규정하면서 소급적용 등에 관하여
명시적인 규정을 두고 있지 않다.
• 아동학대범죄 공소시효 '성년이 달한 날부터 다시 진행'•부칙 소급적용 명시 규정 없음

[3] 위와 같은 법 문언과 취지를
앞에서 본 공소시효를 정지하는
특례조항의 신설·소급에 관한 법리에 비추어 보면,
아동학대처벌법 제34조 제1항은
완성되지 아니한 공소시효의 진행을
피해 아동이 성년에 달할 때까지
장래를 향하여
정지시키는 것으로 봄이 타당하다(대법원 2016. 9. 28. 선고 2016도7273 판결 등 참조). • 장래 효력 규정

따라서 위 규정 시행일인 2014. 9. 29. 당시
피해 아동이 이미 성년에 달한 경우

공소시효의 진행이 정지되지 않는다고 보아야 한다. **• 아동학대범죄 공소시효 정지규정은 시행일 이후부터 적용함. 소급적용 규정 없음**

판결 해설

1. 공소시효 개념

공소시효公訴時效는 범죄행위가 종료한 후犯行終了時點時說 공소제기 없이 일정 기간을 경과하면 국가소추권이 소멸하는 제도이다. 공소시효가 완성된 범죄는 소급효를 부정한다. 소급효를 배제하는 명문 규정도 있다. 공소시효를 정지·연장·배제하는 특례조항은 명시적 경과규정이 없는 경우, 법적 안정성과 신뢰보호원칙을 준수하여 신중히 적용하라고 판시하였다.

2. 공소시효 기간

공소시효 기간期間은 법정형을 기준으로 한다. 법정형이 2개 이상일 경우 중한 형을 기준으로 한다. 교사범과 종범은 정범의 형을 기준으로 한다. 범죄 후 법률 개정으로 법정형이 가벼운 경우 가벼운 법정형을 기준으로 한다. 수개의 공소사실이 예비적·택일적으로 기재된 경우 개별적 시효기간을 기준으로 한다. 상상적 경합범은 각 죄에 맞는 시효기간을 적용한다.

공소장변경은 최초 공소 제시 시점을 기준으로 시작한다. 변경된 공소사실에 대한 법정형이 최초 공소제기 시점에서 계산하여 **공소시효기간이 완성된 경우 면소판결을 선고**한다. 법원이 공소장변경 없이 직권으로 다른 사실을 인정할 경우, 그 사실에 대한 법정형을 기준으로 판단한다. 포괄일죄는 최종 범죄행위가 종료된 때부터 진행한다. 공범의 경우 최종행위가 종료한 때부터 공범 전체에 대한 시효기간을 계산한다.

3. 공소시효 정지

공소시효 정지停止·잠시 멈춤란 일정한 사유가 있으면 공소시효 진행이 정지된다. 정지 사유가 소멸하면, 다시 남은 공소시효 기간이 이어서 진행한다. 정지 사유는 공소제기·국외 도피·재정신청·소년보호사건·아동학대 사건(성년이 될 때까지)·대통령 재직기간 범죄 사건(내란죄·외환죄는 제외한다) 등이 있다.

4. 공소시효 완성

공소시효가 완성되면, 검사는 공소권 없음으로 불기소처분을 한다. 법원은 면소판결을 선고한다. 의제공소시효가 완성된 경우도 면소판결을 선고한다. 면소는 소송이익이 없기 때문에 소송을 종결한다. 재판을 빨리 끝내는 형식재판이다.

5. 공소시효 특례조항

공소시효 특례조항은 정지·연장·배제가 있다. 미성년자 대상 성폭행 범죄와 아동·청소년 대상 성범죄는 공소시효가 정지된다. 미성년자인 피해자가 성년이 달할 때까지 공소시효는 자동으로 정지된다. 성년이 되면, 그날부터 공소시효가 다시 진행한다.

연장은 일부 성폭력 범죄의 공소시효가 디엔에(DNA) 죄를 증명할 때 과학적 증거가 있는 경우 10년 더 연장된다.

배제는 사람을 살해한 범죄로 사형에 해당하는 범죄에 적용된다. 살인죄는 공소시효가 없다. 다만 종범은 제외한다.

이 법 시행 전 공소시효가 완성되지 않은 살인 범죄에 적용한다. 부칙에 명문으로 예외 규정을 두었다.

그 외 헌정질서파괴범죄·강간살인죄·집단살인죄·국제형사재판소 관할 범죄는 공소시효가 배제된다(이주원, 형사소송법, 제3판, 박영사, 2021, 262-270면). 언젠가 처벌된다.

16

공소장변경
기본적 사실관계 동일성 판단 기준

폭력행위처벌법위반(단체 등의 구성·활동) 혐의로 공소제기된 후 공소장변경으로 범죄집단의 개별적 범행에 해당하는 폭력행위처벌법 위반(단체 등의 공동강요) 혐의의 공소사실을 추가할 수 있는지 여부가 문제된 사건

대법원 2022. 9. 7. 선고 2022도6993 판결
[폭력행위등처벌에관한법률위반(단체등의구성·활동)·폭력행위등처벌에관한법률위반(단체등의공동공갈)]

[공소사실 요지]

피고인이 공동강요 등을 목적으로 하는 폭력행위처벌법상 범죄집단의 조직원 중 수괴라고 보아 폭력행위처벌법 위반(단체 등의 구성·활동) 등 혐의로 공소가 제기된 후, 원심에 이르러 검사가 범죄집단 활동 과정에서 발생된 개별적 범행인 폭력행위처벌법 위반(단체 등의 공동강요) 범행을 추가하는 공소장변경 허가신청을 한 사안이다. • **요약**

1. 검사는, '피고인 1이 2020. 7. 29.경 텔레그램 대화방인 △△△△에 참여하여 이를 조직적인 형태로 발전시키고 다수의 구성원들을 모아 범죄집단인 "○○○○"을 구성한 후 2021. 3. 8.경까지 ○○○○의 수괴로서, 지인에 대한 음란물 합성사진을 의뢰하거나 미성년자 조건 만남을 의뢰하는 다수 피해자들을 상대로 그 의뢰 사실을 주변 사람들에게 알리겠다고 협박하여 자신들의 지시에 따르도록 하면서, 2020. 8. 초순경부터 2021. 2. 중순경까지 자신들의 지시에 불응한 피해자들 39명의 의뢰사실을 폭로하여 명예를 훼손하고, 2020. 8. 25.경 및 2020. 8. 28.경 2명의 아동·청소년 피해자들에게 속옷을 벗은 나체 사진을 찍어 전송하도록 지시하고, 2020. 9. 1.경부터 2021. 3. 5.경까지 피해자들 41명으로부터 돈을 갈취하거나 미수에 그치는 등 활동하였다'는 등의 범죄사실(이하 '이 사건 공소

사실'이라 한다)로 공소를 제기하였다.

2. 검사는 원심 공판절차 진행 중, 2022. 1. 19. '피고인 1이 ○○○○의 성명불상 구성원들과 공동하여 집단의 위력을 과시하는 방법으로 2020. 7. 30.경부터 2021. 2. 23.경까지 원심판결 별지 범죄일람표 기재와 같이 지인에 대한 음란물 합성사진 등을 의뢰한 342명의 피해자들을 협박하여 ○○○○의 격리유치장 대화방에 입장하도록 한 후 반성문 작성, 일상생활 보고 등 의무 없는 일을 하게 강요하거나 미수에 그쳤다'는 취지로 폭력행위처벌법 위반(단체 등의 공동강요)의 범죄사실(이하 '추가된 공소사실'이라 한다)을 추가하는 공소장변경허가신청을 하였다. 원심은 2022. 3. 22. 제1회 공판기일에서 검사의 공소장변경을 허가하였다.

[법리 쟁점]

폭력행위처벌법상 범죄집단의 조직원의 범죄집단활동죄와 그 활동 과정에서 저지른 개별적 범행의 공소사실이 동일한지 여부(소극) 및 죄수관계(실체적 경합)

[참조조문]

[1] 형사소송법 제298조 제1항 / [2] 폭력행위 등 처벌에 관한 법률 제4조 제1항 / [3] 폭력행위 등 처벌에 관한 법률 제2조 제2항 제2호, 제4조 제1항, 제2항 제2호, 형법 제37조, 제324조 제2항

[참조판례]

[1] 대법원 1994. 3. 22. 선고 93도2080 전원합의체 판결(공1994상, 1368), 대법원 2002. 3. 29. 선고 2002도587 판결(공2002상, 1056), 대법원 2020. 12. 24. 선고 2020도10814 판결 / [2] 대법원 2009. 9. 10. 선고 2008도10177 판결(공2009하, 1697), 대법원 2015. 9. 10. 선고 2015도7081 판결(공2015하, 1581)

[원심 판단]

제1심법원은 피고인들에게 유죄를 선고하였다.

원심법원은 피고인들에게 공소사실과 추가된 공소사실에 대해 전부 유죄를 선고하였다.

피고인들이 상고하였다.

[대법원 판단]

원심판결 중 피고인 1 부분을 파기하고, 이 부분 사건을 대전고등법원으로 환송한다. 피고인 2의 상고를 기각한다.

범죄집단의 조직원의 범죄집단활동죄와 그 범죄집단에서 활동하면서 저지르는 개별적 범행들은 범행 목적이나 행위 등이 일부 중첩되는 부분이 있더라도 범행의 상대방, 범행 수단·방법, 결과, 보호법익, 실체적 경합 관계 등 을 고려할 경우 각 공소사실이 동일하다고 볼 수 없어 공소장변경을 허가할 수 없고 그 죄수관계는 실체적 경합관계에 있다. 대법원은 위 공소장변경을 허가하고 이를 유죄(상상적 경합관계)로 판단한 원심을 파기·환송하였다.

낭독 형사소송법 판결문 16

대법원 2022. 9. 7. 선고 2022도6993 판결 [폭력행위등처벌에관한법률위반(단체등의구성·활동)·폭력행위등처벌에관한법률위반(단체등의공동공갈)·정보통신망이용촉진및정보보호등에관한법률위반(명예훼손)·아동·청소년의성보호에관한법률위반(성착취물제작·배포등)·폭력행위등처벌에관한법률위반(단체등의공동강요)·폭력행위등처벌에관한법률위반(공동강요)·아동·청소년의성보호에관한법률위반(성착취물소지등)·성폭력범죄의처벌등에관한특례법위반(카메라등이용촬영·반포등)·성폭력범죄의처벌등에관한특례법위반(카메라등이용촬영물소지등)]

<폭력행위처벌법위반(단체 등의 구성·활동) 혐의로 공소제기된 후 공소장변경으로 범죄집단의 개별적 범행에 해당하는 폭력행위처벌법 위반(단체 등의 공동강요) 혐의의 공소사실을 추가할 수 있는지 여부가 문제된 사건>

판시 사항

[1] 공소장변경이 허용되는 범위 / 공소사실의 동일성이 인정되지 않는 범죄사실을 공소사실로 추가하는 취지의 공소장변경신청이 있는 경우, 법원이 취할 조치 / 공소사실의 동일성을 판단하는 기준

[2] 폭력행위 등 처벌에 관한 법률 제4조 제1항에서 말하는 범죄단체 구성원으로서의 '활동'의 의미

[3] 범죄단체 등에 소속된 조직원이 저지른 폭력행위 등 처벌에 관한

법률 위반(단체 등의 공동강요)죄 등의 개별적 범행과 같은 법 위반(단체 등의 활동)죄가 구성요건을 달리하는 별개의 범죄인지 여부(적극) / 같은 법 위반(단체 등의 구성·활동)죄와 위 개별적 범행의 죄수관계(=원칙적으로 실체적 경합)

판결 요지

[1] 공소장변경은
공소사실의 동일성이 인정되는 범위 내에서만 허용된다.
공소사실의 동일성이 인정되지 않는 범죄사실을
공소사실로 추가하는 취지의 공소장변경신청이 있는 경우
법원은 그 변경신청을 기각하여야 한다(형사소송법 제298조 제1항).

• 공소장변경 인정 범위

공소사실의 동일성은
그 사실의 기초가 되는 사회적 사실관계가
기본적인 점에서 동일하면 그대로 유지된다고 할 것이다.
이러한 기본적 사실관계의 동일성을 판단함에 있어서
그 사실의 동일성이 갖는 법률적 기능을 염두에 두고
피고인의 행위와 그 사회적인 사실관계를 기본으로 하되
규범적 요소도 아울러 고려하여야 한다(대법원 1994. 3. 22. 선고 93도2080 전원합의체 판결, 대법원 2002. 3. 29. 선고 2002도587 판결, 대법원 2020. 12. 24. 선고 2020도10814 판결 등 참조).

• 기본적 사실관계 동일성(=사회적 사실관계와 규범적 요소 함께 고려)

[2] 「폭력행위 등 처벌에 관한 법률」('폭력행위처벌법') 제4조 제1항은 그 법에 규정된 범죄를 목적으로 하는 단체 등을 구성하거나 이에 가입하는 행위 또는 구성원으로 활동하는 행위를 처벌하도록 정하고 있다. 여기서 말하는 범죄단체 구성원으로서의 '활동'이란 범죄단체의 내부 규율 및 통솔 체계에 따른 조직적·집단적 의사결

정에 기초하여 행하는 범죄단체의 존속·유지를 지향하는 적극적인 행위를 의미한다(대법원 2009. 9. 10. 선고 2008도10177 판결, 대법원 2015. 9. 10. 선고 2015도7081 판결 등 참조). • 범죄단체 구성원으로서 '활동'

[3] 범죄단체 등에 소속된 조직원이 저지른 폭력행위처벌법 위반(단체 등의 공동강요)죄 등의 개별적 범행과 폭력행위처벌법 위반(단체 등의 활동)죄는 범행의 목적이나 행위 등 측면에서 일부 중첩되는 부분이 있더라도, 일반적으로 구성요건을 달리하는 별개의 범죄이다. 범행 상대방, 범행 수단, 범행 방법, 결과 등이 다를 뿐만 아니라 그 보호법익이 일치한다고 볼 수 없다. 또한 폭력행위처벌법 위반(단체 등의 구성·활동)죄와 위 개별적 범행은 특별한 사정이 없는 한 법률상 1개의 행위로 평가되는 경우로 보기 어려워 상상적 경합이 아닌 실체적 경합관계에 있다고 보아야 한다. • 실체적 경합

[4] 추가된 공소사실과 이 사건 공소사실은 범행의 기간 등이 일부 중첩되긴 하나, 전체 범행 기간이 일치하지 않고 범행 상대방, 범행 수단, 범행 방법, 보호법익 등도 상이하며 실체적 경합관계에 있으므로, 공소사실의 기본적인 사실관계가 동일하다고 볼 수 없다. 이와 같이 추가된 공소사실이 이 사건 공소사실과 동일성이 인정되지 않아 이를 추가하는 공소장변경이 허가될 수 없다.

그럼에도 이와 달리 검사의 공소장변경을 받아들여 이를 유죄로 인정한 원심판결은 공소사실의 동일성, 공소장변경 등에 관한 법리를 오해하여 판결에 영향을 미친 잘못이 있다. • 공소장변경 허가 불가

따라서 원심판결의 피고인 1 부분 중 각 폭력행위처벌법 위반(단체 등 공동강요) 부분은 더 이상 유지될 수 없게 되었다. 원심이 이와 나머지 범행들이 상상적 경합 내지 형법 제37조 전단의 경합관계에 있다고 보아 하나의 형을 선고하였다. 그러므로 나머지 부분도 함께 파기되어야 한다. • 전부 파기·환송

판결 해설

1. 공소장변경 개념

공소장변경은 검사가 공소사실 동일성 범위에서 법원 허가를 받아 공소사실 또는 적용법조를 추가·철회·변경하는 제도이다. 공소사실 예비적·택일적 추가도 가능하다. 피고인 방어권 보장과 형벌권 적정한 실현 때문이다.

2. 공소장변경 한계

공소장변경은 공소사실 동일성을 침해하지 않는 범위에서 허용된다. 동일성은 단일과 동일을 말한다. 판례는 사회적 사실관계를 기본으로 하고 규범적 요소도 함께 고려한다. 동일성은 밀접한 관계와 양립될 수 없는 관계로 본다. 규범 요소·피해법익·죄질에 현저한분명한 차이는 동일성이 없다. 엄격한 해석이 최근 경향이다.

3. 공소장변경 절차

공소장변경은 검사가 법원에 서면으로 신청한다. 공소사실을 예비적·택일적으로 변경할 수 있다. 피고인이 동의하면 공판정에서 구술로 한다. 법원 허가는 의무이다. 법원 허가 결정에 독립하여 항고할 수 없다. 검사는 공판기일에 변경된 공소장을 낭독한다. 공판절차 정지는 임의이다. 법원이 재량으로 공소장변경을 요구할 수 있다. 검사가 불응하면 법원은 공소장 공소사실을 심판한다. 제1심·항소심·파기환송심에서 모두 공소장변경이 허용된다.

4. 공소장변경 판단

공소장변경 판단기준은 사실 기재이다. 공소사실에 기재된 사실과 실질적으로 다른 사실을 인정할 때 공소장변경이 필요하다. 방어권 행사에 실질적 불이익이 있기 때문이다. 공판에서 방조사실이 한 번도 심리되지 않았다면 공소장변경이 필요하다. 구성요건이 다르면 공소장변경이 필요하다. 축소 사실과 법적 평가만 다른 경우, 법원은 공소장변경 없이 직권으로 판단한다(이주원, 형사소송법, 제3판, 박영사, 2021, 277−295면).

17

공소장변경
검사 공소장변경 허가신청·결정 없는 절차 진행

검사의 공소장변경 허가신청에 대하여 허가 여부를 명시적으로 결정하지 않은 채 절차를 진행한 사건

대법원 2023. 6. 15. 선고 2023도3038 판결
[업무상횡령·근로기준법위반·근로자퇴직급여보장법위반]

[공소사실 요지]

검사가 제1심판결에 양형부당을 이유로 항소한 다음, 원심의 제1회 공판기일이 열리기 전 먼저 기소하여 제1심 유죄가 선고된 업무상횡령 공소사실과 상상적 경합관계에 있는 업무상횡령 공소사실을 추가하는 취지임을 밝히며 공소장변경허가신청서를 제출하였다. 그러나 원심은 제1회 공판기일을 진행하여 변론을 종결하고 검사의 항소를 기각하여 제1심판결을 그대로 유지하였다. 한편 원심은 공판정 외에서 공소장변경허가신청에 대한 결정을 하지 않았다. 뿐만아니라 공판조서 등 기록에 검사의 위 공소장변경허가신청 또는 위 공소장변경허가신청으로 추가하려 한 공소사실에 대하여 피고인 측의 의견 제출 등 원심에서 공소장변경허가 여부를 결정한 소송절차가 진행되었다는 내용이 없다. **· 요약**

1. 검사는 업무상횡령 부분에 대하여 '피고인은 병원을 운영하면서 2017년 5월경부터 2020년 5월경까지 병원 직원인 피해자 11명을 위하여 업무상 보관하는 국민연금법상 연금보험료 중 사업장가입자가 부담할 기여금 및 국민건강보험법상 보험료·노인장기요양보험법상 장기요양보험료 중 직장가입자가 부담하여야 하는 보험료 합계 17,082,860원을 임의로 소비하여 횡령하였다'고 공소를 제기한 후 범행 병원의 다른 직원 1명에 대한 동일한 보험료 업무상횡령을 추가기소하였다.

2. 제1심법원은 이를 병합하여 12명의 피해자별로 포괄하여 성립하는 수개의 업무상횡령죄를 상상적 경합관계의 유죄로 판단하였다.
3. 검사는 제1심판결에 대하여 양형부당을 이유로 항소한 다음 원심의 제1회 공판기일이 열리기 전인 2022. 9.경 먼저 기소된 업무상횡령 공소사실과 상상적 경합관계에 있는 다른 직원 5명에 대한 업무상횡령 공소사실을 추가하는 취지임을 밝히며 '피고인은 2017년 5월경부터 2020년 5월경까지 피고인이 운영하던 병원 직원인 피해자 17명을 위하여 업무상 보관하는 국민연금법상 연금보험료 중 사업장가입자가 부담할 기여금 및 국민건강보험법상 보험료·노인장기요양보험법상 장기요양보험료 중 직장가입자가 부담하여야 하는 보험료 합계 22,817,330원을 임의로 소비하여 횡령하였다'는 내용으로 변경하는 공소장변경허가신청서를 제출하였다. 원심법원은 공소장변경허가신청서 부본을 피고인에게 송달하였다.

[법리 쟁점]

[1] 공소장변경허가신청에 대하여 원심이 허가 여부 결정을 하였는지 여부
[2] 원심이 공소장변경을 허가했어야 하는지 여부

[참조조문]

[1] 형사소송법 제298조 제1항 / [2] 형사소송법 제51조 제2항 제14호, 제298조, 제403조 제1항 / [3] 형사소송법 제51조 제1항, 제2항 제14호, 제308조 / [4] 형사소송법 제51조 제2항 제14호, 제298조 제1항

[참조판례]

[1] 대법원 1999. 5. 14. 선고 98도1438 판결(공1999상, 1211), 대법원 2018. 12. 13. 선고 2018도11711 판결 / [2] 대법원 1987. 3. 28. 자 87모17 결정(공1987, 1103), 대법원 2001. 7. 13. 선고 2001도1660 판결 / [3] 대법원 2005. 12. 22. 선고 2005도6557 판결(공2006상, 199)

[원심 판단]

1. 제1심법원은 이를 병합하여 12명의 피해자별로 포괄하여 성립하는 수개의 업무상횡령죄를 상상적 경합관계의 유죄로 판단하였다.
2. 검사는 제1심판결에 대하여 양형부당을 이유로 항소한 다음 원심의 제1회 공판기일이 열리기 전인 2022. 9.경 먼저 기소된 업무상횡령 공소사실과 상상적 경합관계에 있는 다른 직원 5명에 대한 업무상횡령 공소사실

을 추가하는 취지임을 밝히며 '피고인은 2017년 5월경부터 2020년 5월경까지 피고인이 운영하던 병원 직원인 피해자 17명을 위하여 업무상 보관하는 국민연금법상 연금보험료 중 사업장가입자가 부담할 기여금 및 국민건강보험법상 보험료·노인장기요양보험법상 장기요양보험료 중 직장가입자가 부담하여야 하는 보험료 합계 22,817,330원을 임의로 소비하여 횡령하였다'는 내용으로 변경하는 공소장변경허가신청서를 제출하였다. 원심법원은 공소장변경허가신청서 부본을 피고인에게 송달하였다.
3. 원심법원은 2022. 12.경 제1회 공판기일을 진행하여 변론을 종결하고 검사의 양형부당을 이유로 한 항소를 기각하여 제1심판결을 그대로 유지하였다.
4. 원심은 공판정 외에서 공소장변경허가신청에 대한 결정을 하지 않았을 뿐만 아니라 공판조서 등 기록에 검사의 위 공소장변경허가신청 또는 위 공소장변경허가신청으로 추가하려한 공소사실에 대하여 피고인 측의 의견제출 등 원심에서 공소장변경허가 여부를 결정한 소송절차가 진행되었다는 내용이 없다.
검사가 상고하였다.

[대법원 판단]
대법원은 원심판결을 파기하고, 사건을 청주지방법원에 환송한다.
검사가 서면으로 제출한 공소장변경허가신청에 대하여 허가 여부를 결정해야 한다. 나아가 공소장변경허가신청 전후의 공소사실은 그 기본적 사실관계가 동일하므로 공소장변경을 허가하여 추가된 공소사실에 대하여 심리·판단했어야 한다. 대법원은 이러한 이유로 원심판결을 파기·환송하였다.

낭독 형사소송법 판결문 17

대법원 2023. 6. 15. 선고 2023도3038 판결 [업무상횡령·근로기준법위반·근로자퇴직급여보장법위반]

<검사의 공소장변경허가신청에 대하여 허가 여부를 명시적으로 결정하지 않은 채 절차를 진행한 사건>

판시 사항

[1] 형사소송법 제298조 제1항의 취지 / 공소사실의 동일성을 판단할 때 고려할 사항
[2] 법원이 공소장변경허가신청에 대한 결정을 공판정에서 고지한 경우, 그 사실은 공판조서의 필요적 기재사항인지 여부(적극) / 공소사실 또는 적용법조의 추가·철회 또는 변경의 허가에 관한 결정의 위법이 판결에 영향을 미친 경우 불복 방법
[3] 공판조서의 증명력 / 공판조서에 기재되지 않은 소송절차의 존재가 공판조서에 기재된 다른 내용이나 공판조서 이외의 자료로 증명될 수 있는지 여부(적극) 및 이는 자유로운 증명의 대상이 되는지 여부(적극)
[4] 검사가 제1심판결에 대하여 양형부당을 이유로 항소한 다음 원심의 제1회 공판기일이 열리기 전에 먼저 기소된 업무상횡령 공소사실과 상상적 경합관계에 있는 업무상횡령 공소사실을 추가하는 취지임을 밝히며 공소장변경허가신청서를 제출하였으나, 원심이 공판정 외에서 공소장변경허가신청에 대한 결정을 하지 않았을 뿐만 아니라 공판조서 등 기록에 원심에서 공소장변경허가 여부를 결정한 소송절차가 진행되었다는 내용이 없이, 제1회 공판기일을 진행하여 변론을 종결하고 검사의 항소를 기각하여 제1심판결을 그대로 유지한 사안이다.
원심은 검사가 서면으로 제출한 공소장변경허가신청에 대하여 허가 여부를 결정해야 하고, 나아가 상상적 경합관계에 있는 수죄 가운데 당초 공소를 제기하지 아니한 공소사실을 추가하는 내용의 공소장변경을 허가하여 추가된 공소사실에 대하여 심리·판단했어야 하므로, 이러한 조치 없이 검사의 항소를 기각한 원심판결에 법리오해 등의 잘못이 있다고 한 사례.

판결 요지

[1] 형사소송법 제298조 제1항의 규정에 의하면,
'검사는 법원의 허가를 얻어
공소장에 기재한 공소사실 또는 적용법조의

추가·철회 또는 변경을 할 수 있다.' • 검사 공소장변경 신청

'법원은 공소사실의 동일성을 해하지 아니하는 한도에서
이를 허가하여야 한다.'고 되어 있다. • 법원 공소장변경 허가

위 규정의 취지는 검사의 공소장변경 신청이
공소사실의 동일성을 해하지 아니하는 한
법원은 이를 허가하여야 한다는 뜻으로
해석하여야 한다(대법원 2018. 12. 13. 선고 2018도11711 판결 등 참조).
• 공소사실 동일성

공소사실의 동일성은 그 사실의 기초가 되는
사회적 사실관계가 기본적인 점에서 동일하면 그대로 유지되고,
이러한 기본적 사실관계의 동일성을 판단할 때
그 사실의 동일성이 갖는 기능을 염두에 두고
피고인의 행위와 그 사회적인 사실관계를 기본으로 하되
규범적 요소도 아울러 고려하여야 한다(대법원 1999. 5. 14. 선고 98도
1438 판결 등 참조).
• 공소사실 동일성 판단 기준(=사회적 사실관계+규범적 요소 함께 고려)

[2] 법원은 검사의 공소장변경허가신청에 대해
결정의 형식으로 이를 허가 또는 불허가不許可한다.
법원의 허가 여부 결정은
공판정 외에서 별도의 결정서를 작성하여 고지하거나
공판정에서 구술로 하고
공판조서에 기재할 수도 있다. • 공소장변경 결정 허가 방법

만일 공소장변경허가 여부 결정을 공판정에서 고지하였다면
그 사실은 공판조서의 필요적 기재사항이다(형사소송법 제51조 제2항 제

14호). • 공판조서 필요적 기재사항

공소장변경허가신청이 있음에도
공소장변경 허가 여부 결정을 명시적으로 하지 않은 채
공판절차를 진행하면
현실적 심판 대상이 된 공소사실이 무엇인지 불명확하여
피고인의 방어권 행사에 영향을 줄 수 있다.
그러므로 공소장변경 허가 여부 결정은
위와 같은 형식으로 명시적인 결정을 하는 것이 바람직하다.

• 공소장변경 허가 결정·명시적 방법

판결 전의 소송절차에 관한 결정에 대하여는
특히 즉시항고를 할 수 있는 경우 외에는
항고를 하지 못한다(형사소송법 제403조 제1항).

• 즉시항고 허용(=일반 항고 불허용)

공소사실 또는 적용법조의
추가·철회 또는 변경의 허가에 관한 결정은
판결 전의 소송절차에 관한 결정이다.
그 결정에 관한 위법이 판결에 영향을 미친 경우
그 판결에 대하여 상소하는 방법으로만 불복할 수 있다(대법원 1987. 3. 28. 자 87모17 결정, 대법원 2001. 7. 13. 선고 2001도1660 판결 참조).

• 상소 허용

[3] 공판기일의 소송절차로서 판결 기타의 재판을 선고 또는 고지한 사실은 공판조서에 기재되어야 한다(형사소송법 제51조 제1항, 제2항 제14호).
공판조서의 기재가 명백한 오기인 경우를 제외하고,
공판기일의 소송절차로서 공판조서에 기재된 것은

조서만으로써 증명하여야 한다. • 공판조서 기재 의무

그 증명력은 공판조서 이외의 자료에 의한
반증이 허용되지 않는 절대적인 것이다(대법원 2005. 12. 22. 선고 2005도6557 판결 등 참조). • 공판조서 절대적 증명력

반면에 어떤 소송절차가 진행된 내용이
공판조서에 기재되지 않았다고 하여
당연히 그 소송절차가 당해 공판기일에
행하여지지 않은 것으로 추정되는 것은 아니다. • 공판 추정 불가

공판조서에 기재되지 않은 소송절차의 존재가
공판조서에 기재된 다른 내용이나
공판조서 이외의 자료로 증명될 수 있다.
이는 소송법적 사실이므로 자유로운 증명의 대상이 된다.

• 공판조서 미기재시 다른 자료로 증명 허용(=소송법적 사실·자유로운 증명)

[4] 검사가 제1심판결에 대하여 양형부당을 이유로 항소한 다음 원심의 제1회 공판기일이 열리기 전에 먼저 기소된 업무상횡령 공소사실과 상상적 경합 관계에 있는 업무상횡령 공소사실을 추가하는 취지임을 밝히며 공소장변경허가신청서를 제출하였다.

• 항소심에서 공소장변경신청

그러나 원심이 공판정 외에서 공소장변경허가신청에 대한 결정을 하지 않았을 뿐만 아니라 공판조서 등 기록에 원심에서 공소장변경허가 여부를 결정한 소송절차가 진행되었다는 내용이 없이, 제1회 공판기일을 진행하여 변론을 종결하고 검사의 항소를 기각하여 제1심판결을 그대로 유지한 사안이다.

• 공소장변경허가 결정 없음·공판조서에도 결정 내용에 대한 기재가 없음

원심은 검사의 공소장변경허가신청서 제출에 의한 공소장변경허가 신청이 있었음에도 이를 간과하고 허가 여부를 결정하지 않은 채 절차를 진행한 것으로 의심된다. • 무결정 절차 진행 의심

공소장변경허가신청 전후의 공소사실은 업무상횡령의 피해자를 추가한 부분과 전체 횡령금액만을 달리할 뿐 그 밖에 횡령의 일시, 장소, 방법 등이 모두 동일하여 그 기본적 사실관계가 동일하므로 공소사실의 동일성을 해하지 않는다. • 사실 동일

이 점을 종합하면, 원심은 검사가 서면으로 제출한 공소장변경허가 신청에 대하여 허가 여부를 결정해야 한다. 나아가 상상적 경합관계에 있는 수죄 가운데 당초 공소를 제기하지 아니한 공소사실을 추가하는 내용의 공소장변경을 허가하여 추가된 공소사실에 대하여 심리·판단했어야 한다.

• 법원 공소장변경 결정 의무와 추가된 공소사실 심리·판단 의무

이러한 조치 없이 검사의 항소를 기각한 원심판결에 법리오해 등의 잘못이 있다고 한 사례. • 상고이유

18

공소장변경
공소사실 동일성·피고인 방어권 행사 불이익·법적 평가 판단

공소장변경 없이 심판할 수 있는 범위가 문제된 사건

대법원 2003. 5. 13. 선고 2003도1366 판결
[사문서위조·위조사문서행사·특정범죄가중처벌등에관한법률위반(절도)(변경된 죄명: 장물취득)·사기미수]

[공소사실 요지]

공소제기된 장물취득의 점과 실제로 인정되는 장물보관의 범죄사실 사이에는 법적 평가에 차이가 있을 뿐 공소사실의 동일성이 인정되는 범위 내에 있으므로 따로 공소사실의 변경이 없더라도 법원이 직권으로 장물보관의 범죄사실을 유죄로 인정하여야 한다고 한 사안이다.

[법리 쟁점]

[1] 장물취득죄에 있어서 '취득'의 의미
[2] 법원이 공소장 변경 없이 직권으로 공소장에 기재된 공소사실과 다른 범죄사실을 인정하여야 하는 경우
[3] 공소제기된 장물취득의 점과 실제로 인정되는 장물보관의 범죄사실 사이에는 법적 평가에 차이가 있을 뿐 공소사실의 동일성이 인정되는 범위 내에 있으므로 따로 공소사실의 변경이 없더라도 법원이 직권으로 장물보관의 범죄사실을 유죄로 인정하여야 한다고 한 사례.

[참조조문]

[1] 형법 제362조 제1항 [2] 형사소송법 제254조, 제298조 [3] 형법 제362조 제1항, 형사소송법 제254조, 제298조

[참조판례]

[2] 대법원 1990. 10. 26. 선고 90도1229 판결(공1990, 2475), 대법원 1991. 5. 28. 선고 91도676 판결(공1991, 1831), 대법원 1993. 12. 28. 선고 93도3058 판결(공1994상, 587), 대법원 1995. 9. 29. 선고 95도456 판결(공1995하, 3652), 대법원 1996. 5. 10. 선고 96도755 판결(공1996하, 1952), 대법원 1997. 2. 14. 선고 96도2234 판결(공1997상, 841), 대법원 1999. 11. 9. 선고 99도3674 판결(공1999하, 2549), 대법원 2001. 12. 11. 선고 2001도4013 판결(공2002상, 324), 대법원 2002. 11. 8. 선고 2002도3881 판결(공2003상, 109), 대법원 2002. 11. 22. 선고 2000도4419 판결(공2003상, 262)

[원심 판단]

제1심법원은 피고인에게 모두 유죄를 선고하였다.
원심법원은 피고인에게 일부 유죄, 일부 무죄를 선고하였다.
1. 피고인이 사문서위조 및 위조사문서행사의 범행을 하였다고 인정하였다.
2. 피고인이 공소외인으로부터 보수를 받는 조건으로 공소외인이 습득하였다고 주장하는 신용카드들로 물품을 구입하여 주기로 하고 위 신용카드들을 교부받은 행위가 장물취득에 해당하지 아니한다.
피고인과 검사가 상고하였다.

[대법원 판단]

대법원은 원심판결을 파기하고, 사건을 서울지방법원 본원 합의부로 환송한다.
공소사실의 변경이 없었더라도 피고인을 장물보관죄로 처단하였어야 한다. 그럼에도 피고인의 행위가 장물취득죄의 구성요건에 해당하는지의 여부만을 심리하고 그 부분에 관하여 무죄를 선고하였다. 이러한 원심판결은 공소장 변경 없이 심판할 수 있는 범위에 관한 법리를 오해함으로써 판결에 영향을 미친 위법이 있다. 검사의 상고이유 주장은 이유 있다. 결국 원심판결 중 무죄 부분에 대한 검사의 상고는 이유 있고, 나머지 부분에 대한 피고인의 상고는 이유 없다. 그러나 두 부분은 형법 제37조 전단의 경합범 관계에 있어 하나의 형이 선고되어야 할 것이다. 그러므로 원심판결 전부를 파기하고 사건을 원심법원에 환송하였다.

낭독 형사소송법 판결문 18

대법원 2003. 5. 13. 선고 2003도1366 판결 [사문서위조·위조사문서행사·특정범죄가중처벌등에관한법률위반(절도)(변경된 죄명: 장물취득)·사기미수]
<공소장변경 없이 심판할 수 있는 범위가 문제된 사건>

판시 사항

[1] 장물취득죄에 있어서 '취득'의 의미
[2] 법원이 공소장변경 없이 직권으로 공소장에 기재된 공소사실과 다른 범죄사실을 인정하여야 하는 경우
[3] 공소제기된 장물취득의 점과 실제로 인정되는 장물보관의 범죄사실 사이에는 법적 평가에 차이가 있을 뿐 공소사실의 동일성이 인정되는 범위 내에 있으므로 따로 공소사실의 변경이 없더라도 법원이 직권으로 장물보관의 범죄사실을 유죄로 인정하여야 한다고 한 사례.

판결 요지

[1] **장물취득죄에서 '취득'이라고 함은**
점유를 이전받음으로써 그 장물에 대하여
사실상의 처분권을 획득하는 것을 의미하는 것이다.
그러므로 단순히 보수를 받고
본범을 위하여
장물을 일시 사용하거나 그와 같이 사용할 목적으로
장물을 건네받은 것만으로는
장물을 취득한 것으로 볼 수 없다. • 장물 취득 개념

[2] **법원은**
공소사실의 동일성이 인정되는 범위 내에서
심리의 경과에 비추어
피고인의 방어권 행사에
실질적인 불이익을 초래할 염려가 없다고 인정되는 때

공소장이 변경되지 않았더라도
직권으로 공소장에 기재된 공소사실과
다른 범죄사실을 인정할 수 있다.

• 법원 직권 다른 범죄사실 판단(=공소사실 동일성과 피고인 방어권 행사 불이익도 고려)

이와 같은 경우
공소가 제기된 범죄사실과 대비하여 볼 때
실제로 인정되는 범죄사실의 사안이 가볍지 아니하여
공소장이 변경되지 않았다는 이유로
이를 처벌하지 않는다면
적정절차에 의한 신속한 실체적 진실의 발견이라는
형사소송의 목적에 비추어
현저히 정의와 형평에 반하는 것으로 인정되는 경우라면
법원으로서는 직권으로 그 범죄사실을 인정하여야 할 것이다(대법원 2002. 11. 22. 선고 2000도4419 판결 등 참조). • 정의와 형평

[3] 피고인은 경찰 이래 원심 법정에 이르기까지 시종일관 공소외인로부터 보수를 줄 터이니 물건을 대신 구입하여 달라는 부탁과 함께 위 신용카드 2장을 교부받을 당시, 공소외인이 위 신용카드를 습득한 것으로 알고 있었다고 진술하고 있다. • 점유이탈물 보관

이 사건 장물취득의 점에 관한 공소사실 자체도 이와 같이 되어 있음을 알 수 있다.

공소외인은 늦어도 습득한 위 신용카드 2장으로 물건을 구입하여 줄 것을 피고인에게 부탁한 때 불법영득의 의사가 확정됨으로써 점유이탈물횡령죄의 기수에 이른 것이다. 점유이탈물횡령으로 인하여 영득한 재물 역시 장물로 보아야 한다. • 점유이탈물횡령죄 성립

그러므로 공소외인의 위와 같은 부탁을 받아들여 위 신용카드 2장을 교부받은 피고인의 행위는 적어도 형법 제362조 제1항 소정의 장물을 보관한 경우에 해당한다고 보아야 한다. • 장물보관죄 성립

결국, 이 사건 공소사실 중 장물취득의 점과 실제로 인정되는 장물보관의 범죄사실은 객관적 사실관계로서는 동일하다. 다만 이를 장물의 취득으로 볼 것인가 보관으로 볼 것인가 하는 법적 평가에 있어서만 차이가 있을 뿐이어서 피고인을 장물보관죄로 처단하더라도 피고인의 방어권 행사에 실질적인 불이익을 초래할 염려가 있다고는 보이지 않는다. • 공소사실 법적 평가 문제(=장물취득과 장물보관)

그러므로 단순히 피고인이 위 신용카드들의 사실상 처분권을 취득한 것이 아니라는 이유만으로 피고인을 처벌하지 아니하는 것은 적정절차에 의한 신속한 실체적 진실의 발견이라는 형사소송의 목적에 비추어 현저히 정의와 형평에 반한다고 할 것이다. • 형사소송 목적

따라서 원심으로서는 따로 공소사실의 변경이 없었더라도 피고인을 장물보관죄로 처단하였어야 할 것임에도 불구하고 이에 이르지 아니한 채 만연히 피고인의 행위가 장물취득죄의 구성요건에 해당하는지의 여부만을 심리한 끝에 그 부분에 관하여 무죄를 선고하고 말았다. • 장물취득죄 불성립 판단

이러한 원심판결에는 공소장변경 없이 심판할 수 있는 범위에 관한 법리를 오해함으로써 판결에 영향을 미친 위법이 있다고 아니할 수 없다. 그러므로 이 점을 지적하는 검사의 상고이유 주장은 이유 있다. • 법리 오해와 판결 영향 위법

결국, 원심판결 중 무죄 부분에 대한 검사의 상고는 이유 있다. 나머지 부분에 대한 피고인의 상고는 이유 없다. 그러나 두 부분은

형법 제37조 전단의 경합범 관계에 있어 하나의 형이 선고되어야 할 것이다. 그러므로 원심판결 전부를 파기하고 사건을 원심법원에 환송하기로 하여 주문과 같이 판결한다. • 원심 전부 파기·환송

[4] 공소제기된 장물취득의 점과 실제로 인정되는 장물보관의 범죄사실 사이에는 법적 평가에 차이가 있을 뿐 공소사실의 동일성이 인정되는 범위 내에 있으므로 따로 공소사실의 변경이 없더라도 법원이 직권으로 장물보관의 범죄사실을 유죄로 인정하여야 한다고 한 사례. • 공소장변경 없는 법원 직권 판단 사안

☞ [공소사실과 다른 범죄사실에 대해 공소장변경 없이 법원이 직권으로 판단할 경우 고려해야 할 사항들] ① 공소사실 동일성 문제·② 법적 평가 차이 문제·③ 피고인 방어권 행사 문제·③ 형사소송 목적 문제를 종합 검토한다.

✎ 참조 조문

형법 제362조(장물의 취득, 알선 등)
① 장물을 취득, 양도, 운반 또는 보관한 자는 7년 이하의 징역 또는 1천500만원 이하의 벌금에 처한다. 〈개정 1995.12.29〉
② 전항의 행위를 알선한 자도 전항의 형과 같다.

[출처] 형법 일부개정 2023. 8. 8. [법률 제19582호, 시행 2023. 8. 8.] 법무부.

형법 제362조(장물취득·장물양도·장물운반·장물보관·장물취득알선·장물양도알선·장물운반알선·장물보관알선)
장물을 취득·양도·운반·보관한 사람 또는 장물을 취득알선·양도알선·운반알선·보관알선 한 사람은 7년 이하 징역형 또는 1천500만원 이하 벌금형으로 처벌된다. 〈개정 1995.12.29.〉

제4장

공 판

19 공판심리 기본원칙 _ 공판중심주의와 직접심리주의

19

공판심리 기본원칙
공판중심주의와 직접심리주의

공판중심주의와 직접심리주의에 대한 사건

대법원 2023. 1. 12. 선고 2022도14645 판결
[마약류관리에관한법률위반(향정)]

[공소사실 요지]

'피고인이 2020. 3. 30. 01:00경 자신의 집에서 필로폰 약 0.05g을 1회용 주사기에 넣어 공소외인의 오른팔 부위에 주사하여 필로폰을 사용하였다'는 것이다. 피고인은 수사기관 이래 법정에 이르기까지 일관되게 공소외인에게 필로폰을 주사하여 사용한 적이 없다고 진술하였다. 피고인·공소외인은 공소사실 기재 일시·장소에 함께 있었다. 그 무렵 피고인의 집에서 압수된 일회용 주사기 조각에서 필로폰 양성반응과 더불어 공소외인의 DNA가 검출되었다. 한편 공소외인이 2020. 11.경 수사기관에 자필 반성문을 제출한 후 이 사건 공소사실과 동일한 혐의사실로 교육조건부 기소유예 처분을 받았다. 공소외인은 제1심에 증인으로 출석하여, '피고인이 나에게 필로폰을 투약한 사실이 없고, 범행 당일이 잘 기억나지 않는다. 수사기관에서 진술한 것은 사실이 아니다'라고 진술하였다.

[법리 쟁점]

[1] 증인신문 절차를 통하여 공소사실을 뒷받침하는 진술의 신빙성을 부정한 제1심판결의 당부에 관하여 항소심 판단 시 고려하여야 할 사항
[2] 형사재판에서 유죄를 인정하기 위한 증명의 정도

[참조조문]

[1] 형사소송법 제275조 제1항, 제307조, 제308조, 제364조 / [2] 헌법 제27조 제4항, 형사소송법 제307조, 제308조

[참조판례]

[1] 대법원 1983. 4. 26. 선고 82도2829, 82감도612 판결(공1983, 926), 대법원 1996. 12. 6. 선고 96도2461 판결(공1997상, 279), 대법원 2006. 11. 24. 선고 2006도4994 판결(공2007상, 96), 대법원 2013. 1. 31. 선고 2012도2409 판결, 대법원 2017. 3. 22. 선고 2016도18031 판결(공2017상, 919) / [2] 대법원 2012. 6. 28. 선고 2012도231 판결(공2012하, 1367), 대법원 2017. 5. 30. 선고 2017도1549 판결(공2017하, 1417), 대법원 2022. 6. 16. 선고 2022도2236 판결(공2022하, 1412)

[원심 판단]

제1심법원은 피고인에게 무죄를 선고하였다.

제1심법원은 본 공소외인의 증언 내용과 더불어 공소외인이 수사기관 및 법정에서 '필로폰을 투약한 적이 전혀 없다'고 진술하였다. 그럼에도 2020. 10. 13. 압수된 공소외인의 모발에 대한 감정결과에 따르면 공소사실 기재 일시 이전은 물론 그 이후에도 필로폰을 여러 차례 투약한 사실이 인정된 점, 공소외인의 진술은 최초 경찰 조사부터 법정에 이르기까지 일관성이 없어 그 자체로 믿기 어려울 뿐만 아니라 본인의 형사책임을 경감 받을 목적으로 허위 진술을 하였을 가능성을 배제하기 어려운 점 등을 이유로 무죄를 선고하였다.

원심법원은 제1심판결을 파기하고 유죄를 선고하였다.

원심은 제1회 공판기일에 추가적인 증거 제출 없이 곧바로 변론을 종결한 다음, 제1심이 인정한 사정에 더하여, 공소외인이 공소사실 기재 일시경 피고인과 교제하는 사이였고 2020. 8.경부터 2020. 11.경까지 구금된 피고인을 수회 접견하고 영치금을 여러 차례 입금해주었던 관계임에도 이 사건 공소사실과 동일한 혐의사실을 자백한 점, 공소외인의 제1심 법정 진술은 위와 같이 범행을 인정하여 교육조건부 기소유예 처분을 받고 교육과정까지 이수한 행위와 배치되고 진술 번복 경위 등이 합리적이라고 보기 어려운 점 등을 종합하여, 제1심을 파기하고 피고인에게 유죄를 선고하였다.

피고인이 상고하였다.

[대법원 판단]

대법원은 원심판결을 파기하고, 사건을 서울중앙지방법원에 환송한다.

① 증인의 일부 수사기관 진술이 기재된 '의견서 사본'은 형사소송법 제313조에 따라 증거능력이 없다. ② 원심이 지적한 사정은 모두 제1심 공판과정에서 드러나 있었던 것일 뿐 원심 공판과정에서 새롭게 드러난 것이 아니다. 제1심 판단을 수긍할 수 없는 충분하고 납득할 만한 현저한 사정이 나타난 경우에도 해당하지 않는다. ③ 증인의 법정진술의 신빙성을 부정하면서 그 수사기관 진술 중 공소사실에 부합하는 부분에 한하여만 **함부로 신빙성을 인정할 수도 없다. 원심의 판단에 증거재판주의·공판주의·직접심리주의 원칙에 관한 법리를 위반함으로써 판결에 영향을 미친 잘못이 있다. 대법원은 원심을 파기·환송하였다.**

낭독 형사소송법 판결문 19

대법원 2023. 1. 12. 선고 2022도14645 판결 [마약류관리에관한법률위반(향정)]
<공판중심주의와 직접심리주의에 대한 사건>

판시 사항

[1] 항소심이 심리과정에서 심증 형성에 영향을 미칠 만한 객관적 사유가 새로 드러난 것이 없음에도 제1심의 사실인정에 관한 판단을 재평가하여 사후심적으로 판단하여 뒤집을 수 있는지 여부(원칙적 소극) / 항소심이 공소사실을 뒷받침하는 증인 진술의 신빙성을 배척한 제1심의 판단을 뒤집어 그 진술의 신빙성을 인정할 수 있는 경우
[2] 형사재판에서 증거재판주의의 의미 및 유죄를 인정하기 위한 증거의 증명력 정도 / 피고인이 범행한 것이라고 보기에 의심스러운 사정이 병존하고 증거관계 및 경험법칙상 의심스러운 정황을 확실하게 배제할 수 없는 경우, 유죄로 인정할 수 있는지 여부(소극)

판결 요지

[1] 현행 형사소송법상 항소심은
사후심적 속심의 성격을 가진다.
속심을 기반으로 하되 사후심적 요소도 상당 부분 들어 있다.

그러므로 항소심이 제1심 판결의 당부를 판단할 때
이러한 심급구조 특성을 고려하여야 한다. • 사후심적 속심

그러므로 항소심 심리과정에서
심증 형성에 영향을 미칠 만한 객관적 사유가
새로 드러난 것이 없음에도 제1심 판단을 재평가하여
사후심적으로 판단하여 뒤집고자 할 때
제1심의 증거가치 판단이 명백히 잘못되었다거나
또는 사실인정에 이르는 논증이 논리와 경험법칙에 어긋나는 등으로 그 판단을 그대로 유지하는 것이
현저히 부당하다고 볼 만한 합리적인 사정이 있어야 한다.
그러한 예외적 사정도 없이 제1심의 사실인정에 관한 판단을
함부로 뒤집어서는 아니 된다(대법원 1983. 4. 26. 선고 82도2829, 82감도612 판결, 대법원 1996. 12. 6. 선고 96도2461 판결 등 참조).
• 항소심은 제1심 사실판단을 함부로 뒤집어서는 안 된다.

특히 공소사실을 뒷받침하는 증거의 경우,
증인신문 절차를 진행하면서
진술에 임하는 증인의 모습과 태도를 직접 관찰한
제1심이 증인 진술의 신빙성을 인정할 수 없다고 판단하였음에도
항소심이 이를 뒤집어
그 진술의 신빙성을 인정할 수 있다고 판단하려면,
진술의 신빙성을 배척한 제1심의 판단을
수긍할 수 없는 충분하고도 납득할 만한 현저한 사정이 나타나는 경우이어야 한다(대법원 2006. 11. 24. 선고 2006도4994 판결, 대법원 2013. 1. 31. 선고 2012도2409 판결). • 납득할 만한 현저한 사정 존재

그것이 형사사건의 실체에 관한 유죄·무죄의 심증은

법정 심리에 의하여 형성하여야 한다는 공판중심주의,
그리고 법관의 면전에서 직접 조사한 증거만을
재판의 기초로 삼는 것을 원칙으로 하는
실질적 직접심리주의의 정신에 부합한다(대법원 2017. 3. 22. 선고 2016도18031 판결 등 참조). • 공판중심주의와 직접심리주의

[2] 형사재판에 있어서 사실의 인정은
증거에 의하여야 한다(형사소송법 제307조).
이는 증거능력 있고 적법한 증거조사를 거친 증거에 의해서만
공소가 제기된 범죄사실을 인정할 수 있음을 뜻한다. • 증거

나아가 형사재판에서 범죄사실의 인정은 법관에게
합리적인 의심을 할 여지가 없을 정도의
확신을 가지게 하는 증명력을 가진
엄격한 증거에 의하여야 한다. • 증명력

그러므로 검사의 증명이 그만한 확신을 가지게 하는 정도에
이르지 못한 경우, 설령 피고인의 주장이나 변명이 모순되거나
석연치 않은 면이 있어 유죄의 의심이 가는 등의 사정이 있다고
하더라도 피고인의 이익으로 판단하여야 한다(대법원 2012. 6. 28. 선고 2012도231 판결 등 참조). • 피고인 이익으로 판단

그러므로 유죄의 인정은 범행 동기, 범행수단의 선택,
범행에 이르는 과정, 범행 전후 피고인의 태도 등
여러 간접사실로 보아 피고인이 범행한 것으로 보기에
충분할 만큼 압도적으로 우월한 증명이 있어야 한다.
• 충분할 만큼 압도적 우월한 증명

피고인이 범행한 것이라고 보기에

의심스러운 사정이 병존하고 증거관계 및 경험법칙상 위와 같이 의심스러운 정황을 확실하게 배제할 수 없다면 유죄로 인정할 수 없다. • 의심스러운 정황 확실하게 배제

피고인은 무죄로 추정된다는 것이 헌법상의 원칙이다.

• 무죄추정원칙·헌법 원칙

그 추정의 번복은 직접증거가 존재할 경우, 직접증거에 버금가는 정도가 되어야 한다(대법원 2017. 5. 30. 선고 2017도1549 판결, 대법원 2022. 6. 16. 선고 2022도2236 판결).

• 무죄추정 원칙과 무죄추정 번복(=직접증거·버금갈 정도)

판결 해설

공판중심주의와 직접심리주의

Ⅰ. 사안 쟁점

이 사안의 쟁점은 2가지이다. 제1심판결은 증인신문 절차를 통하여 공소사실을 뒷받침하는 진술의 신빙성을 부정하였다. 항소심이 제1심판결 당부를 다시 판단할 때 고려하여야 할 사항과 형사재판에서 유죄를 인정하기 위한 증명의 정도이다.

Ⅱ. 학설 대립

공판중심주의는 형사사건에서 유죄·무죄의 심증 형성은 법정 심리로 한다는 말이다. 법관의 심증은 공판기일에 공판정에서 진행하는 심리를 통해 형성해야 한다. "서류로 예단을 가지 마라. 법관 면전에서 직접 조사한 증거만 재판 기초로 삼고, 증명 대상을 원본 증거에서 판단하라. 원본 증거 대체물을 사용하지 마라. 실질적 직접심리주의를 유지하라. 공판중심주의는 공개주의·구두변론주의·직접주의·집중심리주의로 보장된다. 공판중심주의는 실질적 직접심리주의를 말한다"(이주원, 형사소송법, 제3판, 박영사, 2021, 299면).

> 우리 형사소송법이 채택하고 있는 공판중심주의는 형사사건의 실체에 대한 유죄·무죄의 심증 형성은 법정에서의 심리에 의하여야 한다는 원칙으로, 법관의 면전에서 직접 조사한 증거만을 재판의 기초로 삼을 수 있고 증명 대상이 되는 사실과 가장 가까운 원본 증거를 재판의 기초로 삼아야 하며 원본 증거의 대체물 사용은 원칙적으로 허용되어서는 안 된다는 실질적 직접심리주의를 주요 원리로 삼고 있다(대법원 2006. 12. 8. 선고 2005도9730 판결 [윤락행위등방지법위반]).

제1심은 증인의 수사기관 및 법정 진술의 신빙성을 부정하여 무죄를 선고하였다. 그러나 원심은 제1회 공판기일에 추가 증거 제출 없이 변론 종결 후 증인의 법정 진술의 신빙성을 부정하면서 일부 수사기관 진술 등을 근거로 유죄를 선고하였다.

III. 대법원 법리 판단

① 증인의 일부 수사기관 진술이 기재된 '의견서 사본'은 형사소송법 제313조에 따라 증거능력이 없다. ② 원심이 지적한 사정은 모두 제1심 공판과정에서 드러나 있었던 것일 뿐이다. 원심 공판 과정에서 새롭게 드러난 것이 아니다. 제1심 판단을 수긍할 수 없는 충분하고 납득할 만한 현저한 사정이 나타난 경우에 해당하지 않다. ③ 증인의 법정 진술 신빙성을 부정하면서 그 수사기관 진술 중 공소사실에 부합하는 부분에 한하여 함부로 신빙성을 인정할 수도 없다.

IV. 사안 해결

원심 판단은 증거재판주의 · 공판주의 · 직접심리주의 법리를 위반하였다. 판결에 영향을 미친 잘못이 있다. 그러므로 대법원은 원심을 파기·환송하여야 한다.

판결 해설

공판절차 기본원칙

1. 공판중심주의

공판중심주의는 피고사건에 대한 조사를 공판기일 심리에 집중하는 구조이다. 공판중심주의는 공판절차에서 피고인 보호를 최우선으로 한다.

2. 공개주의

공개주의는 법치국가원리 실현·재판에 대한 국민의 사법 통제 구현·재판 공정성 확보를 목표로 한다. 헌법 제27조 제1항은 공개재판을 받을 권리를 국민 기본권으로 명시하고 있다. 공개주의 위반 공판절차는 절대적 항소이유·상고이유이다. 법정질서유지을 위한 제한·특정사건 비공개·특정사건 방송 공개를 할 수 있다.

3. 구두변론주의

구두변론주의는 법원이 소송관계인의 구두에 의한 공격·방어를 기초로 심리·재판을 해야 한다는 원칙이다. 공판정 진술내용은 공판조서에 작성한다. 공판정에서 최대한 공격·방어 기회를 부여한다. 변론주의 보완으로 법원의 소송지휘권·석명권 행사·법원 직권 증거조사·증인신문·공소장변경요구제도가 있다.

4. 직접주의

직접주의는 공판기일에 공판정에서 직접 조사한 증거만을 재판 기초로 삼는 원칙이다. 피고인에게 진술기회를 부여하고 원본증거를 사용하여 사실의 증명 여부를 판단한다. 법원은 전문증거의 증거능력을 원칙적으로 배제한다.

5. 집중심리주의

집중심리주의는 공판기일에 사건 집중 심리·소송촉진·신속한 재판을 실현하는데 기여한다. 공판중심주의 핵심이다. 판결선고는 변론을 종결한 기일에 해야 한다(임동규, 형사소송법, 제17판, 법문사, 2023, 361－366면).

제5장

증　거

20~30

20

증거재판주의와 자유심증주의
실물거래 없는 허위 세금계산서 발급·수취

실물거래 없이 허위 세금계산서를 발급·수취하였는지 여부가 문제된 사건

대법원 2023. 12. 21. 선고 2022도13402 판결
[조세범처벌법위반]

[공소사실 요지]

피고인 2의 대표이사 피고인 1이 이 사건 각 거래에 관하여 발급·수취한 세금계산서가 실물거래 없이 허위로 작성되었는지 여부가 문제된 사안이다.
피고인 1은 피고인 2 회사(이하 '피고인 회사'라 한다)의 대표이사, 피고인 회사는 아스팔트 운송사업 등을 목적으로 설립된 법인이다. (1) 피고인 1은 2014. 12. 21.경 피고인 회사 사무실에서, 피고인 회사가 공소외 1 회사에 아스팔트를 공급한 사실이 없음에도 허위로 작성한 매출세금계산서 1매를 발급하고, 피고인 회사가 공소외 2 회사로부터 아스팔트를 공급받은 사실이 없음에도 허위로 작성한 매입세금계산서 1매를 수취하였으며, (2) 피고인 회사는 그 대표이사인 피고인 1이 피고인 회사의 업무에 관하여 위와 같이 허위 세금계산서를 발급하고 수취하는 행위를 하였다는 것이다.
검사는 피고인들을 구 「조세범 처벌법」(2018. 12. 31. 법률 제16108호로 개정되기 전의 것, 이하 같다) 제10조 제3항 제1호 위반죄로 기소하였다.

[법리 쟁점]

[1] 자유심증주의의 의미와 한계 및 사실심 법원이 자유심증주의의 한계를 벗어나거나 필요한 심리를 다하지 아니하는 등으로 판결 결과에 영향을 미친 경우, 상고심의 심판대상에 해당하는지 여부(적극)
[2] 실물거래 없이 가공의 세금계산서를 발급·수취한 행위를 처벌하는 구

「조세범 처벌법」 제10조 제3항 제1호의 취지 및 이때 재화나 용역을 공급하기로 하는 계약을 체결하는 등 실물거래가 있다고 하기 위한 요건

[참조조문]

[1] 형사소송법 제307조 제1항, 제308조 / [2] 형사소송법 제244조의4 제1항, 제3항, 제307조, 제308조

[참조판례]

[1] 대법원 2008. 5. 29. 선고 2007도1755 판결(공2008하, 946)

[원심 판단]

제1심법원은 피고인들에게 무죄를 선고하였다.
원심법원은 피고인들에게 무죄를 선고하였다.
이 사건 각 거래가 가장거래라는 사실에 대한 증명이 부족하다.
1. 이 사건 각 거래에 관하여 공소외 2 회사, 피고인 회사, 공소외 1 회사 간에 실질적으로 이 사건 아스팔트를 인도 또는 양도하기로 하는 구속력 있는 합의가 있었다고 보이고 피고인 회사는 이 사건 매입거래 및 이 사건 매출거래를 하였다고 인정하였다.
2. 피고인들이 이 사건 각 거래를 하게 된 것이 수출실적 증대 목적에서 비롯되었다는 이유만으로 이 사건 각 거래를 가장거래라고 보기 어렵다.
3. 달리 검사가 피고인들이 실물거래의 의사 없이 이 사건 각 거래에 참여할만한 목적이나 동기에 관하여 납득할만한 설명을 하지 못하고 있다.
4. 이 사건 각 거래가 가장거래임이 합리적인 의심을 할 여지가 없을 정도로 입증되었다고 볼 수 없다. 피고인들을 유죄로 판단한 제1심판결을 파기하고 무죄로 판단하였다.
검사가 상고하였다.

[대법원 판단]

대법원은 원심판결을 파기하고, 사건을 제주지방법원에 환송한다.
이 사건 각 거래에 관하여 실질적인 교섭을 거쳐 구속력 있는 합의에 이르렀다거나 실제로 아스팔트를 구입하여 수출할 진정한 의사가 있었다고 인정하기 어렵다. 피고인 2는 이 사건 각 거래가 가공거래에 해당한다는 이유로 내려진 처분의 취소를 구하는 소를 제기하였으나 패소한 바 있다. 그러므로 원심으로서는 관련 행정사건에서 가공거래를 인정한 이유와 근

거 등을 심리할 필요가 있었다. 피고인 1은 이 사건 각 거래 당시 수출실적 증대를 위해 실물거래 없이 세금계산서를 수수한다는 점을 인식하고 있었다고 보인다. 대법원은 이와 달리 무죄로 판단한 원심판결을 파기·환송하였다.

낭독 형사소송법 판결문 20

대법원 2023. 12. 21. 선고 2022도13402 판결 [조세범처벌법위반]
<실물거래 없이 허위 세금계산서를 발급·수취하였는지 여부가 문제된 사건>

판시 사항

[1] 자유심증주의의 의미와 한계 및 사실심 법원이 자유심증주의의 한계를 벗어나거나 필요한 심리를 다하지 아니하는 등으로 판결 결과에 영향을 미친 경우, 상고심의 심판대상에 해당하는지 여부(적극)
[2] 실물거래 없이 가공의 세금계산서를 발급·수취한 행위를 처벌하는 구 「조세범 처벌법」 제10조 제3항 제1호의 취지 및 이때 재화나 용역을 공급하기로 하는 계약을 체결하는 등 실물거래가 있다고 하기 위한 요건

판결 요지

[1] 형사소송법은 증거재판주의와 자유심증주의를 기본원칙으로 한다. · 증거재판주의와 자유심증주의
범죄사실의 인정은 증거證據에 의한다.
증거의 증명력證明力은 법관法官의 자유판단自由判斷에 의한다.
그러나 이는 그것이 실체적 진실발견에 적합하기 때문이다.
법관의 자의적인 판단을 인용한다는 것은 아니다.

그러므로 비록 사실의 인정이 사실심의 전권이라 하더라도
범죄사실이 인정되는지 여부는

논리법칙과 경험법칙에 따라야 한다.
충분한 증명력이 있는 증거를 합리적 이유 없이 배척하거나
반대로 객관적인 사실에 명백히 반하는 증거를
근거 없이 채택·사용하는 것은
자유심증주의의 한계를 벗어나는 것으로서
법률 위반에 해당한다(대법원 2007. 5. 10. 선고 2007도1950 판결, 대법원 2015. 8. 20. 선고 2013도11650 전원합의체 판결 참조). • 자유심증주의

또한 범죄의 유무 등을 판단하기 위한 논리적 논증을 하는데
반드시 필요한 사항에 대한 심리를 다하지도 아니한 채
합리적 의심이 없는 증명의 정도에 이르렀는지에 대한 판단에
섣불리 나아가는 것 역시
실체적 진실발견과 적정한 재판이 이루어지도록 하려는
형사소송법의 근본이념에 배치되는 것으로서 위법하다. • 증명

그러므로 사실심 법원은
형사소송법이 사실오인을 항소이유로 하면서도
상고이유로 삼을 수 있는 사유로는 규정하지 아니한 데에 담긴
의미가 올바르게 실현될 수 있도록 주장과 증거에 대하여
신중하고 충실한 심리를 하여야 한다. • 충실한 심리와 심리미진
그에 이르지 못하여 자유심증주의의 한계를 벗어나거나
필요한 심리를 다하지 아니하는 등으로
판결 결과에 영향을 미친 때
사실인정을 사실심 법원의 전권으로 인정한 전제가
충족되지 아니하는 것이다.
그러므로 당연히 상고심의 심판 대상에 해당한다(대법원 2016. 10. 13. 선고 2015도17869 판결 등 참조). • 상고심 심판 대상

[2] 구 「조세범 처벌법」(2018. 12. 31. 법률 제16108호로 개정되기 전의 것, 이하 같다) **제10조 제3항 제1호는 재화 또는 용역을 공급하지 아니하거나 공급받지 아니하고 부가가치세법에 따른 세금계산서를 발급하거나 발급받은 행위를 처벌하고 있다. 이는 실물거래 없이 세금계산서를 수수하는 행위를 처벌함으로써 세금계산서 수수질서의 정상화를 도모하기 위한 것이다**(대법원 2014. 4. 30. 선고 2012도7768 판결, 대법원 2020. 10. 15. 선고 2020도118 판결 등 참조). **• 실물거래와 세금계산서 발급**

여기서 재화나 용역을 공급하기로 하는 계약을 체결하는 등 실물거래가 있다는 것은 당사자 사이에 재화나 용역을 공급하기로 하는 구속력 있는 합의가 있음을 의미한다(대법원 2012. 11. 15. 선고 2010도11382 판결 등 참조). **• 계약과 실물거래 합의**

판결 해설

증거재판주의와 자유심증주의

Ⅰ. 사안 쟁점

이 사안은 피고인 2의 대표이사 피고인 1이 이 사건 각 거래에 관하여 발급·수취한 세금계산서가 실물거래 없이 허위로 작성되었는지 여부이다.

사안의 쟁점은 2가지이다. 첫째 자유심증주의의 의미와 한계 및 사실심 법원이 자유심증주의의 한계를 벗어나거나 필요한 심리를 다하지 아니하는 등으로 판결 결과에 영향을 미친 경우, 상고심의 심판대상에 해당하는지 여부이다. 둘째 실물거래 없이 가공의 세금계산서를 발급·수취한 행위를 처벌하는 구 「조세범 처벌법」 제10조 제3항 제1호의 취지 및 이 때 재화나 용역을 공급하기로 하는 계약을 체결하는 등 실물거래가 있다고 하기 위한 요건이다.

Ⅱ. 학설 대립

자유심증주의는 증거의 증명력을 법률로 규정하지 않고, 법관의 자유로운 판단에 맡긴다. 역사적 조문이다. 증거법정주의를 폐기처분하였다. 법률 만능의 입법 시대를 청산하고 이성적 합리주의를 증거 평가에 도입했다. 그래서 법관이 증거능력이 있는 증거 중 필요한 증거를 채택·사용할 수 있다. 증거의 실질적 가치를 평가하여 사실을 인정한다. 법관에게 부여한 자유로운 심증 형성이다. 사실인정에서 합리성을 높이고, 구체적으로 타당한 증거가치를 판단하도록 위임했다. 실체적 진실발견에 부합한다.

형사재판은 사실인정이 중요하다. 증거의 종류는 다양하고 많다. 이 모든 증거의 증명력 판단을 법률로 획일적으로 규정할 수 없다. 다만 자유심증주의는 신용성과 협의의 증명력은 모두 법관의 자유판단 대상이다. 인적 증거와 증거서류·간접증거·종합증거가 자유판단의 유형이다. 심증 형성은 증거자료 최대 활용과 논리법칙[개념·계산 정확]과 경험법칙[보편적 규칙성]을 존중해야 한다. 의심스러울 경우 피고인에게 이익으로 심증 형성해야 한다.

자유심증주의를 남용하여 증거를 합리적으로 판단하지 못한 경우 상소가 가능하다. 사실인정은 원칙으로 사실심법원의 전권이다. 그러나 자유심증주의를 위반하여 유죄·무죄를 잘못 판단한 경우 대법원은 심리미진으로 파기하고 환송해야 한다(이주원, 형사소송법, 제3판, 박영사, 2021, 392－398면).

> 형사소송법 제307조 제1항, 제308조는 증거에 의하여 사실을 인정하되 증거의 증명력은 법관의 자유판단에 의하도록 규정하고 있다. 이는 법관이 증거능력 있는 증거 중 필요한 증거를 채택·사용하고 증거의 실질적인 가치를 평가하여 사실을 인정하는 것은 법관의 자유심증에 속한다는 것을 의미한다. 따라서 충분한 증명력이 있는 증거를 합리적인 근거 없이 배척하거나, 객관적인 사실에 명백히 반하는 증거를 아무런 합리적인 근거 없이 채택·사용하는 등으로 논리와 경험의 법칙에 어긋나는 것이 아닌 이상, 법관은 자유심증으로 증거를 채택하여 사실을 인정할 수 있다(대법원 2015. 8. 20. 선고 2013도11650 전원합의체 판결)

이 사안처럼 사실심 법원이 자유심증주의의 한계를 벗어나거나 필요한 심리를 다하지 아니하여 판결 결과에 영향을 미친 경우, 상고심의 심판대상에 해당하는지 여부가 학설로 대립한다. ① 긍정설은 사실심 법원이 자유심증주의를 위반한 심리가 미진한 경우, 상고심에서 심판대상이 된다는 입장이다. ② 부정설은 사실심 법원이 자유심증주의를 위반한 심리가 미진한 경우, 사실심이 아니기 때문에 상고심에서 심판대상이 되지 않는다는 입장이다.

형사소송법을 보면, 사실심 법원이 사실을 오인하면 항소이유가 된다. 그러나 상고이유로 삼을 수 있는 사유를 규정하지 않았다. 그 의미는 사실심에서 주장과 증거에 대하여 신중하고 충실한 심리를 하고, 그에 이르지 못하면 자유심증주의의 한계를 벗어나거나 또는 필요한 심리를 다하지 아니한 것으로 판결 결과에 영향을 미친 때에 해당한다. 다시 말하면 사실인정을 사실심 법원의 전권으로 인정한 전제가 충족되지 않으면, 당연히 부실한 사실심 판단은 상고심의 심판 대상에 해당한다(대법원 2016. 10. 13. 선고 2015도17869 판결 등 참조).

Ⅲ. 대법원 법리 판단

이 사안에 대해 제1심판결은 피고인들을 유죄로 판단하였다. 그 논거는 3가지이다. ① 이 사건 각 거래에 관하여 공소외 2 회사, 피고인 회사, 공소외 1 회사 간에 실질적으로 이 사건 아스팔트를 인도 또는 양도하기로 하는 구속력 있는 합의가 있었다고 보인다. 피고인 회사는 이 사건 매입거래 및 이 사건 매출거래를 하였다고 인정하였다. ② 피고인들이 이 사건 각 거래를 하게 된 것이 수출실적 증대 목적에서 비롯되었다는 이유만으로 이 사건 각 거래를 가장거래라고 보기 어렵다. ③ 이와 달리 검사가 피고인들이 실물거래의 의사 없이 이 사건 각 거래에 참여할만한 목적이나 동기에 관하여 납득할 만한 설명을 하지 못하고 있다. 이 사건 각 거래가 가장거래임이 합리적인 의심을 할 여지가 없을 정도로 입증되었다고 볼 수 없다. 원심은 제1심판결을 파기하고 무죄로 판단하였다.

그러나 대법원은 판단은 다르다. 그 근거는 4가지이다. ① 이 사건 각 거래에 관하여 실질적인 교섭을 거쳐 구속력 있는 합의에 이르렀다거나 또는 실제로 아스팔트를 구입하여 수출할 진정한 의사가 있었다고 인정하기 어렵다. ② 피고인 2는 이 사건 각 거래가 가공거래에 해당한다는 이유로 내려진 처분의 취소를 구하는 소를 제기하였으나 패소하였다. ③ 원심은 관련 행정사건에서 가공거래를 인정한 이유와 근거 등을 심리할 필요가 있었다. ④ 피고인 1은 이 사건 각 거래 당시 수출실적 증대를 위해 실물거래 없이 세금계산서를 수수한다는 점을 인식하고 있었다. 대법원은 원심판결을 파기·환송하였다.

IV. 사안 해결

만약 사실심이 필요한 심리를 다하지 않은 채 논리와 경험의 법칙을 위반하여 자유심증주의의 한계를 벗어났다면, 판결에 영향을 미친 잘못이 있다. 대법원은 파기·환송해야 한다.

21

증거재판주의와 자유심증주의
모발감정결과와 마약류 투약기간 추정

모발감정결과 필로폰 성분이 검출되자 필로폰 투약 범행으로 기소된 사건

대법원 2023. 8. 31. 선고 2023도8024 판결
[특정범죄가중처벌등에관한법률위반(도주치상)·마약류관리에관한법률위반(향정)·도로교통법위반(사고후미조치)·도로교통법위반(무면허운전)]

[공소사실 요지]

피고인의 4~7cm 길이 1차 모발검사에서 필로폰이 검출된 후 필로폰 투약을 하였다.

피고인은 마약류취급자가 아님에도 불구하고, 2021. 7. 4.경부터 2021. 8. 5.경까지 사이에 알 수 없는 장소에서 향정신성의약품인 메트암페타민(이하 '필로폰'이라 한다) 약 0.03g 상당을 물에 희석하여 일회용 주사기에 넣고 팔 부분에 주사하는 방법으로 이를 투약하였다.

검사는 피고인을 마약류 관리에 관한 법률 제2조 제3호, 제4조 제1항 제1호, 제60조 제1항 제2호 위반죄로 기소하였다.

[법리 쟁점]

모발감정결과를 토대로 마약류 투약기간을 추정하고 유죄로 판단할 때 유의할 사항

[참조조문]

[1] 형사소송법 제254조 제4항, 제307조, 제308조, 마약류 관리에 관한 법률 제2조 제3호, 제4조 제1항 제1호, 제60조 제1항 제2호 / [2] 형사소송법 제254조 제4항, 제307조, 제308조, 마약류 관리에 관한 법률 제2조 제3호, 제4조 제1항 제1호, 제60조 제1항 제2호

[참조판례]

[1] 대법원 2017. 3. 15. 선고 2017도44 판결(공2017상, 837)

[원심 판단]

제1심법원은 피고인에게 유죄를 선고하였다.

원심법원은 피고인에게 유죄를 선고하였다.

1. 공소사실의 일시·장소 및 투약 방법 등에 관한 기재가 피고인의 방어권 행사에 상당한 지장을 초래할 정도로 공소사실이 특정되지 않은 경우에 해당한다고 보기 어렵다. 이 취지에서 본안 판단을 하였다.

2. 이 부분 원심의 판단에 공소사실 특정에 관한 법리를 오해함으로써 판결에 영향을 미친 잘못이 없다.

3. 1개월 후 2차 모발검사에서 1~3cm, 3~6cm, 7cm 이상의 절단모발 전부에서 필로폰이 검출되었다는 점과 법인차량 압수수색에서 필로폰 성분 주사기가 발견된 점 등을 근거로 필로폰 투약 사실을 유죄로 인정하였다.

피고인이 상고하였다.

[대법원 판단]

대법원은 원심판결을 파기하고, 사건을 서울북부지방법원에 환송한다.

1차 모발검사는 그 이전에 피고인이 필로폰을 투약했을 가능성을 뒷받침하는 것이기는 하지만 길이 4~7㎝ 가량의 모발에 대해 구간별 또는 절단모발로 감정이 이뤄지지 않은 이상, 필로폰의 투약시점을 특정할 수 없음은 물론 모근부위부터 어느 정도의 범위에서 필로폰이 검출되었는지를 알 수 있는 아무런 증거도 없다. 이와 같이 1차 모발검사 결과 최대 7㎝까지 필로폰이 검출되었을 가능성이 있는 이상, 약 1개월 21일이 경과된 후인 2차 모발검사 당시 모근부위 길이 1㎝ 지점부터 최대 9㎝ 지점까지 필로폰이 검출될 가능성이 있어, 길이 6~9㎝ 가량의 모발의 모근부위부터 3㎝ 단위로 절단한 3개 구간에서 모두 필로폰이 검출되었다는 2차 모발검사 결과는 1차 모발검사 결과와 사실상 동일한 내용에 불과한 것일 가능성을 배제하기 어려워 이 부분 공소사실인 필로폰 투약의 점을 뒷받침하는 객관적인 증명력이 있다고 보기 어렵다.

나아가 법인차량 압수수색에서 필로폰 투약 관련 증거가 발견되지 않았다가 1개월 후 동일차량 압수수색에서 필로폰 성분 주사기가 발견되었다고 하더라도, 피고인의 DNA 등이 검출되지 않은 이상 위와 같은 사정이 이 부분 공소사실을 뒷받침하는 간접사실에 해당한다고 단정하기도 어렵다. 필로폰 투약사실을 유죄로 인정한 원심의 판단에 증거재판주의, 자유심증주의 원칙에 관한 법리를 위반함으로써 판결에 영향을 미친 잘못이 있다. 대법원은 원심판결을 파기·환송하였다.

낭독 형사소송법 판결문 21

대법원 2023. 8. 31. 선고 2023도8024 판결 [특정범죄가중처벌등에관한법률위반(도주치상)·마약류관리에관한법률위반(향정)·도로교통법위반(사고후미조치)·도로교통법위반(무면허운전)]

<모발감정결과 필로폰 성분이 검출되자 필로폰 투약 범행으로 기소된 사건>

판시 사항

[1] 모발감정결과에 기초한 투약가능기간 추정 방법의 문제 및 마약류 투약범죄에서 모발감정결과만을 토대로 마약류 투약기간을 추정하고 유죄로 판단할 때 고려할 사항

[2] 피고인 갑이 마약류취급자가 아님에도 향정신성의약품인 메트암페타민(필로폰)을 물에 희석하여 일회용 주사기에 넣고 주사하는 방법으로 투약했다는 공소사실로 기소된 사안이다.

갑의 모발에 대한 감정에서 필로폰이 검출되었다는 사정과 갑이 사용하던 차량을 압수·수색하여 발견된 주사기에서 필로폰이 검출된 사정만으로 필로폰 투약사실을 유죄로 인정한 원심판단에 증거재판주의, 자유심증주의 원칙을 위반한 잘못이 있다고 한 사례.

판결 요지

[1] 마약류 투약 사실을 밝히기 위한 모발 감정은
검사 조건 등 외부적 요인에 의한 변수가 작용할 수 있다.
그 결과에 터 잡아 투약 가능 기간을 추정하는 방법은
모발의 성장 속도가 일정하다는 것을 전제로 하고 있다.

그러나 실제로 개인에 따라 적지 않은 차이가 있다.
동일인이라도 모발 채취 부위, 건강 상태에 따라 편차가 있다.
채취된 모발도 성장기, 휴지기, 퇴행기 단계 모발이 혼재하여
정확성을 신뢰하기 어려운 문제가 있다.
또한 모발 감정 결과에 기초한 투약 가능 기간 추정은
수십 일에서 수개월에 걸쳐 있는 경우가 많다.
마약류 투약 범죄의 특성상
그 기간동안 여러 번의 투약 가능성을 부정하기 어렵다.
• 투약 가능 기간 추정 방법과 한계

이 점에 비추어 볼 때,
그와 같은 방법으로 추정한 투약 가능 기간을
공소 제기된 범죄의 범행 시기로 인정하는 것은,
피고인 방어권 행사에 현저한 지장을 초래할 수 있다. • 방어권

매 투약 시마다
별개의 범죄를 구성하는 마약류 투약범죄의 성격상
이중기소 여부나 일사부재리의 효력이 미치는 범위를
판단하는 데에도 곤란한 문제가 생길 수 있다. • 법적 판단 문제점

그러므로 모발 감정 결과만을 토대로
마약류 투약 기간을 추정하고
유죄로 판단하는 것은 신중하여야 한다(대법원 2017. 3. 15. 선고 2017도44 판결 참조). • 모발 감정 결과와 마약 투약 추정 신중론

[2] 공소사실에 기재된 투약시점 이전에 이루어진
갑의 모발에 대한 1차 감정의뢰회보는
그 이전에 갑이 필로폰을 투약했을 가능성을
뒷받침하는 것이기는 하지만,

길이 4~7cm가량의 모발에 대해
구간별 또는 절단모발로 감정이 이루어지지 않은 이상,
필로폰의 투약시점을 특정할 수 없음은 물론
모근부위부터 어느 정도 범위에서 필로폰이 검출되었는지를
알 수 있는 아무런 증거가 없다. • 필로폰 투약시점 특정 불능

갑의 모발에 대한 2차 감정의뢰회보도 그 이전에
갑이 필로폰을 투약했을 가능성을 뒷받침하는 것이기는 하지만,
1차 감정의뢰회보에서 모근부위부터 최대 7cm까지
필로폰이 검출되었을 가능성이 있는 이상,
공소사실 기재 일시에 필로폰을 투약하지 않았더라도
약 1개월 21일이 경과된 후인 2차 감정의뢰회보에서
모근부위 길이 1cm 지점부터 최대 9cm 지점까지
필로폰이 검출될 가능성이 있기 때문에
길이 6~9cm가량의 모발 모근부위부터
3cm 단위로 절단한 3개 구간에서
모두 필로폰이 검출되었다는 사정만으로
공소사실 기재 일시에 필로폰을 투약한 점을
뒷받침하는 객관적인 증명력이 있다고 보기 어렵다. • 증명력

갑의 소변에 대한 감정의뢰회보에서도
필로폰이 검출되지 않았음은 물론
갑이 사용하던 차량에서 발견된 소형주사기에서도
갑의 사용을 추단케 할 만한 DNA 등이
전혀 검출되지 않은 이상,
차량에서 발견된 소형주사기 및 거기서 필로폰이 검출되었다는
사정이 공소사실을 뒷받침하는 간접사실에 해당한다고
선뜻 단정하기도 어렵다. • 간접사실 단정 문제점

이 점 등을 종합하면,
갑의 모발에 대한 감정에서 필로폰이 검출되었다는 사정과
갑이 사용하던 차량을 압수·수색하여 발견된 주사기에서
필로폰이 검출된 사정만으로
필로폰 투약 사실을 유죄로 인정한 원심 판단에
증거재판주의, 자유심증주의 원칙을 위반한 잘못이 있다고
한 사례. • 증거재판주의·자유심증주의 원칙을 위반·원심 파기·환송

판결 해설

증거 종류

1. 증거 개념

증거證據는 사실인정 근거가 되는 자료이다. 증거방법證據方法은 증거조사의 객체客體·대상이다. 물건·사람이다. 증거서류·증거물·증인을 말한다. 증거자료證據資料는 증거방법을 통해 알게된 내용內容이다. 증언·문서 기재내용·증거물 성질을 말한다.

2. 인적 증거와 물적 증거

인적 증거는 인증人證이다. 증언·감정·진술이다. 물적 증거는 물증物證이다. 범행에 사용된 흉기·필로폰 또는 범행으로 취득한 장물·모발을 말한다.

3. 증거서류와 증거물 서면

증거서류와 증거물 서면은 증거조사가 다르다. 낭독과 제시이다. 다수설은 내용에 따라 구분하는 내용기준설이다. 증거서류는 증거 내용이 증거이다. 증거물은 서면 내용·존재·상태가 증거이다. 감정의뢰회보는 증거서류이다.

4. 직접증거와 간접증거

직접증거는 요증사실을 직접 증명하는데 이용하는 증거이다. 범인자백과 증인증언이다. 간접증거는 정황증거이다. 피고인 지문은 간접증거

이다. 형사재판에서 심증형성은 반드시 직접증거로 형성하는 것이 아니다. 간접증거로 할 수 있다. 모든 관점에서 관련성을 종합 평가한다. 치밀하고 모순 없는 논증이 필요하다.

5. 본증과 반증

본증은 거증책임을 부담하는 당사자가 제출하는 증거이다. 검사가 원칙적으로 한다. 검사가 제출하는 증거가 본증이다. 만약 피고인에게 거증책임이 있다면 피고인이 제출하는 증거가 본증이다.

반증은 본증으로 증명하려는 사실을 부정하기 위해 제출하는 증거이다.

6. 진술증거와 비진술증거

진술증거는 구두 진술증거와 서면 진술증거가 있다. 구술증거와 진술기재서면이다. 진술증거는 다시 원본증거와 전문증거로 구분된다. 원본증거는 증인이 직접 경험한 사실을 진술한다. 본래증거이다. 전문증거는 다른 사람에게 전해들은 사실을 진술한다.

비진술증거는 서증과 물적 증거이다. 비진술증거는 전문법칙이 적용되지 않는다.

7. 실질증거와 보조증거

실질증거는 주요사실 존재 여부를 직접 또는 간접으로 증명하기 위해서 사용하는 증거이다.

보조증거는 실질증거의 증명력을 다투기 위해서 사용하는 증거이다. 보조증거는 증강증거와 탄핵증거이다. 증강증거는 실질증거의 증명력을 증강하기 위한 보조증거이다. 탄핵증거는 증명력을 감쇄하기 위한 보조증거이다(임동규, 형사소송법, 제17판, 법문사, 2023, 484－487면).

22

증 명 력
자유심증주의와 합리적 의심

「성폭력범죄의 처벌 등에 관한 특례법」 제14조 제2항 위반죄에서 말하는 촬영대상자의 의사에 반하는 촬영물의 반포가 이루어졌는지 여부가 문제된 사건

대법원 2023. 6. 15. 선고 2022도15414 판결
[정보통신망이용촉진및정보보호등에관한법률위반(음란물유포) [택일적 죄명: 성폭력범죄의처벌등에관한특례법위반(카메라등이용촬영·반포등)]

[공소사실 요지]

피고인이 2021. 9. 6. 03:20:44경 휴대전화기를 이용하여 인터넷 커뮤니티 사이트인 B에 닉네임 'C'로 접속하여 'D'이라는 제목의 글과 함께 불상의 남녀가 나체모습으로 침대에 앉아 있는 모습을 촬영한 사진파일 1개(이하 '이 사건 사진'이라 한다)를 위 촬영대상자의 의사에 반하여 게시하여 카메라나 그 밖에 이와 유사한 기능을 갖춘 기계장치를 이용하여 성적 욕망 또는 수치심을 유발할 수 있는 사람의 신체를 촬영한 촬영물의 복제물을 촬영 사후에 촬영대상자의 의사에 반하여 반포하였다.

검사는 피고인을 원심에서 택일적으로 추가한 「성폭력범죄의 처벌 등에 관한 특례법」(이하 '성폭력처벌법'이라 한다) 위반(카메라등이용촬영·반포등)죄로 피고인을 기소하였다.

[법리 쟁점]

[1] 형사재판에 있어서 자유심증주의의 한계 및 유죄로 인정하기 위한 심증형성의 정도에 있어 합리적 의심의 의미

[2] 「성폭력범죄의 처벌 등에 관한 특례법」 제14조 제2항 위반죄에서 촬영대상자의 신원이 파악되지 않는 등 촬영대상자의 의사를 명확히 확인할 수 없는 경우 촬영대상자의 의사에 반하여 반포 등을 하였는지 여부의 판단 기준

[참조조문]
[1] 형사소송법 제307조, 제308조 / [2] 성폭력범죄의 처벌 등에 관한 특례법 제14조 제1항, 제2항

[참조판례]
[1] 대법원 2004. 6. 25. 선고 2004도2221 판결(공2004하, 1290), 대법원 2019. 10. 31. 선고 2018도2642 판결

[원심 판단]
제1심법원은 피고인에게 무죄를 선고하였다.
원심법원은 피고인에게 무죄를 선고하였다.
이 사건 사진이 이에 등장하는 남녀의 성적 욕망 또는 수치심을 유발할 수 있는 신체를 촬영한 것에 해당한다. 그러나 위 남녀에 관한 조사가 이루어지지 아니하였고 이 사건 사진이 반포를 전제로 위 남녀의 의사에 따라 촬영되었을 가능성을 배제할 수 없다. 피고인이 촬영대상자들의 의사에 반하여 이 사건 사진을 반포하였음에 관한 검사의 증명이 부족하다. 원심은 쟁점 공소사실을 무죄로 판단하였다.
검사가 상고하였다.

[대법원 판단]
대법원은 원심판결을 파기하고, 사건을 서울남부지방법원에 환송한다.
1. 이 사건 사진은 남녀의 성관계를 촬영한 원본 동영상 중 일부를 캡처한 것이다. 원본 동영상은 남성이 여성의 동의 없이 몰래 촬영한 것으로 보인다. 이 사건 사진에서도 촬영 각도, 남녀의 자세 및 시선 등을 통해 그러한 사정을 확인할 수 있다.
2. 이 사건 사진의 내용은 나체의 남성과 짧은 치마를 입고 있는 여성이 침대 위에 나란히 앉아 있다. 남성의 나신과 여성의 허벅지 부분이 적나라하게 드러나 있다. 성관계 직전 또는 직후를 암시하는 모습을 담고 있다. 상당한 성적 욕망 또는 수치심을 유발한다.
3. 이 사건 사진에 나타난 남녀의 얼굴이나 신체적 특징으로 촬영대상자들의 특정이 가능하다. 이 사건 사진이 이들의 의사에 반하여 반포될 경우 피해와 고통을 야기할 가능성이 상당하다.
4. 피고인은 이 사건 사진에 등장하는 남녀를 전혀 알지 못한다. 이들로부터 위 사진의 반포에 관하여 어떠한 동의나 양해를 받은 사실도 없이

인터넷 검색을 통해 위 사진을 취득한 다음 불특정다수인이 쉽게 접근할 수 있는 인터넷 사이트에 이를 게시하였다.
5. 이점 등에 비추어 볼 때, 이 사건 사진의 촬영대상자들, 적어도 여성이 그 반포에 동의하리라고 도저히 기대하기 어렵다. 그러므로 피고인의 이 사건 사진 반포는 촬영대상자들의 의사에 반하여 이루어졌고 피고인도 그러한 사정을 인식하고 있었다고 볼 여지가 충분하다. 대법원은 원심판결을 파기·환송하였다.

낭독 형사소송법 판결문 22

대법원 2023. 6. 15. 선고 2022도15414 판결 [정보통신망이용촉진및정보보호등에관한법률위반(음란물유포)[택일적 죄명: 성폭력범죄의처벌등에관한특례법위반(카메라등이용촬영·반포등)]

<성폭력범죄의 처벌 등에 관한 특례법」 제14조 제2항 위반죄에서 말하는 촬영대상자의 의사에 반하는 촬영물의 반포가 이루어졌는지 여부가 문제된 사안>

판시 사항

[1] 자유심증주의의 의미와 한계 / 형사재판에서 유죄를 인정하기 위한 심증형성의 정도(=합리적인 의심을 할 여지가 없을 정도) 및 여기에서 말하는 '합리적 의심'의 의미
[2] 성폭력범죄의 처벌 등에 관한 특례법 제14조 제2항 위반죄는 반포 등 행위 시를 기준으로 촬영대상자의 의사에 반하여 그 행위를 함으로써 성립하는지 여부(적극) 및 촬영이 촬영대상자의 의사에 반하지 아니하였더라도 마찬가지인지 여부(적극) / 촬영대상자 신원이 파악되지 않는 등 촬영대상자의 의사를 명확히 확인할 수 없는 경우, 촬영대상자의 의사에 반하여 반포 등을 하였는지 판단하는 기준 및 이때 고려해야 할 사항

판결 요지

[1] 증거의 증명력은
법관의 자유판단에 맡겨져 있다.
그러나 그 판단은
논리법칙과 경험법칙에 합치하여야 한다.
형사재판에서
유죄로 인정하기 위한 심증 형성 정도는
합리적인 의심을 할 여지가 없을 정도여야 한다. • 증거 증명력

그러나 이는 모든 가능한 의심을 배제할 정도에 이를 것까지
요구하는 것은 아니다.
증명력이 있는 것으로 인정되는 증거를
합리적인 근거가 없는 의심을 일으켜 이를 배척하는 것은
자유심증주의 한계를 벗어나 허용될 수 없다. • 자유심증주의

여기에서 말하는 합리적 의심이라 함은
모든 의문, 불신을 포함하는 것이 아니다.
논리법칙과 경험법칙에 기하여 요증사실과 양립할 수 없는
사실의 개연성에 대한 합리성 있는 의문을 의미한다. • 양립불가

피고인에게 유리한 정황을
사실인정과 관련하여 파악한 이성적 추론에
그 근거를 두어야 하는 것이다. • 이성적 추론

그러므로 단순히 관념적인 의심이나
추상적인 가능성에 기초한 의심은
합리적 의심에 포함된다고 할 수 없다(대법원 2004. 6. 25. 선고 2004도 2221 판결 등 참조). • 합리적 의심과 관념적 의심 구별

[2] 「성폭력범죄의 처벌 등에 관한 특례법」(성폭력처벌법)은
제14조 제1항에서 '카메라나
그 밖에 이와 유사한 기능을 갖춘 기계장치를 이용하여
성적 욕망 또는 수치심을 유발할 수 있는 사람의 신체를
촬영대상자의 의사에 반하여 촬영'하는 행위를 처벌한다.
같은 조 제2항에서 '그 촬영물 또는 복제물을
반포·판매·임대·제공 또는 공공연하게 전시·상영하거나
촬영 당시에는 촬영대상자의 의사에 반하지 아니한 경우에도
사후에 그 촬영물을 촬영대상자 의사에 반하여 반포 등'을 하는
행위도 처벌 대상으로 정하고 있다. • 사후 비동의 반포죄

이와 같이 성폭력처벌법 제14조 제2항 위반죄는
반포 등 행위 시를 기준으로
촬영대상자의 의사에 반하여 그 행위를 함으로써 성립한다.
촬영이 촬영대상자의 의사에 반하지 아니하였더라도
그 성립에 지장이 없다. • 반포 행위시 기준으로 판단

촬영대상자의 신원이 파악되지 않는 등
촬영대상자의 의사를 명확히 확인할 수 없는 경우
촬영대상자의 의사에 반하여 반포 등을 하였는지 여부는,
촬영물 등을 토대로 확인할 수 있는 촬영대상자와
촬영자의 관계 및 촬영 경위, 그 내용이 성적 욕망
또는 수치심을 유발하는 정도, 촬영대상자의 특정가능성,
촬영물 등의 취득·반포 등이 이루어진 경위 등을
종합하여 판단하여야 한다. • 촬영대상자 미확인시 의사 판단 방법

이때 해당 촬영물 등이 인터넷 등 정보통신망을 통하여
급속도로 광범위하게 유포될 경우

피해자에게 심각한 피해와 고통을 초래할 수 있다는 점도 아울러 고려하여야 한다. • 형사정책적 해석론

판결 해설

증명력證明力

Ⅰ. 사안 쟁점

피고인이 휴대전화를 이용하여 인터넷 커뮤니티사이트에 '한국야동'이라는 제목의 글과 함께 불상의 남녀가 나체모습으로 침대에 앉아 있는 모습을 촬영한 사진 파일 1개를 게시하여 성적 욕망 또는 수치심을 유발할 수 있는 사람 신체를 촬영한 촬영물 복제물을 촬영 사후에 촬영대상자의 의사에 반하여 반포하였다.

이 사안의 쟁점은 2가지이다. 첫째 형사재판에 있어서 자유심증주의의 한계 및 유죄로 인정하기 위한 심증형성의 정도에 있어 합리적 의심의 의미이다. 둘째 「성폭력범죄의 처벌 등에 관한 특례법」 제14조 제2항 위반죄에서 촬영대상자 신원이 파악되지 않는 등 촬영대상자의 의사를 명확히 확인할 수 없는 경우 촬영대상자의 의사에 반하여 반포 등을 하였는지 여부의 판단 기준이다.

Ⅱ. 학설 대립

이 사건 사진을 보면, 이에 등장하는 남녀의 성적 욕망 또는 수치심을 유발할 수 있는 신체를 촬영한 것에 해당한다.

증명력은 사실관계요증사실를 증명하는 증거의 힘이다. 증거의 실질적 가치이다. **증명력은 신빙성 정도의 문제이다.** 법관에게 심증 문제이다. 증거능력은 법률로 형식적으로 결정된다. 그러나 증명력은 법관에게 자유심증으로 위임되어 있다. 역사의 교훈이 담겨있다. 형사소송법 제308조 자유심증주의가 바로 증명력의 문제이다. 증거능력이 있는 증거도 증명력이 없거나 또는 부족할 수 있다. 법관의 자유판단도 한계가 있다. **합리적 의심이 없을 정도의 높은 심증이다**(이주원, 형사소송법, 제3판, 박영사, 2021, 378면).

촬영대상자의 의사를 확인할 수 없는 음란물 반포행위에 대한 법관의 증명력 판단에 대해서 학설이 대립한다. ① 합리적 의심설이다. 증거조사와 반포동의 존재가 있어야 유죄를 선고한다. 사안에서 2가지이다. 남녀에 관한 조사가 이루어지지 않았다. 반포를 전제로 위 남녀의 의사에 따라 촬영되었을 가능성을 배제할 수 없다. 피고인이 촬영대상자들의 의사에 반하여 이 사건 사진을 반포하였음에 관한 증명이 부족하다. ② 관념적·추상적 의심설이다. 몰래 촬영·반포 고통·불특정다수인 접근 인터넷사이트 게재는 합리적 의심이 없다. 이에 대한 증거는 합리적 의심이 없을 정도로 명확하다.

사안에서 3가지이다. 남성이 여성의 동의 없이 몰래 촬영한 것으로 보인다. 남성의 나신과 여성의 허벅지 부분이 적나라하게 드러나 있다. 성관계 직전 또는 직후를 암시하는 모습을 담고 있다. 상당한 성적 욕망 또는 수치심을 유발한다. 이 사건 사진이 이들의 의사에 반하여 반포될 경우 피해와 고통을 야기할 가능성이 상당하다. 불특정다수인이 쉽게 접근할 수 있는 인터넷 사이트에 이를 게시하였다. 이 사건 사진의 촬영대상자들, 적어도 여성이 그 반포에 동의하리라고 도저히 기대하기 어렵다. 이 사안은 증명이 되었다.

증명력이 인정되는 증거를 합리적 근거 없이 의심하여 배척함은 자유심증주의 한계를 벗어난다. 단순히 관념적 의심 또는 추상적 가능성에 기초한 의심은 합리적 의심에 포함되지 않는다. **촬영대상자 신원이 파악되지 않는 경우, 촬영대상자 의사를 명확히 확인할 수 없는 경우, 촬영대상자 의사에 반하여 반포하였다는 점은 몰래 촬영·반포 고통·불특정다수인 접근 인터넷사이트 게재로 충분히 증명된다. 법관에게 심증형성을 주는데 의심이 없다.**

III. 대법원 법리 판단

① 이 사건 사진은 남녀의 성관계를 촬영한 원본 동영상 중 일부를 캡처한 것인데 원본 동영상은 남성이 여성의 동의 없이 몰래 촬영한 것으로 보인다. 이 사건 사진에서도 촬영 각도, 남녀의 자세 및 시선 등을

통해 그러한 사정을 확인할 수 있다. ② 이 사건 사진의 내용은 나체의 남성과 짧은 치마를 입고 있는 여성이 침대 위에 나란히 앉아 있는 것으로 남성의 나신과 여성의 허벅지 부분이 적나라하게 드러나 있고 성관계 직전 또는 직후를 암시하는 모습을 담고 있어 상당한 성적 욕망 또는 수치심을 유발한다. ③ 이 사건 사진에 나타난 남녀의 얼굴이나 신체적 특징으로 촬영대상자들의 특정이 가능하다. 그러므로 이 사건 사진이 이들의 의사에 반하여 반포될 경우 피해와 고통을 야기할 가능성이 상당하다. ④ 피고인은 이 사건 사진에 등장하는 남녀를 전혀 알지 못한다. 이들로부터 위 사진의 반포에 관하여 어떠한 동의나 양해를 받은 사실도 없이 인터넷 검색을 통해 위 사진을 취득한 다음 불특정다수인이 쉽게 접근할 수 있는 인터넷 사이트에 이를 게시하였다.

이 사건 사진의 촬영대상자들, 적어도 여성이 그 반포에 동의하리라고는 도저히 기대하기 어렵다. 피고인의 이 사건 사진 반포는 촬영대상자들의 의사에 반하여 이루어졌고 피고인도 그러한 사정을 인식하고 있었다고 볼 여지가 충분하다. 대법원은 원심판결을 파기·환송하였다.

Ⅳ. 사안 해결

이 사안 쟁점 공소사실을 무죄로 판단한 원심판결은 논리와 경험의 법칙을 위반하여 자유심증주의의 한계를 벗어나거나 또는 성폭력처벌법 위반(카메라등이용촬영·반포 등)죄의 성립에 관한 법리를 오해하여 판결에 영향을 미친 잘못이 있다.

원심판결 중 쟁점 공소사실 부분은 파기되어야 한다. 이와 택일적 공소사실의 관계에 있는 「정보통신망 이용촉진 및 정보보호 등에 관한 법률」 위반(음란물 유포) 부분도 쟁점 공소사실과 일죄로 공소 제기되어 한꺼번에 심판되어야 한다. 그러므로 결국 원심판결 전부가 파기되어야 한다.

23

위법수집증거
압수한 휴대전화 새로운 메시지와 위장 수사

압수한 휴대전화의 메신저 계정을 이용하여 새롭게 수신된 메시지를 확인한 후 그 메신저를 이용하여 위장수사를 함으로써 취득한 증거가 위법수집증거인지 여부가 문제된 사건

대법원 2023. 3. 16. 선고 2020도5336 판결
[마약류불법거래방지에관한특례법위반]

[공소사실 요지]

1. 경찰은 2019. 3. 5. 피의자가 甲으로, 혐의사실이 대마 광고 및 대마 매매로, 압수할 물건이 '피의자가 소지, 소유, 보관하고 있는 휴대전화에 저장된 마약류 취급 관련 자료 등'으로, 유효기간이 '2019. 3. 31.'로 된 압수·수색·검증영장(이하 '이 사건 영장')을 발부받아, 2019. 3. 7. 그에 기해 甲으로부터 휴대전화 3대 등을 압수하였다.
2. 경찰은 2019. 4. 8. 甲 휴대전화 메신저에서 대마 구입 희망의사를 밝히는 피고인의 메시지('이 사건 메시지')를 확인한 후, 甲 행세를 하면서 위 메신저로 메시지를 주고받는 방법으로 위장수사를 진행하여, 2019. 4. 10. 피고인을 현행범으로 체포하고 그 휴대전화를 비롯한 소지품 등을 영장 없이 압수한 다음 2019. 4. 12. 사후 압수·수색·검증영장을 발부받았다.

[법리 쟁점]

수사기관이 압수·수색영장을 제시하고 압수·수색을 실시하여 그 집행을 종료한 경우, 그 압수·수색영장의 유효기간이 남았음을 이유로 다시 이를 제시하고 압수·수색을 할 수 있는지 여부(소극)

1. 경찰은 2019. 3. 5. 피의자가 甲으로, 혐의사실이 대마 광고 및 대마 매매로, 압수할 물건이 '피의자가 소지, 소유, 보관하고 있는 휴대전화에

저장된 마약류 취급 관련 자료 등'으로, 유효기간이 '2019. 3. 31.'로 된 압수·수색·검증영장(이하 '이 사건 영장')을 발부받아, 2019. 3. 7. 그에 기해 甲으로부터 휴대전화 3대 등을 압수하였다.
2. 경찰은 2019. 4. 8. 甲 휴대전화 메신저에서 대마 구입 희망의사를 밝히는 피고인의 메시지('이 사건 메시지')를 확인한 후, 甲 행세를 하면서 위 메신저로 메시지를 주고받는 방법으로 위장수사를 진행하여, 2019. 4. 10. 피고인을 현행범으로 체포하고 그 휴대전화를 비롯한 소지품 등을 영장 없이 압수한 다음 2019. 4. 12. 사후 압수·수색·검증영장을 발부받았다.

[법리 쟁점]

수사기관이 압수·수색영장을 제시하고 압수·수색을 실시하여 그 집행을 종료한 경우, 그 압수·수색영장의 유효기간이 남았음을 이유로 다시 이를 제시하고 압수·수색을 할 수 있는지 여부(소극)

[참조조문]

형사소송법 제215조

[참조판례]

대법원 1999. 12. 1. 자 99모161 결정(공2000상, 524)

[원심 판단]

제1심법원은 피고인에게 쟁점 공소사실(「마약류 불법거래 방지에 관한 특례법」위반 부분)에 대해 무죄를 선고하였다.
원심법원은 피고인에게 쟁점 공소사실(「마약류 불법거래 방지에 관한 특례법」위반 부분)에 대해 무죄를 선고하였다.
피고인이 이 사건 메시지를 보낸 시점까지 경찰이 이 사건 영장 집행을 계속하고 있었다고 볼 만한 자료가 없다. 그러므로 경찰의 이 사건 메시지 등의 정보 취득은 영장 집행 종료 후의 위법한 재집행이다. 그 외에 경찰이 甲의 휴대전화 메신저 계정을 이용할 정당한 접근권한도 없다. 그러므로 이 사건 메시지 등을 기초로 피고인을 현행범으로 체포하면서 수집한 증거는 위법수집증거로서 증거능력이 없다.
검사가 상고하였다.

[대법원 판단]

대법원은 상고를 기각한다.

원심의 이유 설시에 다소 부적절한 부분이 있다. 그러나 원심 판단에 상고이유와 같이 영장의 효력 상실 여부 및 위법수집증거 배제법칙, 증거능력에 관한 법리를 오해한 잘못이 없다.

낭독 형사소송법 판결문 23

대법원 2023. 3. 16. 선고 2020도5336 판결 [마약류불법거래방지에관한특례법위반]

<압수한 휴대전화의 메신저 계정을 이용하여 새롭게 수신된 메시지를 확인한 후 그 메신저를 이용하여 위장수사를 하여 취득한 증거가 위법수집증거인지 여부가 문제된 사건>

판시 사항

수사기관이 압수·수색영장을 제시하고 집행에 착수하여 압수·수색을 실시하고 집행을 종료한 경우, 그 영장의 효력이 상실되는지 여부(적극) / 이때 동일한 장소 또는 목적물에 대하여 다시 압수·수색할 필요가 있는 경우, 종전 압수·수색영장의 유효기간이 남아 있음을 이유로 이를 제시하고 다시 압수·수색을 할 수 있는지 여부(소극)

판결 요지

형사소송법 제215조에 의한 압수·수색영장은
수사기관의 압수·수색에 대한 허가장이다. • 압수·수색 허가장
거기에 기재되는 유효기간은
집행에 착수할 수 있는 종기를 의미하는 것일 뿐이다.

그러므로 수사기관이 압수·수색영장을 제시하고
집행에 착수하여 압수·수색을 실시하고
그 집행을 종료하였다면
이미 그 영장은 목적을 달성하여 효력이 상실되는 것이다. • 효력

동일한 장소 또는 목적물에 대하여
다시 압수·수색할 필요가 있는 경우라면
그 필요성을 소명하여
법원으로부터 새로운 압수·수색영장을 발부받아야 한다.

앞서 발부받은 압수·수색영장의 유효기간이 남아있다고 하여
이를 제시하고 다시 압수·수색을 할 수는 없다(대법원 1999. 12. 1. 자 99모161 결정 참조). • 압수·수색영장 유효기간(=1회용)

경찰이 위법하게 취득한 이 사건 메시지 등을 기초로
피고인을 현행범으로 체포한 이상,
피고인에 대한 현행범 체포와 그에 따른 피고인 소지품 등의 압수는 위법하다. • 위법수집증거와 위법현행범체포

그러므로 법원으로부터
사후 압수·수색·검증영장을 발부받았더라도
피고인을 현행범으로 체포하면서 수집한 증거는
위법하게 수집한 증거로서 증거능력이 없다. • 증거능력 부정

24

위법수집증거
나이트클럽에서 영장 없이 촬영한 촬영물 증거능력

영장 없이 촬영된 촬영물 등의 증거능력이 문제된 사건

대법원 2023. 4. 27. 선고 2018도8161 판결
[풍속영업의규제에관한법률위반]

[공소사실 요지]

나이트클럽(이하 '클럽'이라 한다)의 운영자 피고인 갑, 연예부장 피고인 을, 남성무용수 피고인 병이 공모하여 클럽 내에서 성행위를 묘사하는 공연을 하는 등 음란행위 영업을 하여 풍속영업의 규제에 관한 법률 위반으로 기소되었다. 당시 경찰관들이 클럽에 출입하여 피고인 병의 공연을 촬영한 영상물 및 이를 캡처한 영상사진이 증거로 제출된 사안이다. **• 요약**

피고인 3은 제주시에 있는 '○○○○ 나이트클럽'(이하 '이 사건 나이트클럽'이라 한다)을 운영하는 사람이고, 피고인 2는 이 사건 나이트클럽의 연예부장으로 근무하는 사람이며, 피고인 1은 이 사건 나이트클럽의 종업원으로 무용수이다.

누구든지 풍속영업을 영위하는 사람은 풍속영업소에서 음란행위를 하게 하거나 이를 알선 또는 제공하여서는 아니 된다. 그럼에도 피고인들은 음란행위로 손님을 모집할 것을 공모하여 2016. 6. 21. 23:00 무렵 이 사건 나이트클럽에서 피고인 1은 피고인 3으로부터 월 400만 원을 받고 피고인 2가 관리하고 있는 연예부에서 일하는 조건으로 이 사건 나이트클럽 무대에서 약 15분 동안 티팬티만 입은 채 성행위를 묘사하는 쇼를 하고, 다시 손님들이 앉아 있는 테이블로 내려와 술을 부어주는 등 흥을 돋운 후 다시 무대에 올라가 성기에 모조 성기를 끼워 음모가 보이는 상태에서 춤을 추며 성행위를 묘사하는 등 음란행위 영업을 하였다.

[법리 쟁점]
수사기관의 영장 없는 범행 장면 촬영이 위법한지 여부를 판단하는 기준

[참조조문]
[1] 형사소송법 제307조 / [2] 풍속영업의 규제에 관한 법률 제3조 제2호, 제10조 제2항, 형법 제30조, 형사소송법 제307조

[참조판례]
[1] 대법원 1999. 9. 3. 선고 99도2317 판결(공1999하, 2140)

[원심 판단]
제1심법원은 피고인에게 유죄를 선고하였다.
원심법원은 피고인에게 무죄를 선고하였다.
경찰관들이 이 사건 나이트클럽에 손님으로 가장하고 출입하여 피고인 1의 공연을 촬영한 행위는 강제수사에 해당한다. 그럼에도 사전 또는 사후에 영장을 발부받은 사실이 없다. 그러므로 그 촬영물이 수록된 CD 및 그 촬영물을 캡처한 영상사진은 위법수집증거로서 증거능력이 없다. 제1심판결을 파기하고 피고인들에 대한 공소사실을 무죄로 판단하였다.
검사가 상고하였다.

[대법원 판단]
원심판결을 파기하고, 사건을 제주지방법원에 환송한다.
경찰관들이 피고인들에 대한 혐의가 포착된 상태에서 나이트클럽 내의 음란행위 영업에 관한 증거를 보전하기 위한 필요에 의하여 불특정 다수에게 공개된 장소인 나이트클럽에 통상적인 방법으로 출입하여 손님들에게 공개된 모습을 촬영한 것은 영장 없이 이루어졌다고 하여 위법하다고 볼 수 없다. 대법원은 원심판결을 파기·환송하였다.

낭독 형사소송법 판결문 24

대법원 2023. 4. 27. 선고 2018도8161 판결 [풍속영업의규제에관한법률위반]
<영장 없이 촬영된 촬영물 등의 증거능력이 문제된 사건>

판시 사항

[1] 수사기관이 범죄를 수사하면서 현재 범행이 행하여지고 있거나 행하여진 직후이고, 증거보전의 필요성 및 긴급성이 있으며, 일반적으로 허용되는 상당한 방법으로 촬영한 경우, 위 촬영이 영장 없이 이루어졌더라도 적법한지 여부(적극) / 이때 수사기관이 일반적으로 허용되는 상당한 방법으로 촬영하였는지 판단하는 기준

[2] 나이트클럽의 운영자 피고인 갑, 연예부장 피고인 을, 남성무용수 피고인 병이 공모하여 클럽 내에서 성행위를 묘사하는 공연을 하는 등 음란행위 영업을 하여 풍속영업의 규제에 관한 법률 위반으로 기소되었다. 당시 경찰관들이 클럽에 출입하여 피고인 병의 공연을 촬영한 영상물 및 이를 캡처한 영상사진이 증거로 제출된 사안이다.

위 촬영물은 경찰관들이 피고인들에 대한 범죄 혐의가 포착된 상태에서 클럽 내에서의 음란행위 영업에 관한 증거를 보전하기 위하여, 불특정 다수에게 공개된 장소인 클럽에 통상적인 방법으로 출입하여 손님들에게 공개된 모습을 촬영한 것이다. 그러므로 영장 없이 촬영이 이루어졌더라도 위 촬영물과 이를 캡처한 영상사진은 증거능력이 인정된다고 한 사례.

판결 요지

[1] 수사기관이 범죄를 수사하면서
불특정 다수의 출입이 가능한 장소에
통상적인 방법으로 출입하여
아무런 물리력이나 강제력을 행사하지 않고
통상적인 방법으로 위법행위를 확인하는 것은
특별한 사정이 없는 한
임의수사의 한 방법으로서 허용된다.
그러므로 영장 없이 이루어졌다고 하여
위법하다고 할 수 없다. • 불특정 다수 출입장소와 임의수사

[2] 또한 수사기관이 범죄를 수사하면서
현재 범행이 행하여지고 있거나 또는 행하여진 직후이고,
증거보전 필요성과 증거보전 긴급성이 있으며,
일반적으로 허용되는 상당한 방법으로 촬영한 경우라면
위 촬영이 영장 없이 이루어졌다 하여
이를 위법하다고 할 수 없다(대법원 1999. 9. 3. 선고 99도2317 판결 등 참조). • 증거보전 필요성과 증거보전 긴급성

다만, 촬영으로
초상권·사생활 비밀과 사생활 자유·주거 자유 등이
침해될 수 있다.
그러므로 수사기관이
일반적으로 허용되는 상당한 방법으로 촬영하였는지 여부는
수사기관이
촬영장소에 통상적인 방법으로 출입하였는지
또한 촬영장소·촬영대상이
사생활 비밀과 사생활 자유 등에 대한 보호가
합리적으로 기대되는 영역에 속하는지 등을
종합적으로 고려하여
신중하게 판단하여야 한다(대법원 2023. 4. 27. 선고 2018도8161 판결 참조). • 출입방법·촬영장소·촬영대상 종합 신중 판단

25

위법수집증거
음식점에서 영장 없이 촬영한 촬영물 증거능력

수사기관이 영장 없이 음식점에 출입하여 위법행위를 확인하고 촬영한 촬영물의 증거능력이 문제된 사건

대법원 2023. 7. 13. 선고 2019도7891 판결
[식품위생법위반]

[공소사실 요지]

피고인은 일반음식점영업자이다. 피고인이 음향시설을 갖추고 손님이 춤을 추는 것을 허용하여 영업자가 지켜야 할 사항을 지키지 않았다.
검사는 피고인을 식품위생법 위반죄로 기소하였다.

[법리 쟁점]

[1] 수사기관이 영장 없이 음식점에 출입하여 위법행위를 확인하는 것이 위법한지 여부(한정 소극)
[2] 수사기관의 영장 없는 범행장면 촬영이 위법한지 여부를 판단하는 기준

[참조조문]

형사소송법 제308조의2

[참조판례]

대법원 1999. 9. 3. 선고 99도2317 판결, 대법원 2023. 4. 27. 선고 2018도8161 판결

[원심 판단]

제1심법원은 피고인에게 유죄를 선고하였다.

원심법원은 피고인에게 유죄를 선고하였다.
경찰관들이 피고인에 대한 범죄 혐의가 포착된 상태에서 그에 관한 증거를 보전할 필요성과 긴급성이 있었다. 그리하여 불특정 다수가 출입할 수 있는 이 사건 업소에 통상적인 방법으로 출입하였다. 이 사건 업소 내에 있는 사람이라면 누구나 볼 수 있었던 손님들의 춤추는 모습을 확인하였다. 경찰관들이 이를 촬영한 것은 영장 없이 이루어졌다고 하여 위법하다고 볼 수 없다. 원심은 경찰관들이 촬영한 사진의 증거능력을 인정하였다.
피고인이 상고하였다.

[대법원 판단]
대법원은 상고를 기각한다.
영장주의, 수사기관 촬영물의 증거능력, 위법수집증거에 관한 법리를 오해한 잘못이 없다.

낭독 형사소송법 판결문 25

대법원 2023. 7. 13. 선고 2019도7891 판결 [식품위생법위반]
<수사기관이 영장 없이 음식점에 출입하여 위법행위를 확인하고 촬영한 촬영물의 증거능력이 문제된 사건>

판시 사항

[1] 수사기관이 영장 없이 음식점에 출입하여 위법행위를 확인하는 것이 위법한지 여부(한정 소극)
[2] 수사기관의 영장 없는 범행장면 촬영이 위법한지 여부를 판단하는 기준

판결 요지

[1] 수사기관이 범죄를 수사하면서
불특정 다수의 출입이 가능한 장소에
통상적인 방법으로 출입하여
아무런 물리력이나 강제력을 행사하지 않고

통상적인 방법으로 위법행위를 확인하는 것은
특별한 사정이 없는 한
임의수사의 한 방법으로서 허용된다.
그러므로 영장 없이 이루어졌다고 하여
위법하다고 할 수 없다. • 불특정 다수 출입장소와 임의수사

[2] 또한 수사기관이 범죄를 수사하면서
현재 범행이 행하여지고 있거나 또는 행하여진 직후이고,
증거보전 필요성과 증거보전 긴급성이 있으며,
일반적으로 허용되는 상당한 방법으로 촬영한 경우라면
위 촬영이 영장 없이 이루어졌다 하여
이를 위법하다고 할 수 없다(대법원 1999. 9. 3. 선고 99도2317 판결 등 참조). • 증거보전 필요성과 증거보전 긴급성

다만, 촬영으로
초상권·사생활 비밀과 사생활 자유·주거 자유 등이
침해될 수 있다.
그러므로 수사기관이
일반적으로 허용되는 상당한 방법으로 촬영하였는지 여부는
수사기관이
촬영장소에 통상적인 방법으로 출입하였는지
또한 촬영장소·촬영대상이
사생활 비밀과 사생활 자유 등에 대한 보호가
합리적으로 기대되는 영역에 속하는지 등을
종합적으로 고려하여
신중하게 판단하여야 한다(대법원 2023. 4. 27. 선고 2018도8161 판결 참조). • 출입방법·촬영장소·촬영대상 종합 신중 판단

26

위법수집증거
일반음식점에서 영장 없이 촬영한 촬영물 증거능력

특별사법경찰관리가 증표 등을 제시하지 않은 채 영업소에 출입하여 영장 없이 촬영한 촬영물 등의 증거능력이 문제된 사건

대법원 2023. 7. 13. 선고 2021도10763 판결
[식품위생법위반]

[공소사실 요지]

일반음식점 영업자인 피고인이 이 사건 업소에서 음향시설을 갖추고 손님들이 춤을 추는 것을 허용하여 영업의 종류에 따른 준수사항을 위반하였다는 이유로 식품위생법위반죄로 기소된 사안이다. **• 요약**

피고인은 전주시에 있는 '○○○ ○○○'라는 상호의 일반음식점(이하 '이 사건 음식점'이라 한다)을 운영하는 사람이다. 일반음식점 영업자는 음향시설을 갖추고 손님들이 춤을 추는 것을 허용하는 행위를 하여서는 아니 된다. 그럼에도 불구하고 피고인은 2020. 3. 7. 00:10경 이 사건 음식점 내에서 음향기기, 스크린 등을 설치하여 음악을 크게 틀고 손님들의 흥을 돋워 손님들이 춤을 추도록 허용하여 영업자가 지켜야 할 사항을 지키지 아니하였다.
검사는 피고인을 식품위생법 제22조 제1항 제2호, 제3항, 제44조 제3항, 제98조 제1호 위반죄로 기소하였다.

[법리 쟁점]

[1] 특별사법경찰관리가 범죄수사를 위하여 영업소에 출입하는 경우 식품위생법 제22조 제3항의 증표 등 제시의무를 준수하여야 하는지 여부(소극)
[2] 특별사법경찰관리의 영장 없는 범행장면 촬영이 위법한지 여부를 판

단하는 기준

[참조조문]

식품위생법 제22조 제1항 제2호, 제3항, 제44조 제3항, 제98조 제1호, 구 형사소송법(2020. 2. 4. 법률 제16924호로 개정되기 전의 것) 제197조(현행 제245조의10 참조), 구 사법경찰관리의 직무를 수행할 자와 그 직무범위에 관한 법률(2019. 12. 10. 법률 제16768호로 개정되기 전의 것) 제5조 제8호

[참조판례]

대법원 1999. 9. 3. 선고 99도2317 판결, 대법원 2023. 4. 27. 선고 2018도8161 판결

[원심 판단]

제1심법원은 피고인에게 무죄를 선고하였다.
원심법원은 피고인에게 무죄를 선고하였다.
① 특별사법경찰관이 이 사건 영업소에 출입하면서 식품위생법 제22조 제3항이 정하는 증표 등을 제시하지 않았다. ② 이 사건 영업소에 손님으로 가장하고 출입하여 다른 손님들이 춤을 추는 모습을 촬영하는 것이 강제수사에 해당하는데도 사전 또는 사후에 영장을 발부받지 않았다. 그러므로 그 촬영물은 위법수집증거로서 증거능력이 없다.
검사가 상고하였다.

[대법원 판단]

대법원은 원심판결을 파기하고, 사건을 전주지방법원에 환송한다.
① 이 사건 특별사법경찰관은 영업소에 출입하여 범죄수사를 위한 증거수집을 하였을 뿐 식품위생법상의 행정조사를 하려한 바가 없다. 이 사건 특별사법경찰관이 그 과정에서 식품위생법 제22조 제3항에 따라 증표 등을 제시하지 않았더라도 출입이나 증거수집 절차가 위법하다고 할 수 없다. ② 이 사건 특별사법경찰관이 범죄혐의가 포착된 상태에서 증거를 보전하기 위한 필요에 의하여 공개된 장소인 이 사건 영업소에 통상적인 방법으로 출입하여 이 사건 영업소 내에 있는 사람이라면 누구나 볼 수 있었던 손님들이 춤추는 모습을 촬영한 것은 영장 없이 이루어졌다고 하여 위법하다고 볼 수 없다. 대법원은 이와 달리 판단한 원심판결을 파기·환송하였다.

낭독 형사소송법 판결문 26

대법원 2023. 7. 13. 선고 2021도10763 판결 [식품위생법위반]
<특별사법경찰관리가 증표 등을 제시하지 않은 채 영업소에 출입하여 영장 없이 촬영한 촬영물 증거능력이 문제된 사건>

판시 사항

식품위생법 제22조 제3항에 따라 '권한을 표시하는 증표 및 조사기간 등이 기재된 서류를 제시하여야 하는 경우'는 같은 법 제22조 제1항 제2호에 따라 영업소에 출입하여 식품 등 또는 영업시설 등에 대하여 검사하거나, 식품 등의 무상 수거, 장부 또는 서류를 열람하는 등의 행정조사를 하려는 경우에 한정되는지 여부(적극) / 구 형사소송법 제197조, 구 사법경찰관리의 직무를 수행할 자와 그 직무범위에 관한 법률 제5조 제8호에 근거하여 **특별사법경찰관리로 지명된 공무원이 범죄수사를 위하여 음식점 등 영업소에 출입하여 증거수집 등 수사를 하는 경우에도 식품위생법 제22조 제3항에서 정한 절차를 준수하여야 하는지 여부** (소극)

판결 요지

[1] **식품위생법은 제22조 제1항 제2호에서**
'식품의약품안전처장, 시·도지사 또는 시장·군수·구청장은
식품 등의 위해방지·위생관리와 영업질서의 유지를 위하여
필요하면 관계 공무원으로 하여금
다음 각 목에 해당하는 출입·검사·수거 등의 조치를
하도록 할 수 있다.'라는 취지로 규정하면서,
그 (가)목에서 "영업소에 출입하여 판매를 목적으로 하거나
영업에 사용하는 식품 또는 영업시설에 대하여 하는 검사",
그 (나)목에서 "(가)목에 따른 검사에 필요한
최소량의 식품 등의 무상 수거",

그 (다)목에서 “영업에 관계되는 장부
또는 서류의 열람”이라고 규정하고 있다.

한편 식품위생법 제22조 제3항은
“제1항·제2항 경우 출입·검사·수거·열람하려는 공무원은
그 권한을 표시하는 증표 및
조사기간, 조사범위, 조사담당자, 관계 법령 등
대통령령으로 정하는 사항이 기재된 서류를 지니고
이를 관계인에게 내보여야 한다.”라고 규정하고 있다.

위와 같은 식품위생법 제22조 제3항의 문언에 비추어 보면,
식품위생법 제22조 제3항에 따라 ‘권한을 표시하는 증표 및
조사기간 등이 기재된 서류를 제시하여야 하는 경우’는
식품위생법 제22조 제1항 제2호에 따라 영업소에 출입하여
식품 등 또는 영업시설 등에 대하여 검사하거나,
식품 등의 무상 수거, 장부 또는 서류를 열람하는 등의
행정조사를 하려는 경우에 한정된다.
따라서 구 형사소송법(2020. 2. 4. 법률 제16924호로 개정되기 전의 것) 제197조, 구 사법경찰관리의 직무를 수행할 자와 그 직무범위에 관한 법률(2019. 12. 10. 법률 제16768호로 개정되기 전의 것) 제5조 제8호에 근거하여 특별사법경찰관리로 지명된 공무원이
범죄수사를 위하여
음식점 등 영업소에 출입하여
증거수집 등 수사를 하는 경우
식품위생법 제22조 제3항이 정한 절차를
준수하지 않았다고 하여 위법하다고 할 수 없다. • 증거수집절차

[2] 특별사법경찰관이 영장 없이 음식점 내부 촬영 위법 여부

수사기관이 범죄를 수사하면서
현재 범행이 행하여지고 있거나 행하여진 직후이고,
증거보전의 필요성 및 긴급성이 있으며,
일반적으로 허용되는 상당한 방법으로 촬영한 경우라면
위 촬영이 영장 없이 이루어졌다 하여
이를 위법하다고 할 수 없다(대법원 1999. 9. 3. 선고 99도2317 판결 등 참조). • 증거보전 필요성과 증거보전 긴급성

다만 촬영으로 인하여
초상권, 사생활의 비밀과 자유, 주거의 자유 등이
침해될 수 있다.
수사기관이 일반적으로 허용되는 상당한 방법으로
촬영하였는지 여부는 수사기관이 촬영장소에
통상적인 방법으로 출입하였는지
또한 촬영장소와 대상이
사생활의 비밀과 자유 등에 대한 보호가
합리적으로 기대되는 영역에 속하는지 등을
종합적으로 고려하여 신중하게 판단하여야 한다(대법원 2023. 4. 27. 선고 2018도8161 판결 참조). • 출입방법·촬영장소·촬영대상 판단

✎ 참조 조문

> 형사소송법 제308조2(적법절차 수집증거 사용원칙)
> 수사기관과 법원은 적법절차로 수집한 진술증거·비진술증거를 증거로 사용한다.
> [본조신설 2007.6.1] [[시행일 2008.1.1.]]
>
> [출처] 형사소송법 일부개정 2024. 2. 13. [법률 제20265호, 시행 2024. 2. 13.] 법무부.

27

위법수집증거
사인이 몰래 녹음한 전화통화 녹음파일 증거능력

사인이 몰래 녹음한 피고인과 사이의 전화통화 녹음파일의 증거능력이 문제된 사건

대법원 2023. 12. 14. 선고 2021도2299 판결
[공공단체등위탁선거에관한법률위반]

[공소사실 요지]

피고인의 배우자가 피고인 모르게 피고인의 휴대전화에 자동녹음 애플리케이션을 실행해 두어 자동으로 녹음된 피고인과 배우자 사이의 전화통화 녹음파일을 증거로 사용할 수 있는지 여부가 문제된 사안이다. • 요약

공소외인이 피고인 1의 동의 없이 피고인 1의 휴대전화를 조작하여 피고인 1의 전화통화 내용을 모두 녹음하였다. 그 전화통화 녹음파일이 피고인 1의 휴대전화에 저장되었다. 수사기관이 피고인 1의 휴대전화를 적법하게 압수하여 분석하던 중 우연히 이를 발견하여 압수하였다.
이 사건 형사소추의 대상이 된 행위는, 피고인들이 수산업협동조합장 선거에서 금품을 살포하여 선거인을 매수하는 등의 방법으로 「공공단체등 위탁선거에 관한 법률」을 위반하였다는 것으로 이른바 '돈 선거'를 조장하는 중대범죄에 해당한다. 선거범죄는 대체로 계획적·조직적인 공모 아래 은밀하게 이루어진다. 그러므로 피고인들의 공모관계를 비롯한 구체적 범행 내용 등을 밝혀 줄 수 있는 객관적 증거인 위 전화통화 녹음파일을 증거로 사용해야 할 필요성이 높다.

[법리 쟁점]

사인이 수집한 사생활 영역 관련 증거의 증거능력을 판단하는 기준

[참조조문]

형사소송법 제308조의2

[참조판례]

대법원 2013. 11. 28. 선고 2010도12244 판결, 대법원 2017. 3. 15. 선고 2016도 19843 판결

[원심 판단]

제1심법원은 피고인에게 유죄를 선고하였다.
원심법원은 피고인에게 유죄를 선고하였다.
전화통화 녹음파일의 증거능력을 인정하여 공소사실을 유죄로 판단하였다.
피고인들 및 검사(피고인 1에 대하여)가 상고하였다.

[대법원 판단]

대법원은 상고를 모두 기각한다.
피고인의 배우자가 피고인의 동의 없이 피고인의 휴대전화를 조작하여 통화내용을 녹음하였으므로 피고인의 사생활 내지 인격적 이익을 침해하였다고 볼 여지는 있다. 그러나 ① 피고인의 배우자가 전화통화의 일방 당사자로서 피고인과 직접 대화를 나누면서 피고인의 발언 내용을 직접 청취하였다. 그러므로 전화통화 내용을 몰래 녹음하였다고 하여 피고인의 사생활의 비밀, 통신의 비밀, 대화의 비밀 등이 침해되었다고 평가하기는 어렵다. 피고인의 배우자가 녹음파일 등을 제3자에게 유출한 바 없다. 그러므로 음성권 등 인격적 이익의 침해 정도도 비교적 경미하다고 보아야 한다. ② 피고인의 배우자가 범행에 관한 증거로 사용하겠다는 의도나 계획 아래 전화통화를 녹음한 것이 아니다. 수사기관 역시 위 전화통화의 녹음에 어떠한 관여도 하지 않은 채 적법하게 압수한 휴대전화를 분석하던 중 우연히 이를 발견하였을 뿐이다. ③ 반면 이 사건 형사소추의 대상이 된 행위는 수산업협동조합장 선거에서 금품을 살포하여 선거인을 매수하는 등 이른바 '돈 선거'를 조장하였다는 것이다. 선거범죄는 대체로 계획적·조직적인 공모 아래 은밀하게 이루어진다. 그러므로 구체적 범행 내용 등을 밝혀 줄 수 있는 객관적 증거인 전화통화 녹음파일을 증거로 사용해야 할 필요성이 높다. 이 점 등을 종합하면, 전화통화 녹음파일을 증거로 사용할 수 있다. 대법원은 원심판결을 수긍하여 상고를 기각하였다.

낭독 형사소송법 판결문 27

대법원 2023. 12. 14. 선고 2021도2299 판결 [공공단체등위탁선거에관한법률위반]
<사인이 몰래 녹음한 피고인과 사이의 전화통화 녹음파일의 증거능력이 문제된 사건>

판시 사항

사인이 수집한 사생활 영역 관련 증거의 증거능력을 판단하는 기준

판결 요지

국민의 인간으로서의 존엄과 가치를 보장하는 것은
국가기관의 기본적인 의무이다.
이는 형사절차에서도 당연히 구현되어야 한다. • 형사절차

그러나 국민의 사생활 영역에 관계된 모든 증거의 제출이
곧바로 금지되는 것으로 볼 수는 없다.

형사절차에서 증거로 사용할 수 있는지는
개별적인 사안에서
효과적인 형사소추와 형사절차상 진실발견이라는 공익과
개인의 인격적 이익 등의 보호이익을
비교형량하여 허용 여부를 결정하여야 한다. • 이익 비교 형량

법원이 비교형량을 할 때
사생활·인격적 이익을 보호하여야 할 필요성 여부 및 정도,
증거수집 과정에서 사생활·인격적 이익을 침해하게 된 경위,
침해내용과 침해 정도,
형사소추 대상이 되는 범죄 경중과 범죄 성격,
피고인의 증거동의 여부 등을
전체적·종합적으로 고려하여야 한다. • 법원 비교형량 판단 방법

증거수집 절차가
개인의 사생활·인격적 이익을 중대하게 침해하여
사회통념상 허용되는 한도를 벗어난 것이라면,
단지 형사소추에 필요한 증거라는 사정만을 들어
곧바로 형사소송에서 진실발견이라는 공익이
개인의 인격적 이익 등 보호이익보다
우월한 것으로 섣불리 단정해서는 안 된다. • 증거수집 절차가 개인 사생활·인격적 이익에 중대한 침해인 경우 위법수집증거이다.

그러나 그러한 한도를 벗어난 것이 아니라면
형사절차에서 증거로 사용할 수 있다(대법원 2013. 11. 28. 선고 2010도 12244 판결, 대법원 2017. 3. 15. 선고 2016도 19843 판결 등 참조). • 중대한 침해를 제외하고 형사절차에서 증거로 사용

✎ **참조 조문**

> 형사소송법 제308조의2(위법수집증거의 배제)
> 적법한 절차에 따르지 아니하고 수집한 증거는 증거로 할 수 없다.
> [본조신설 2007.6.1]
>
> [출처] 형사소송법 일부개정 2024. 2. 13. [법률 제20265호, 시행 2024. 2. 13.] 법무부.
>
> 형사소송법 제308조2(적법절차 수집증거 사용원칙)
> 수사기관과 법원은 적법절차로 수집한 진술증거·비진술증거를 증거로 사용한다.
> [본조신설 2007.6.1] [[시행일 2008.1.1.]]

28

증거능력
공소사실 특정과 검사 작성 피의자신문조서 증거능력

공소사실 특정 여부 및 검사 작성 피의자신문조서의 증거능력이 문제된 사건

대법원 2023. 4. 27. 선고 2023도2102 판결
[마약류관리에관한법률위반(향정)]

[공소사실 요지]

1. 피고인은 "2021. 6. 10. 19:00경부터 같은 날 20:00경 사이에 경북 칠곡군 (주소생략)에서 일회용 주사기에 향정신성의약품인 메트암페타민 약 0.05g을 넣고 생수로 희석해 자신의 오른팔에 주사하는 방법으로 이를 투약하였다"라는 등의 범죄사실로 2021. 10. 19. 징역 2년을 선고받아 2022. 4. 7. 그 판결(이하 '선행판결'이라 한다)이 확정되었다.
2. 이 사건 공소사실 요지는 "피고인이 2021. 3.경부터 같은 해 6.경 사이에 경북(주소 생략)에서 일회용 주사기에 향정신성의약품인 메트암페타민 약 0.05g을 넣고 생수로 희석하여 자신의 오른팔에 주사하는 방법으로 총 2회에 걸쳐 이를 투약하였다"라는 것이다.
3. 피고인에 대한 검찰 피의자신문조서에는 피고인이 2021. 3.경부터 같은 해 6. 10. 19:00경 사이에 공소사실과 같은 방법으로 메트암페타민을 2회 투약하였다고 진술한 것으로 기재되어 있다.

[법리 쟁점]

[1] 이중기소에 저촉되는지 식별할 수 있을 정도로 공소사실이 특정되었는지 여부
[2] 공소사실을 부인하는 경우 검사 작성 피의자신문조서의 증거능력

[참조조문]
[1] 형사소송법 제254조 제4항, 제327조 제2호 / [2] 형사소송법 제312조 제1항

[참조판례]
[1] 대법원 2019. 12. 24. 선고 2019도10086 판결(공2020상, 392), 대법원 2021. 11. 11. 선고 2021도11454 판결, 대법원 2022. 11. 17. 선고 2022도8257 판결(공2023상, 97) / [2] 대법원 2010. 6. 24. 선고 2010도5040 판결(공2010하, 1529), 대법원 2022. 7. 28. 선고 2020도15669 판결

[원심 판단]
제1심법원은 피고인에게 유죄를 선고하였다. 피고인은 제1심에서 선행판결의 범죄사실 외에는 공소사실의 일시에 메트암페타민을 투약한 사실이 없다고 주장하였다. 제1심이 공소사실을 모두 유죄로 인정하자 항소한 후 2022. 11. 14. 공소사실을 인정한다고 하면서 "제1심 공판검사가 투약횟수를 2회에서 1회로 정정하였다"는 취지의 내용이 기재된 항소이유서를 제출하였다. 피고인은 이어 2022. 12. 1.과 2022. 12. 9. "투약횟수가 1회이다. 이에 맞게 추징금도 달라져야 한다"는 취지의 반성문을 제출하였다. 그리고 2022. 12. 14. 원심 제1회 공판기일에서 위 항소이유서와 "제1심 공판검사가 투약횟수를 2회에서 1회로 정정하였다"는 취지의 내용이 기재된 변론요지서를 진술하고, 이어서 1)항과 같이 진술하였다.
원심법원은 피고인에게 공소사실을 자백하는 내용의 검찰 피의자신문조서 등을 근거로 유죄를 선고하였다. 피고인은 원심 제1회 공판기일에서 "공소사실을 인정한다"고 진술하였다. 그러나 위 진술에 이어 곧바로 "피고인이 메트암페타민을 1회 투약한 것으로 공소장을 변경하였음에도 제1심은 이를 간과하였다"는 취지의 진술을 하였다.
피고인이 상고하였다.

[대법원 판단]
원심판결을 파기하고, 사건을 대구지방법원에 환송한다.
확정판결의 범죄사실과 이 사건 공소사실의 범행 장소와 방법이 동일하고 이 사건 공소사실의 '일시' 기재만으로는 이 사건 공소사실이 확정판결의 범죄사실과 동일한지 판단할 수 없어 심판의 대상이나 방어의 범위가 특정되었다고 볼 수 없다. 피고인은 제1심에서 공소사실을 부인하였다. 그

러므로 증거목록에 피고인이 제1심에서 검찰 피의자신문조서에 동의한 것으로 기재되어 있어도 그 중 공소사실을 인정하는 취지의 진술 내용을 인정하지 않았다고 보아야 한다. 증거목록에 위와 같이 기재되어 있는 것은 착오 기재이거나 또는 조서를 잘못 정리한 것으로 이해될 뿐이다. 이로써 위 검찰 피의자신문조서가 증거능력을 가지게 되는 것은 아니다. 대법원은 원심판결을 파기·환송하였다.

낭독 형사소송법 판결문 28

대법원 2023. 4. 27. 선고 2023도2102 판결 [마약류관리에관한법률위반(향정)]
<공소사실 특정 여부 및 검사 작성 피의자신문조서의 증거능력이 문제된 사건>

판시 사항

[1] 형사소송법 제254조 제4항에서 공소사실의 특정을 요구하는 취지 및 범죄 '일시'의 특정 정도 / 범죄의 일시·장소 등을 특정 일시나 상당한 범위 내로 특정할 수 없는 부득이한 사정이 존재하지 아니함에도 공소의 제기 혹은 유지의 편의를 위하여 범죄의 일시·장소 등을 지나치게 개괄적으로 표시함으로써 사실상 피고인의 방어권 행사에 지장을 가져오는 경우, 공소사실이 특정된 것인지 여부(소극) / 공소사실에 특정되지 아니한 부분이 있는 경우, 법원이 취할 조치
[2] 2020. 2. 4. 법률 제16924호로 개정되어 2022. 1. 1.부터 시행된 형사소송법 제312조 제1항에서 '그 내용을 인정할 때'의 의미 / 피고인이 공소사실을 부인하는 경우, 검사가 작성한 피의자신문조서 중 공소사실을 인정하는 취지의 진술 부분은 그 내용을 인정하지 않았다고 보아야 하는지 여부(적극)

판결 요지

[1] 공소사실의 기재는
범죄의 일시, 장소와 방법을 명시하여

사실을 특정할 수 있도록 하여야 한다(형사소송법 제254조 제4항).

• 공소사실 특정

이와 같이 공소사실의 특정을 요구하는 법의 취지는
법원에 대하여 심판의 대상을 한정하고
피고인에게 방어의 범위를 특정하여
그 방어권 행사를 쉽게 해주기 위한 데에 있는 것이다.

• 심판대상 한정과 피고인 방어권 범위 특정

그러므로 범죄의 '일시'는
이중기소나 시효에 저촉되는지
식별할 수 있을 정도로 기재하여야 한다(대법원 2022. 11. 17. 선고 2022도8257 판결 참조). • 이중기소와 시효 판단

검사는 가능한 한 공소제기 당시의
증거에 의하여 이를 특정함으로써
피고인의 정당한 방어권 행사에
지장을 초래하지 않도록 하여야 할 것이다. • 피고인 방어권 보장

범죄의 일시·장소 등을
특정 일시나 상당한 범위 내로
특정할 수 없는 부득이한 사정이 존재하지 아니함에도
공소의 제기 혹은 유지의 편의를 위하여
범죄의 일시·장소 등을 지나치게 개괄적으로 표시함으로써
사실상 피고인의 방어권 행사에 지장을 가져오는 경우
형사소송법 제254조 제4항에서 정하고 있는
구체적인 범죄사실의 기재가 있는 공소장이라고 할 수 없다(대법원 2021. 11. 11. 선고 2021도11454 판결 참조).

• 범죄 일시와 범죄 장소 개괄적 표지 금지(=공소장·구체적 범죄사실 기재설)

공소사실이 특정되지 아니한 부분이 있다면,
법원은 검사에게 석명을 구하여 특정을 요구하여야 한다.
• 법원 석명권 행사와 공소사실 특정 요구권

그럼에도 검사가 이를 특정하지 않는다면
그 부분에 대해서는 공소를 기각할 수밖에 없다(대법원 2019. 12. 24. 선고 2019도10086 판결 참조). • 공소기각판결

[2] 2020. 2. 4. 법률 제16924호로 개정되어 2022. 1. 1.부터 시행된 형사소송법 제312조 제1항은 검사가 작성한 피의자신문조서는 공판준비, 공판기일에 그 피의자였던 피고인 또는 변호인이 그 내용을 인정할 때에 한정하여 증거로 할 수 있다고 규정하고 있다. 여기서 '그 내용을 인정할 때'라 함은 피의자신문조서의 기재 내용이 진술 내용대로 기재되어 있다는 의미가 아니다. 그와 같이 진술한 내용이 실제 사실과 부합한다는 것을 의미한다(대법원 2022. 7. 28. 선고 2020도15669 판결). **따라서 피고인이 공소사실을 부인하는 경우 검사가 작성한 피의자신문조서 중 공소사실을 인정하는 취지의 진술 부분은 그 내용을 인정하지 않았다고 보아야 한다.** • 피고인 내용 부인(=진술 내용 실제 사실 부합설) 증거능력 불인정(=피고인과 공범 모두에게 적용)

판결 해설

공소사실 특정과 검사 작성 피의자신문조서 증거능력

Ⅰ. 사안 쟁점

피고인은 2021. 6. 10. 메트암페타민을 투약하여 유죄 확정판결을 받았다. 그럼에도 피고인은 2021. 3.부터 2021. 6.경까지 위 확정판결의 범죄사실과 같은 장소에서 같은 방법으로 메트암페타민을 2회 투약하였다는 범죄사실로 기소되었다.

사안의 쟁점은 2가지이다. 첫째 이중기소에 저촉되는지 식별할 수 있

을 정도로 공소사실이 특정되었는지 여부이다. 둘째 공소사실을 부인하는 경우 검사 작성 피의자신문조서의 증거능력이다.

Ⅱ. 대법원 법리 판단

확정판결의 범죄사실과 이 사건 공소사실의 범행 장소와 방법이 동일하고 이 사건 공소사실의 '일시' 기재만으로 이 사건 공소사실이 확정판결의 범죄사실과 동일한지 판단할 수 없어 심판 대상이나 방어의 범위가 특정되었다고 볼 수 없다.

피고인은 제1심에서 공소사실을 부인하였다. 그러므로 증거목록에 피고인이 제1심에서 검찰 피의자신문조서에 동의한 것으로 기재되어 있어도 그 중 공소사실을 인정하는 취지의 진술 내용을 인정하지 않았다고 보아야 한다. 증거목록에 위와 같이 기재되어 있는 것은 착오 기재이거나 조서를 잘못 정리한 것으로 이해될 뿐이다. 검찰 피의자신문조서가 증거능력을 가지게 되는 것은 아니다.

Ⅲ. 사안 해결

제1심에서 피고인의 주장, 제1회 공판기일에서 공소사실을 인정한다고 진술하기 전후로 피고인이 주장하였던 내용, **이 사건 공소사실이 선행판결의 범죄사실과 동일한지 판단할 수 없어 심판 대상이나 방어의 범위가 특정되었다고 볼 수 없다.**

피고인의 진술을, 공소사실 일시에 선행판결의 범죄사실과 별도로, 메트암페타민을 2회 투약하였다고 자백한 것으로 볼 수는 없다(대법원 2008. 2. 14. 선고 2007도10599 판결, 대법원 1990. 4. 27. 선고 89도1569 판결 등 참조).

그렇다면 피고인의 법정진술을 공소사실 모두에 대한 자백으로 본 것은 자백에 관한 법리를 오해한 잘못이 있다.

29

증거능력

형사소송법 제312조 제1항 '내용을 인정한 때' 의미·검사 작성 피의자신문조서 증거능력

형사소송법 제312조 제1항 해석

대법원 2023. 6. 1. 선고 2023도3741 판결
[마약류관리에관한법률위반(향정), 마약류관리에관한법률위반(대마), 특정범죄가중처벌등에관한법률위반(도주치상), 도로교통법위반(사고후미조치), 범인도피교사]

[공소사실 요지]

피고인은 공소외인과 함께 필로폰을 투약하였다. 2021. 3. 29.경 공소외인에게 필로폰을 판매하거나 교부한 사실은 없다. 공소외인은 수사기관 진술 당시 필로폰 중독 상태로 정신적으로 피폐해 있었다. 공소외인은 법정에서 피고인으로부터 필로폰을 매수한 사실이 없다고 증언하였다.

[법리 쟁점]

[1] 형사소송법 제312조 제1항에서 '내용을 인정할 때' 의미

[2] 형사소송법 제312조 제1항에서 '검사 작성 피의자신문조서' 범위

[참조조문]

형사소송법 제312조 제1항

[참조판례]

대법원 2023. 4. 27. 선고 2023도2102 판결(공2023상, 994)

[원심 판단]

제1심법원은 피고인에게 유죄를 선고하였다.

공소사실 중 공소외인에 대한 필로폰 매도 부분에 대하여 '공소외인에 대한 검찰 피의자신문조서 사본' 등을 증거로 하여 유죄로 판단하였다.

원심법원은 피고인에게 유죄를 선고하였다.
피고인과 변호인이 필로폰 매도 범행과 관련하여 필로폰을 매수한 '김○○에 대한 검찰 피의자신문조서 사본'에 대해 내용 부인 취지에서 증거로 사용함에 동의하지 않는다는 의견을 밝혔음에도, 원심은 이를 증거로 하여 유죄 판단을 한 제1심판결을 유지하였다.
피고인이 상고하였다.

[대법원 판단]

대법원은 상고를 기각한다.
원심의 판단이 형사소송법 제312조 제1항에서 관한 법리를 오해한 것이지만, 적법하게 채택한 나머지 증거능력 있는 증거만으로도 이 부분 공소사실을 유죄로 인정하기에 충분하다. 그러므로 위와 같은 원심의 일부 부적절한 판단이 판결에 영향을 미친 잘못에 해당한다고 볼 수는 없다.

낭독 형사소송법 판결문 29

대법원 2023. 6. 1. 선고 2023도3741 판결 [마약류관리에관한법률위반(향정), 마약류관리에관한법률위반(대마), 특정범죄가중처벌등에관한법률위반(도주치상), 도로교통법위반(사고후미조치), 범인도피교사]

<형사소송법 제312조 제1항 해석>

판시 사항

2020. 2. 4. 법률 제16924호로 개정되어 2022. 1. 1.부터 시행된 형사소송법 제312조 제1항에서 '그 내용을 인정할 때'의 의미 / 형사소송법 제312조 제1항에서 정한 '검사가 작성한 피의자신문조서'에 당해 피고인과 공범관계에 있는 다른 피고인이나 피의자에 대하여 검사가 작성한 피의자신문조서도 포함되는지 여부(적극) 및 여기서 말하는 '공범'에는 강학상 필요적 공범 또는 대향범까지 포함하는지 여부(적극) / **피고인이 자신과 공범관계에 있는 다른 피고인이나 피의자에 대하여 검사가 작성한 피의자신문조서의 내용을 부인하는 경우, 형사소송법 제312조 제1항에 따라 유죄의 증거로 쓸 수 있는지 여부**(소극)

판결 요지

[1] 2020. 2. 4. 법률 제16924호로 개정되어
2022. 1. 1.부터 시행된
형사소송법 제312조 제1항은
검사가 작성한 피의자신문조서의 증거능력에 대하여
'적법한 절차와 방식에 따라 작성된 것으로서
공판준비, 공판기일에 그 피의자였던 피고인 또는 변호인이
그 내용을 인정할 때에 한정하여 증거로 할 수 있다'고
규정하였다. • 2022년 1월 1일 시행 개정 형사소송법 제312조 제1항

여기서 '그 내용을 인정할 때'라 함은
피의자신문조서의 기재 내용이
진술 내용대로 기재되어 있다는 의미가 아니다.

그와 같이 진술한 내용이
실제 사실과 부합한다는 것을 의미한다(대법원 2023. 4. 27. 선고 2023도2102 판결 참조). • 내용이 실제 사실과 부합

[2] 형사소송법 제312조 제1항에서 정한
'검사가 작성한 피의자신문조서'란
당해 피고인에 대한 피의자신문조서만이 아니라
당해 피고인과 공범관계에 있는
다른 피고인이나 피의자에 대하여
검사가 작성한 피의자신문조서도 포함된다. • 피고인과 공범 동일

여기서 말하는 '공범'에는
형법 총칙의 공범 이외에도
서로 대향된 행위의 존재를 필요로 할 뿐
각자의 구성요건을 실현하고

별도의 형벌 규정에 따라 처벌되는
강학상 필요적 공범 또는 대향범까지 포함한다.

• 공범 범위(=형법 총칙 공범·필요적 공범·대향범 포함)

따라서 피고인이 자신과 공범관계에 있는
다른 피고인이나 피의자에 대하여
검사가 작성한 피의자신문조서의 내용을 부인하는 경우에는
형사소송법 제312조 제1항에 따라 유죄의 증거로 쓸 수 없다.

• 피고인 내용 부인(=검사작성 피신조서 증거능력 사용 금지. 공범도 포함)

판결 해설

피의자신문조서 적용범위

1. 공범

형사소송법 제312조 제1항과 제3항은 피의자였던 피고인에 대하여는 물론 공범에 대한 관계에서도 적용된다.

피고인 甲이 공판정에서 공범 乙에 대한 수사기관 작성의 피의자신문조서의 내용을 부인하면, **乙이 법정에서 그 조서의 내용을 인정하더라도, 그 조서를 피고인 甲의 공소사실에 대한 증거로 사용할 수 없다.**

공범 乙의 진술만으로 수사기관이 乙에 대해 작성한 피의자신문조서를 피고인 甲에 대한 증거로 사용할 수 없기 때문이다. 또한 **乙이 법정에서 수사과정에서 피의자신문조서에 기재된 것과 같은 내용으로 진술하였다는 취지로 증언하였다고 하더라도**, 증언 역시 이를 유죄 인정의 증거로 쓸 수 없다(임동규, 형사소송법, 제17판, 법문사, 2023, 540면).

2. 공범 범위

형사소송법 제312조 제1항과 제3항은 형법 총칙의 공범·필요적 공범·대향범 관계에 있는 자들 사이에서도 적용된다. 또한 양벌규정과 별개 사건에서도 피고인 甲이 내용을 부인하면 그 조서는 증거능력이 없다.

30

증거능력
조사자 증언과 형사소송법 제316조 제1항 특신상태 존재

조사자 증언에서 형사소송법 제316조 제1항 특신상태 존재 여부가 문제된 사건

대법원 2023. 10. 26. 선고 2023도7301 판결
[마약류관리에관한법률위반(향정)]

[공소사실 요지]

피고인이 2021. 8. 4. 23:00경 김해시 ○○동 소재 △△공원 내 벤치에서 불상량의 필로폰을 커피에 타서 마시는 등의 방법으로 투약하였다는 것이다.

검사는 피고인을 마약류관리에관한법률위반(향정)죄로 기소하였다.

1. 경찰관 공소외인은 피고인에 대하여 세 차례 피의자신문을 하였다. 그런데 세 차례 모두 피고인의 변호인은 동석하지 아니하였다.
2. 피고인은 임의동행 직후 경찰관 공소외인으로부터 제1회 피의자신문을 받으면서 당초에는 필로폰 투약 범행을 부인하였다. 그러나 경찰관 공소외인이 소변의 임의제출을 종용하는 듯한 태도를 취하자 이를 번복하여 '2021. 8. 4. 18:00경 김해시 ○○동 소재 △△공원 내 벤치에서 불상량의 필로폰을 커피에 타서 마시는 방법으로 투약하였다'는 취지로 진술하였다.
3. 그 후, 경찰관 공소외인은 피고인 휴대전화의 발신 기지국 위치를 통하여 피고인이 2021. 8. 4. 18:00경 위 △△공원이 아닌 다른 곳에 있었다. 같은 날 22:46경 위 △△공원 부근에 있었음을 확인하였다.
4. 경찰관 공소외인은 피고인을 재차 소환하여 위와 같은 사실을 언급하면서 2021. 8. 4. 18:00경이 아닌 같은 날 22:46경에 필로폰을 투약한 것이 아닌지 물었다. 이에 피고인은 기존 진술을 번복하면서 공소사실 기재

와 같이 2021. 8. 4. 23:00경 필로폰을 투약하였던 것 같다는 취지로 진술하였다.
5. 피고인은 법정에서 경찰관 공소외인이 작성한 피의자신문조서의 내용을 부인하였다. 경찰관 공소외인은 제1심 법정에 출석하여 피고인이 조사 당시 강요나 회유 없이 자발적으로 공소사실 기재 필로폰 투약 범행을 자백하였다는 취지로 증언하였다.

[법리 쟁점]

[1] 조사자 증언에서 형사소송법 제316조 제1항 '특신상태'의 의미
[2] 조사자 증언에서 피고인의 수사기관 진술이 '특히 신빙할 수 있는 상태하에서 행하여졌음'에 대한 증명의 정도(=합리적인 의심을 배제할 정도)

[참조조문]

형사소송법 제308조, 제312조 제1항, 제3항, 제316조 제1항

[참조판례]

대법원 2001. 9. 4. 선고 2000도1743 판결(공2001하, 2203), 대법원 2015. 12. 10. 선고 2015도16105 판결

[원심 판단]

제1심법원은 피고인에게 유죄를 선고하였다.
원심법원은 피고인에게 유죄를 선고하였다.
피고인을 경찰에서 조사하였던 경찰관의 제1심 증언을 유죄의 증거로 삼아 이 사건 공소사실을 유죄로 판단한 제1심판결을 그대로 유지하였다.
원심은 경찰관 공소외인의 제1심 법정에서 증언이 증거능력이 있다. 이를 전제로 위 증언과 피고인의 모발감정결과 등에 의하면, 피고인이 공소사실과 같이 필로폰을 투약하였음을 충분히 인정할 수 있다. 원심법원은 이 사건 공소사실을 유죄로 판단한 제1심판결을 그대로 유지하였다.
피고인이 상고하였다.

[대법원 판단]

대법원은 원심판결을 파기하고, 사건을 부산지방법원에 환송한다.
피고인이 경찰 조사 당시 변호인의 동석 없이 진술하였다. 피고인의 진술 중 범인만이 알 수 있는 내용에 관한 자발적, 구체적 진술로 평가될 수 있는 부분이 존재하지 않는다. 오히려 피고인은 임의동행 직후 경찰관이

소변의 임의제출을 종용하자 필로폰 투약 사실을 인정하였다. 이후 경찰관이 발신 기지국 위치를 통하여 확인된 사실을 기초로 진술 번복을 유도하자 그에 따라 공소사실 기재와 같은 필로폰 투약 범행을 인정한 것으로 보인다. 피고인이 조사 당시 그 진술 내용을 신빙하기 어려운 상태에 있었다고 의심되는 정황이 존재한다. 이러한 점에 비추어 보면, 피고인을 경찰에서 조사하였던 경찰관의 제1심 증언은 증거능력이 인정된다고 보기 어렵다. 대법원은 이와 달리 판단한 원심을 파기·환송하였다.

낭독 형사소송법 판결문 30

대법원 2023. 10. 26. 선고 2023도7301 판결 [마약류관리에관한법률위반(향정)]
<조사자 증언에서 형사소송법 제316조 제1항 특신상태 존재 여부가 문제된 사건>

판시 사항

형사소송법 제316조 제1항에서 정한 '피고인의 수사기관 진술이 특히 신빙할 수 있는 상태하에서 행하여졌음'의 의미 / 이러한 특신상태의 존재에 대한 주장·증명 책임의 소재(=검사) 및 피고인의 수사기관 진술이 '특히 신빙할 수 있는 상태하에서 행하여졌음'에 대한 증명 정도(=합리적인 의심의 여지를 배제할 정도)

판결 요지

[1] **형사소송법은**
검사·사법경찰관 등 수사기관이 작성한 피의자신문조서는
그 피의자였던 피고인 또는 변호인이
공판준비 또는 공판기일에 내용을 인정하지 아니하면
증거능력을 부정한다(제312조 제1항, 제3항). • 공판중심주의

그러면서도 검사, 사법경찰관 등
공소제기 전에 피고인을 피의자로 조사하였거나
그 조사에 참여하였던 자,

즉 조사자의 공판준비 또는 공판기일에서의 진술이
피고인의 수사기관 진술을 내용으로 하는 것인 때
그 진술이 '특히 신빙할 수 있는 상태하에서 행하여졌음이 증명된 때'에 한하여 이를 증거로 할 수 있다고 규정하고 있다(제316조 제1항). • 특신상태 존재·직접심리주의

여기서 '그 진술이
특히 신빙할 수 있는 상태하에서 행하여졌음'이란
그 진술을 하였다는 것에 허위 개입의 여지가 거의 없고,
그 진술 내용의 신빙성信憑性(=믿어서 근거·증거로 삼을 수 있을 정도·성질) 이나
임의성任意性을 담보擔保(=맡아 보증)할
구체적이고 외부적인 정황이 있음을 의미한다(대법원 2015. 12. 10. 선고 2015도16105 판결 등 참조).

• 허위 개입 없음+조사자 진술 내용 신빙성+자율성+구체성·외부 정황 존재·증거능력 인정

[2] 이러한 특신상태는 증거능력의 요건에 해당한다.
그러므로 검사가 그 존재에 대하여 구체적으로 주장·증명하여야 한다(대법원 2001. 9. 4. 선고 2000도1743 등 판결). • 검사 증명

피고인의 수사기관 진술이
'특히 신빙할 수 있는 상태하에서 행하여졌음에 대한 증명'은
단지 그러할 개연성이 있다는 정도로는 부족하고
합리적인合理(=양측 주장을 종합하여 이치를 판단하여) 의심의 여지를
배제할 정도에 이르러야 한다. • 합리적 의심 배제 정도

피고인이나 변호인이 그 내용을 인정하지 않더라도
검사·사법경찰관 등 조사자의 법정 증언을 통하여
피고인의 수사기관 진술 내용이
법정에 현출되는 것을 허용하는 것은,

형사소송법 제312조 제1항, 제3항이
피고인의 수사기관 진술은
신용성의 정황적 보장이 부족하다고 보아
피고인이나 변호인이 그 내용을 인정하지 않는 이상
피의자신문조서의 증거능력을 인정하지 않음으로써
그 진술 내용이 법정에 현출되지 않도록
규정하고 있는 것에 대하여 중대한 예외를 인정하는 것이다.
이를 폭넓게 허용하는 경우 형사소송법 제312조 제1항, 제3항의 입법취지와 기능이 크게 손상될 수 있기 때문이다.

• 형사소송법 제312조 예외 조항·특례 조항(=엄격한 제한 해석 요구)

✎ 참조 조문

형사소송법 제316조(전문진술)

① 법원은 공판준비·공판기일에서 다음 각 호에 모두 해당하는 경우 **피고인이 아닌 사람**(피고인을 공소제기 전에 피의자로 조사하였거나 또는 그 조사에 참여하였던 사람을 포함한다. 이하 이 조에서 같다) **진술**을 증거로 사용할 수 있다.

1. 피고인 진술을 내용으로 하는 경우
2. 피고인 진술이 **특별히 신빙할 수 있는 상태**에서 이루어진 것이 증명된 경우

[개정 2007.6.1] [[시행일 2008.1.1]]

② 공판준비·공판기일에서 다음 각 호 사유를 모두 충족한 경우 **피고인 아닌 사람 진술**을 증거로 사용할 수 있다.

1. 피고인 아닌 제3자 진술을 그 내용으로 하는 경우
2. 원진술자가 사망·질병·외국거주·소재불명·이에 준하는 그밖에 사유로 **공판준비·공판기일에서 원진술자 진술이 불가능**한 경우
3. 그 진술이 **특별히 신빙할 수 있는 상태**에서 이루어진 것이 증명된 경우

[개정 95·12·29, 2007.6.1] [[시행일 2008.1.1.]]
[전문개정 61·9·1]

[출처] 형사소송법 일부개정 2024. 2. 13. [법률 제20265호, 시행 2024. 2. 13.] 법무부.

판결 해설 전문진술

1. 전문진술과 전문법칙

공판준비 또는 공판기일에서 진술은 증거능력이 있다. 형사소송법 제310조2 규정이다. 형사소송법 제316조는 전문법칙 예외를 인정하여 전문진술도 일정한 경우 증거능력을 인정한다.

2. 피고인 아닌 사람 전문진술

형사소송법 제316조 제1항은 전문법칙 예외 규정이다. 다만 특신상태를 요건으로 한다. 피고인은 당해 피고인이다. 진술 범위는 피고인 지위·수사·수사전 진술로 제한이 없다.

3. 피고인 아닌 타인 진술을 내용하는 진술

형사소송법 제316조 제2항은 필요성과 신용성의 정황적 보장이 있어야 증거능력이 인정된다. 원진술자 진술에 대한 특신상태이다. 피고인 아닌 타인은 제3자·공범자·공동피고인이다. 원진술자가 법정에 출석하여 부인하면 증거능력이 없다.

4. 조사자 증언

조사자는 검사·사법경찰관·사법경찰관리·검찰청수사관이다. 조사자가 피의자 진술을 증언 형태로 법정에 현출한다. 선서·위증죄·반대신문을 받는다.

5. 피고인 전문진술

피고인이 공판준비 또는 공판기일의 진술이 피고인 아닌 자의 진술을 내용을 하는 경우, 명문 규정이 없다. 형사소송법 제316조 제2항을 유추적용한다.

6. 재전문증거

재전문증거는 이중전문증거이다. 서류증거와 진술증거이다. 재전문진술도 개개 요건을 갖추면 증거로 사용할 수 있다. 전문진술이 기재된 조서는 형사소송법 제312조·제314조·제316조 요건을 갖추면 증거능력이 인정되어 증거로 사용할 수 있다(임동규, 형사소송법, 제17판, 법문사, 2023, 565-570면).

제6장

재 판

31~41

31 공시송달 요건 _ 항소심 불출석 재판요건·상소권회복결정

32 공시송달 효력 _ 형사소송절차에서 외국 공시송달 효력 발생 시기

33 기판력 _ 확정판결 효력·면소판결

34 상고 _ 준항고·수사기관 압수 · 수색 처분에 대한 준항고

35 재항고 _ 재항고·집행유예취소 인용 결정에 대한 재항고

36 상고 _ 상고이유서·상고심 당사자

37 상고 _ 상고심 심판 대상과 공소사실 특정 정도

38 비상구제절차·재심 _ 종전 확정판결 효력 상실과 재심판결 확정 효력 범위

39 비상구제절차·재심 _ 재심대상판결 전후 범행 사이 형법 제37조 전단 경합범 판단

40 청탁금지법 _ 청탁금지법 제8조 제1항 예외 사유·수행활동비 수수

41 청탁금지법 _ 몰수·추징 대상 금품 특정할 수 없는 경우

31

공시송달 요건
항소심 불출석 재판요건·상소권회복결정

원심이 기록에 나타난 피고인의 다른 주소지에 송달을 실시하는 등의 시도를 하지 않은 채 곧바로 공시송달 방법으로 송달을 하고 피고인 진술 없이 판결하였는데, 피고인이 상고권회복결정을 받아 상고한 사건

대법원 2023. 2. 23. 선고 2022도15288 판결
[사기·횡령·업무상횡령]

[공소사실 요지]

원심법원은 제1심에서 피고인이 진술한 거소지로 송달을 해 보거나 또는 제1심에서 피고인에 대하여 송달이 이루어졌던 주소에 관하여 관할 경찰서장에게 소재탐지촉탁을 하지 않은 채, 피고인에 대한 송달을 공시송달로 할 것을 명하였다. 피고인 소환장 등을 공시송달하면서 피고인의 출석 없이 개정하여 소송절차를 진행한 후 검사의 항소를 받아들여 제1심판결을 파기하고 피고인에게 유죄 판결을 선고하였다. 이에 피고인이 상고권회복결정을 받아 상고한 사안이다. **· 요약**

1. 제1심법원은 2021. 7. 8. 피고인에게 징역 8월을 선고하고 이 사건 공소사실 중 횡령의 점에 대하여 무죄를 선고하였다. 이에 대하여 피고인은 항소하지 않았고 검사만이 2021. 7. 14. 사실오인, 법리오해, 양형부당을 이유로 항소하였다.
2. 원심은 2021. 7. 29. 제1심에서 피고인에게 소송관계서류가 적법하게 송달되었던 주소인 서울 영등포구 (주소 1 생략)으로 소송기록접수통지서 등을 발송하였으나 송달불능 되었다. 2021. 9. 6. 피고인의 주민등록상 주소지인 경기 평택시 (주소 2 생략)으로 위 서류를 발송하였으나 송달불능 되었다.

3. 원심은 2022. 2. 11. 평택경찰서에 피고인에 대한 소재탐지를 촉탁하여 '피고인의 주소지 확인결과 피고인을 만나지 못하였고, 주소지 건물의 거주자를 만나 탐문한 바로는 피고인이 2021년까지 회사 숙소인 위 주소지에 거주하였으나 이후 숙소를 나간 뒤 현재까지 연락이 되지 않는다고 한다'는 취지의 회신을 받았다.
4. 원심법원은 2022. 6. 7. 제1심에서 연락이 되었던 피고인의 휴대전화번호로 연락을 시도하였으나 수신정지로 통화가 되지 않았다.
5. 원심은 제1심에서 피고인이 진술한 거소지인 충청남도 예산군 (주소 3 생략)으로 송달을 해보거나 제1심에서 피고인에 대하여 송달이 이루어졌던 서울 영등포구 (주소 1 생략)에 관하여 관할 경찰서장에게 소재탐지촉탁을 하지 않은 채 2020. 6. 8. 피고인에 대한 송달을 공시송달로 할 것을 명하였다(이하 '이 사건 공시송달결정'이라고 한다).
6. 원심은 2022. 6. 8. 소송기록접수통지서, 2022. 7. 15. 피고인 소환장을 각 공시송달하고, 제1회 공판기일에 피고인이 출석하지 않자 다시 공시송달로 피고인을 소환한 후, 제2회 공판기일에도 피고인이 출석하지 않자 형사소송법 제365조 제2항에 의하여 피고인의 출석 없이 개정하여 소송절차를 진행한 후 2022. 10. 13. 검사의 항소를 받아들여 제1심판결을 파기하고 피고인에게 징역 1년 6월을 선고하였다.
7. 피고인은 원심판결 선고 사실을 알게 되자 상고권회복청구를 하였고, 원심법원은 피고인이 책임을 질 수 없는 사유로 상고기간 내에 상고하지 못하였다고 인정하여 2022. 11. 15. 상고권회복결정을 하였다.

[법리 쟁점]

[1] 항소심 불출석 재판 요건
[2] 공시송달 요건

[참조조문]

형사소송법 제63조 제1항, 제365조

[참조판례]

대법원 2005. 2. 25. 선고 2004도7145 판결, 대법원 2015. 6. 25. 선고 2014도17252 전원합의체 판결

[원심 판단]

제1심법원은 피고인에게 일부 유죄, 일부 무죄를 선고하였다.

피고인은 항소하지 않고 검사만 항소하였다.
원심법원은 피고인에게 유죄를 선고하였다.
원심법원은 제1심에서 피고인이 진술한 거소지로 송달을 해 보거나 또는 제1심에서 피고인에 대하여 송달이 이루어졌던 주소에 관하여 관할 경찰서장에게 소재탐지촉탁을 하지 않은 채, 피고인에 대한 송달을 공시송달로 할 것을 명하였다. 피고인 소환장 등을 공시송달하면서 피고인의 출석 없이 개정하여 소송절차를 진행한 후 검사의 항소를 받아들여 제1심판결을 파기하고 피고인에게 유죄 판결을 선고하였다.
피고인이 상고하였다.

[대법원 판단]

대법원은 원심판결을 파기하고, 사건을 서울남부지방법원에 환송한다.
원심이 공시송달결정을 하기 전에 기록에 나타난 피고인의 다른 주소지에 송달을 실시하는 등의 시도를 하지 않은 채 피고인의 주거, 사무소와 현재지를 알 수 없다고 단정하였다. 곧바로 공시송달의 방법에 의한 송달을 하고 피고인의 진술 없이 판결하였다. 이것은 형사소송법 제63조 제1항, 제365조를 위반하여 피고인에게 출석의 기회를 주지 않음으로써 소송절차가 법령에 위배된 것이다.
특히, 피고인이 상고권회복결정을 받아 상고하더라도 형사소송법 제383조 제4호의 해석상 사실오인이나 양형부당을 상고이유로 주장하지 못한다. 그러므로 원심판결을 파기함으로써 피고인에게 사실심 재판을 받을 기회를 부여할 필요가 있다는 대법원 2015. 6. 25. 선고 2014도17252 전원합의체 판결의 취지를 다시 한번 확인하였다.

낭독 형사소송법 판결문 31

대법원 2023. 2. 23. 선고 2022도15288 판결 [사기·횡령·업무상횡령]

<원심이 기록에 나타난 피고인의 다른 주소지에 송달을 실시하는 등 시도를 하지 않은 채 곧바로 공시송달 방법에 의한 송달을 하고 피고인의 진술 없이 판결하였는데, 피고인이 상고권회복결정을 받아 상고한 사건>

판시 사항

[1] 항소심 불출석 재판 요건
[2] 공시송달 요건

판결 요지

**[1] 형사소송법 제370조, 제276조에 의하면,
항소심에서도 피고인의 출석 없이는 개정하지 못하고,
다만 같은 법 제365조에 의하면,
피고인이 항소심 공판기일에 출정하지 아니한 때
다시 기일을 정하고
피고인이 정당한 이유 없이
다시 정한 기일에도 출정하지 아니한 때
피고인의 진술 없이 판결할 수 있도록 되어 있다.
이와 같이 피고인의 진술 없이 판결할 수 있기 위해서는
피고인이 적법한 공판기일 소환장을 받고도
정당한 이유 없이 출정하지 아니할 것을 필요로 한다.** • 출석

**[2] 그리고 형사소송법 제63조 제1항에 의하면,
피고인에 대한 공시송달은 피고인의 주거, 사무소,
현재지를 알 수 없는 때에 한하여 이를 할 수 있다.
기록상 피고인의 집 전화번호 또는 휴대전화번호 등이
나타나 있는 경우 위 전화번호로 연락하여
송달받을 장소를 확인하여 보는 등의 시도를 해 보아야 한다.
그러한 조치를 취하지 아니한 채 곧바로 공시송달의 방법에 의한
송달을 하고 피고인의 진술 없이 판결을 하는 것은
형사소송법 제63조 제1항, 제365조에 위배되어 허용되지 아니한다**
(대법원 2005. 2. 25. 선고 2004도7145 판결). • 공시송달 요건

피고인이 상고권회복결정을 받아 상고하더라도
사실오인이나 양형부당을 상고이유로 주장하지 못한다.
그러므로 결국 사실오인 등 주장에 관하여
항소심의 판단을 받을 기회를 갖지 못하게 된다.
그러므로 피고인을 구제할 필요도 있다(대법원 2015. 6. 25. 선고 2014도17252 전원합의체 판결 등 참조).

판결 해설

1. 송달 개념

송달이란 소송서류를 알리는 일이다. 보충송달·유치송달·발송송달·공시송달이 가능하다. 송달은 받을 자의 주소·거소·영업소·사무소에서 하는 것이 원칙이다. 재감자에 대한 송달은 교도소장에게 한다. 등기우편 발송송달은 도달한 때이다. 공시송달은 피고인의 주소·거소·영업소·사무소·현재지를 알 수 없을 때 실시한다. 최초의 공시송달은 공시한 날부터 2주일이 경과하면 그 효력이 발생한다. 다만 제2회 이후 공시송달은 5일을 경과하면 효력이 생긴다(이주원, 형사소송법, 제3판, 박영사, 2021, 67－69면).

2. 대법원 일관된 판결

대법원의 일관된 입장을 보면, 항소한 피고인이 거주지 변경신고를 하지 아니한 상태에서, 기록에 나타난 피고인의 휴대전화번호와 집전화번호로 연락하여 송달받을 장소를 확인해 보는 등의 조치를 취하지 아니한 채, 곧바로 공시송달을 명하고 피고인의 진술 없이 판결을 한 원심의 조치가 형사소송법 제63조 제1항, 제365조에 위배된다(대법원 2007. 7. 12. 선고 2006도3892 판결 [사기·사문서위조·위조사문서행사·업무상횡령]).

3. 대법원 최근 판결

대법원 최근 판결도 같은 입장이다. "피고인의 다른 주소지에 송달을 실시하는 등의 시도를 하지 않은 채, 피고인의 주거, 사무소와 현재지를 알 수 없다고 단정하여 곧바로 공시송달의 방법에 의한 송달을 하고,

피고인의 진술 없이 판결을 한 것은 형사소송법 제63조 제1항, 제365조를 위반하여 피고인에게 출석의 기회를 주지 않음으로써 소송절차가 법령에 위배된다”(대법원 2023. 2. 23. 선고 2022도15288 판결).

피고인에게 사실심 재판을 받을 기회를 부여할 필요가 있다. 대법원 2015. 6. 25. 선고 2014도17252 전원합의체 판결의 취지를 다시 한번 확인한 판결이다.

4. 대법원 2015. 6. 25. 선고 2014도17252 전원합의체 판결 [폭행 · 공무집행방해 · 사기]

판결 요지

[다수의견] 소송촉진 등에 관한 특례법(이하 ‘소송촉진법’이라 한다) 제23조(이하 ‘특례 규정’이라 한다)와 소송촉진법 제23조의2 제1항(이하 ‘재심 규정’이라 한다)의 내용 및 입법 취지, 헌법 및 형사소송법에서 정한 피고인의 공정한 재판을 받을 권리 및 방어권의 내용, 적법절차를 선언한 헌법 정신, **귀책사유 없이 불출석한 상태에서 제1심과 항소심에서 유죄판결을 받은 피고인의 공정한 재판을 받을 권리를 실질적으로 보호할 필요성** 등의 여러 사정들을 종합하여 보면, 특례 규정에 따라 진행된 제1심의 불출석 재판에 대하여 검사만 항소하고 항소심도 불출석 재판으로 진행한 후에 제1심판결을 파기하고 새로 또는 다시 유죄판결을 선고하여 유죄판결이 확정된 경우에도, **재심 규정을 유추 적용하여 귀책사유 없이 제1심과 항소심의 공판절차에 출석할 수 없었던 피고인은 재심 규정이 정한 기간 내에 항소심 법원에 유죄판결에 대한 재심을 청구할 수 있다.**

그리고 피고인이 재심을 청구하지 않고 상고권회복에 의한 상고를 제기하여 위 사유를 상고이유로 주장한다면, 이는 형사소송법 제383조 제3호에서 상고이유로 정한 원심판결에 ‘재심청구의 사유가 있는 때’에 해당한다고 볼 수 있으므로 원심판결에 대한 파기사유가 될 수 있다. 나아가 위 사유로 파기되는 사건을 환송받아 다시 항소심 절차를 진행하는 원심으로서는 **피고인의 귀책사유 없이 특례 규정에 의하여 제1심이 진행되었다는 파기환송 판결 취지에 따라, 제1심판결에 형사소송법 제361조의5 제13호의 항소이유에 해당하는 재심 규정에 의한 재심청구의 사유가 있어 직권 파기 사유에 해당한다고 보고, 다시 공소장 부본 등을 송달하는 등 새로 소송절차를 진행한 다음 새로운 심리 결과에 따라 다시 판결을 하여야 한다.**

32

공시송달 효력
형사소송절차에서 외국 공시송달의 효력 발생 시기

형사소송절차에서 외국에서 하는 공시송달의 효력 발생 시기

대법원 2023. 10. 26. 선고 2023도3720 판결
[특정범죄가중처벌등에관한법률위반(관세)·관세법위반]

[공소사실 요지]

피고인은 2019. 12. 23. 베트남으로 출국하여 현재까지 거주하고 있고, 원심은 형사 사법공조절차를 통하여 피고인의 베트남 주소지로 2회 송달을 시도하여 베트남최고인민검찰청으로부터 송달불능 되었다는 회신을 받은 후 2023. 1. 5. 피고인에 대한 송달을 공시송달로 할 것을 명하면서 같은 날 피고인 소환장을 공시송달한 사실, 원심은 2023. 2. 1. 제5회 공판기일에 피고인이 출석하지 않자 다시 공시송달의 방법으로 피고인 소환장을 송달 한 후 2023. 2. 8. 제6회 공판기일에도 피고인이 출석하지 않자 형사소송법 제365조 제2항에 따라 피고인의 출석 없이 개정하여 소송절차를 진행한 다음 2023. 2. 15. 검사의 항소를 받아들여 제1심판결을 파기하고 피고인에게 징역 1년 6월, 집행유예 2년 및 벌금 50,400,000원을 선고한 사실을 알 수 있다.

[법리 쟁점]

형사소송절차에 외국에서 하는 공시송달의 효력 발생 시기에 관한 민사소송법 제196조 제2항이 준용될 수 있는지 여부(적극)

[참조조문]

형사소송법 제370조, 제276조, 제365조, 제63조 제2항, 형사소송법 제65조, 민사소송법 제196조 제2항

[참조판례]

대법원 2006. 2. 23. 선고 2005도9291 판결

[원심 판단]

제1심법원은 피고인에게 무죄를 선고하였다.

원심법원은 피고인에게 유죄를 선고하였다.

원심법원은 베트남으로 출국한 피고인에 대하여 사법공조절차를 통해 피고인의 베트남 주소지로 2회 송달을 시도하였다. 베트남최고인민검찰청으로부터 송달불능 되었다는 회신을 받았다. 피고인에 대한 송달을 공시송달로 할 것을 명하면서 같은 날 피고인 소환장을 공시송달하였다. 그로부터 2개월이 경과하기 전에 피고인의 출석 없이 공판기일을 개정하여 제1심판결을 파기하고 유죄를 선고하였다. **• 요약**

피고인은 2019. 12. 23. 베트남으로 출국하여 현재까지 거주하고 있고, 원심은 형사 사법공조절차를 통하여 피고인의 베트남 주소지로 2회 송달을 시도하여 베트남최고인민검찰청으로부터 송달불능 되었다는 회신을 받은 후 2023. 1. 5. 피고인에 대한 송달을 공시송달로 할 것을 명하면서 같은 날 피고인 소환장을 공시송달한 사실, 원심은 2023. 2. 1. 제5회 공판기일에 피고인이 출석하지 않자 다시 공시송달의 방법으로 피고인 소환장을 송달한 후 2023. 2. 8. 제6회 공판기일에도 피고인이 출석하지 않자 형사소송법 제365조 제2항에 따라 피고인의 출석 없이 개정하여 소송절차를 진행한 다음 2023. 2. 15. 검사의 항소를 받아들여 제1심판결을 파기하고 피고인에게 징역 1년 6월, 집행유예 2년 및 벌금 50,400,000원을 선고한 사실을 알 수 있다.

피고인이 상고하였다.

[대법원 판단]

대법원은 원심판결을 파기하고, 사건을 부산고등법원에 환송한다.

피고인이 공시송달로 소환을 받고서 2회 연속 불출석하였다. 그 인정은 첫 공시송달을 한 날부터 2개월 기간이 지난 이후 진행된 2회 공판기일에 연속하여 불출석하였어야 한다. 그럼에도 원심은 첫 공시송달일로부터 2개월이 지나기 전에 공판기일을 개정하여 피고인의 출석 없이 판결을 선고하였다. 이것은 형사소송법 제365조에 어긋나고 형사소송법 제370조, 제276조가 규정한 피고인의 출석권을 침해하였다. 이러한 이유로 대법원은 원심판결을 파기·환송하였다.

낭독 형사소송법 판결문 32

대법원 2023. 10. 26. 선고 2023도3720 판결 [특정범죄가중처벌등에관한법률위반(관세)·관세법위반]

<형사소송절차에서 외국에서 하는 공시송달의 효력 발생 시기>

판시 사항

형사소송절차에 외국에서 하는 공시송달의 효력 발생 시기에 관한 민사소송법 제196조 제2항이 준용될 수 있는지 여부(적극)

판결 요지

[1] 형사소송법 제370조, 제276조에 의하면
항소심에서도 피고인의 출석 없이는 개정하지 못하고,
다만 같은 법 제365조에 의하면
피고인이 항소심 공판기일에 출정하지 아니한 때
다시 기일을 정하고 피고인이 정당한 사유 없이
다시 정한 기일에도 출정하지 아니한 때
피고인의 진술 없이 판결을 할 수 있게 되어 있다. • 재판 출석

그러나 이와 같이 피고인의 진술 없이 판결할 수 있기 위해서
피고인이 적법한 공판기일 소환장을 받고
정당한 이유 없이 출정하지 아니할 것을 필요로 한다(대법원 2006. 2. 23. 선고 2005도9291 판결). • 정당한 이유 없는 2회 연속 불출석

한편 형사소송법 제63조 제2항에 의하면
피고인이 재판권이 미치지 아니하는 장소에 있는 경우
다른 방법으로 송달할 수 없는 때 공시송달을 할 수 있다.
피고인이 재판권이 미치지 아니하는 외국에 거주하는 경우
형사소송법 제65조에 의하여 준용되는
민사소송법 제196조 제2항에 따라

첫 공시송달은 실시한 날부터 2월이 지나야
효력이 생긴다고 볼 것이다. • 공시송달 2개월 후 효력 발생

[2] 피고인에 대한 원심의 첫 공시송달의 효력은
실시한 날부터 2월이 지나야 효력이 생긴다.
그러므로 피고인이 위 공시송달에 의한 소환을 받고서도
2회 연속 불출석하였다고 인정하기 위해서는,
첫 공시송달을 한 2023. 1. 5.부터 2개월의 기간이 지난
2023. 3. 6. 이후에 진행된
2회의 공판기일에 연속하여 불출석하였어야만 할 것이다.
• 첫 공시송달한 날로부터 2개월 후 2회 연속 공판기일 불술석 요건

그럼에도 원심은 첫 공시송달일로부터 2개월의 기간이
지나기 전인 2023. 2. 1.과 2023. 2. 8.에 열린 공판기일에
피고인이 불출석하자 형사소송법 제365조 제2항을 적용하여
피고인의 진술 없이 공판을 진행하고
피고인이 출석하지 않은 기일에 판결을 선고하였다.
피고인의 출석권을 침해한 것으로서
소송절차가 법령에 위배되어 판결에 영향을 미친 잘못이 있다.

33

기판력
확정판결 효력·면소판결

포괄일죄 범행 중 일부에 대한 확정판결의 효력이 미치는 범위가 문제된 사건

대법원 2023. 6. 29. 선고 2020도3705 판결
[성폭력범죄의처벌등에관한특례법위반(통신매체이용음란)·정보통신망이용촉진및정보보호등에관한법률위반(명예훼손)·모욕·협박]

[공소사실 요지]
피고인이 인스타그램을 통하여 다수 피해자에게 성적수치심을 유발하는 글을 도달하게 하고, 비방할 목적으로 허위 내용의 글을 작성하여 게시함으로써 명예를 훼손하고, 모욕을 하였다.
검사는 피고인을 성폭력범죄의처벌등에관한특례법위반(통신매체이용음란)·정보통신망이용촉진및정보보호등에관한법률위반(명예훼손)·모욕죄로 기소하였다. **· 요약**

피고인은 2019. 1. 9. 서울서부지방법원에서 정보통신망이용촉진및정보보호등에관한법률위반(명예훼손)으로 징역 5월을 선고받고 2019. 10. 5. 그 판결이 확정되었다.

1. 성폭력범죄의처벌등에관한특별법위반(통신매체이용음란)
자기 또는 다른 사람의 성적 욕망을 유발하거나 만족시킬 목적으로 전화, 우편, 컴퓨터, 그 밖의 통신매체를 통하여 성적 수치심이나 혐오감을 일으키는 말, 음향, 글, 그림, 영상 또는 물건을 상대방에게 도발하게 하여서는 아니 된다.
그럼에도 불구하고, 피고인은 2018. 2. 15. 불상의 인스타그램을 통해 피해자 공소외 1을 태그하는 방식으로 피해자에게 “나한테 성추행 성희롱 해줘”, “아 ○○아 나 성폭행해줘”라는 성적수치심을 유발하는 글을 도달

하게 한 것을 비롯하여 2018. 7. 10.까지 별지 범죄일람표 1과 같이 8회에 걸쳐 피해자 공소외 1, 피해자 공소외 2에게 성적수치심을 유발하는 글을 도달하게 하였다.

2. 정보통신망이용촉진및정보보호등에관한법률위반(명예훼손)

사람을 비방할 목적으로 정보통신망을 통하여 공공연하게 거짓 사실을 드러내어 다른 사람 명예를 훼손해서는 아니 된다.

그럼에도 불구하고, 피고인은 2018. 3. 16. 자신의 인스타그램에 접속하여 피해자 공소외 1에 대해 "○○이 조카 아들이다 근친상간…"이라는 허위 내용의 글을 작성하여 게재한 것을 비롯하여 2018. 7. 12.까지 별지 범죄일람표 2와 같이 총 8회에 걸쳐 피고인, 공소외 6, 공소외 3 등의 인스타그램에 피해자 공소외 1, 피해자 공소외 2, 피해자 공소외 4에 대한 허위 내용의 글을 작성하여 게재하였다.

이로써 피고인은 피해자들을 비방할 목적으로 정보통신망을 통하여 공공연하게 거짓의 사실을 드러내어 피해자들의 명예를 훼손하였다.

3. 모욕

피고인은 2017. 12. 23. 자신의 인스타그램에서 피해자 공소외 1 등을 태그하는 방식으로 "공소외 1 공소외 3 개새끼들"이라는 글을 게시하여 피해자를 공연히 모욕한 것을 비롯하여 2018. 7. 10.까지 별지 범죄일람표 3과 같이 6회에 걸쳐 피해자를 모욕하였다.

4. 협박

피고인은 2017. 1. 13. 불상의 인스타그램에서 피해자 공소외 3을 태그하는 방식으로 "지금이라도 취하해준다 그래라 그럼 인질을 놓아주겠다 공소외 5를 풀어주겠다", "니가 공소외 5한테 진짜 미안하다면 지금이라도 취하해주겠다고 약속해라", "그럼 멈추겠다 화해해주겠다고 약속해라", "경찰서에서 대면해줘라 △△△△ 고객으로 이용할 수 있게 해줘라 세가지 부탁 들어준다면 멈추겠다", "공소외 5는 인질이다 인질이다 더더있다 찾아다니면서 세가지 소원 들어줄 때까지 멈추지 않겠다"라는 글을 게시하여 협박한 것을 비롯하여 2018. 4. 17.까지 별지 범죄일람표 4와 같이 총 5회에 걸쳐 피해자를 협박하였다.

[법리 쟁점]

포괄일죄 범행 중 일부에 대한 확정판결의 효력이 사실심 판결선고 이전에 이루어진 나머지 포괄일죄 범행과 상상적 경합관계에 있는 죄에 대하여도 미치는지 여부(적극)

[참조조문]

형법 제37조, 제40조, 형사소송법 제326조 제1호

[참조판례]

대법원 1994. 8. 9. 선고 94도1318 판결(공1994하, 2317), 대법원 2006. 11. 23. 선고 2006도6273 판결, 대법원 2007. 2. 23. 선고 2005도10233 판결, 대법원 2009. 2. 26. 선고 2009도39 판결

[원심 판단]

제1심법원은 피고인에게 일부 죄에 대하여 면소판결을 선고하였다.
원심법원은 피고인에게 이 사건 공소사실 중 원심 판시 별지 범죄일람표1 순번 1 내지 7 기재 「성폭력범죄의 처벌 등에 관한 특례법」 위반(통신매체이용음란) 부분, 원심 판시 별지 범죄일람표2 순번 2 내지 8 기재 「정보통신망 이용촉진 및 정보보호 등에 관한 법률」 위반(명예훼손) 부분, 원심 판시 별지 범죄일람표3 순번 1 내지 4 기재 모욕 부분에 대하여 형사소송법 제326조 제1호의 '확정판결이 있는 때'에 해당한다고 보아 면소판결을 선고하였다.
피고인이 피해자 A에 대한 성폭력범죄의처벌등에관한특례법위반(통신매체이용음란) 등 범행으로 선행 확정판결, 선행 약식명령을 받았다. 이 사건 공소사실 중 일부가 선행 확정판결 사실심 판결선고시, 약식명령 발령시 이전에 이루어졌다. 선행 확정판결, 선행 약식명령의 범죄사실과 포괄일죄 관계에 있는 피해자 A에 대한 성폭력범죄의처벌등에관한특례법위반(통신매체이용음란) 등 범행과 상상적 경합관계에 있다. 해당 부분 공소사실에 대하여 선행 확정판결, 선행 약식명령의 기판력이 미친다. 원심은 주문 또는 이유에서 면소로 판단하였다.
검사가 상고하였다.

[대법원 판단]

검사는 상고를 기각한다.

원심의 판단에 필요한 심리를 다하지 않은 채 논리와 경험의 법칙을 위반하여 자유심증주의의 한계를 벗어나거나 상상적 경합관계에 관한 법리를 오해한 잘못이 없다. 대법원은 원심의 면소 판단을 수긍하여 상고를 기각하였다.

낭독 형사소송법 판결문 33

대법원 2023. 6. 29. 선고 2020도3705 판결 [성폭력범죄의처벌등에관한특례법위반(통신매체이용음란)·정보통신망이용촉진및정보보호등에관한법률위반(명예훼손)·모욕·협박]

<포괄일죄 범행 중 일부에 대한 확정판결의 효력이 미치는 범위가 문제된 사건>

판시 사항

포괄일죄 관계인 범행의 일부에 대하여 판결이 확정되거나 약식명령이 확정되었는데 그 사실심 판결선고 시 또는 약식명령 발령 시를 기준으로 그 이전에 이루어진 범행이 포괄일죄의 일부에 해당할 뿐만 아니라 그와 상상적 경합관계에 있는 다른 죄에도 해당하는 경우, 확정된 판결 내지 약식명령의 기판력이 위와 같이 상상적 경합관계에 있는 다른 죄에 대하여도 미치는지 여부(적극)

판결 요지

포괄일죄 관계인 범행 일부에 대하여
판결이 확정된 경우
사실심 판결선고시를 기준으로,
약식명령이 확정된 경우
약식명령 발령시를 기준으로,
그 이전에 이루어진 범행에 대하여는
확정판결의 기판력이 미친다(대법원 1994. 8. 9. 선고 94도1318 판결, 대법원 2009. 2. 26. 선고 2009도39 판결 등 참조). • **발령시**

또한 상상적 경합범 중 1죄에 대한 확정판결의 기판력은
다른 죄에 대하여도 미친다(대법원 2007. 2. 23. 선고 2005도10233 판결 등 참조).
따라서 포괄일죄 관계인 범행의 일부에 대하여
판결이 확정되거나 약식명령이 확정되었는데
그 사실심 판결선고시 또는 약식명령 발령시를 기준으로
그 이전에 이루어진 범행이
포괄일죄의 일부에 해당할 뿐만 아니라
그와 상상적 경합관계에 있는
다른 죄에도 해당하는 경우
확정된 판결 내지 약식명령의 기판력은
위와 같이 상상적 경합관계에 있는 다른 죄에 대하여도 미친다(대법원 2006. 11. 23. 선고 2006도6273 판결). **• 확정판결 기판력**

판결 해설

1. 면소판결

면소판결免訴判決은 소송을 종결하는 형식재판이다. 피고사건에 소송추행의 이익이 없기 때문이다. 면소판결은 형식재판이지만, 일사부재리 효력이 발생한다. 실체재판을 할 수 없는 일반적 소송 장애 사유이다. 장해는 제거될 수 없다. 다시 재소할 수 없다. 면소판결에 무죄 주장으로 상소를 할 수 없다. 법률상 이익이 아니므로 상소이익을 인정하기 어렵다. 면소 사유는 4개이다. 확정판결 존재·일반사면·공소시효 완성·형의 폐지이다. 한시법限時法은 추급효가 인정된다. 면소 사유가 아니다(이주원, 형사소송법, 제3판, 박영사, 2021, 570－572면).

2. 기판력

기판력既判力은 '이미 판단된 사건'의 '효력'이다. 재판의 확정력이다. 재판이 확정되면 더 이상 다툴 수 없고 내용을 변경할 수 없다. 후소법원의 실체심리를 차단하는 소송법적 효력이다(소송법설). 일사부재리효력이다. 기판력은 일사부재리원칙을 포함한다. 피고인 보호 규정이다. 헌법 제13조 제1항에 명문으로 규정되어 있다. "모든 국민은 동일한 범죄에 대하여 거듭 처벌받지 아니한다." 법원은 심리를 하지 않고 면소판결을 선고한다. 형사절차에서 이중으로 처벌되는 일을 차단한다.

3. 일사부재리효력

일사부재리효력一事不再理效力·협의 기판력은 유죄·무죄 확정재판과 약식명령·즉결심판·통고처분을 받고 범칙금을 납부한 사람에게 적용된다. 확정된 재판의 범죄사실과 동일성이 있는 범죄이다. 잠재적 심판 대상도 포함한다. 피해법익과 죄질이 현저하게 차이가 있으면 동일성을 인정할 수 없다. 포괄일죄 일부에 대한 확정판결 기판력은 포괄일죄 나머지 전부에 대해서도 미친다. 법원은 면소판결을 선고한다. 면소란 공소면제이다. 검사는 수사 중인 피의사건에 대해 일사부재리의 경우 '공소권 없음' 처분을 한다. 반면 과태료·검사 무혐의처분·소년법 보호처분·가정보호처분·불처분결정·외국의 형사확정판결·전자감시제도·보안처분은 형벌에 관한 일사부재리원칙이 적용되지 않는다.

4. 포괄일죄

포괄일죄包括一罪는 동종범죄를 말한다. 동종범죄 확정판결은 영업범·집합범을 말한다. 일정 기간 같은 장소에서 계속하여 반복된 행위로 범죄를 한다. 포괄일죄 일부에 대하여 약식명령이 확정된 경우, 약식명령略式命令 발령시發令時를 기준으로 그 이전의 범죄에 면소판결을 선고한다. 그 이후 범행에 대해서만 1개의 범죄로 처벌한다. 확정판결은 선고시, 약식명령은 발령일, 그다음 날부터 별개의 범죄이다. 설령 동일성이 인정되는 범죄사실에 대해 유죄 확정판결이 있는 경우, 추가로 발견된 확정판결 이후 범죄사실은 공소제기된 범죄사실과 분단되어 동일성이 없는 별개의 범죄이다. 검사는 공소장변경절차로 추가할 수 없다. 별개 독립된 범죄로 기소해야 한다(이주원, 형사소송법, 제3판, 박영사, 2021, 594–599면).

34

상고·준항고
수사기관 압수·수색 처분에 대한 준항고

수사기관 압수·수색 처분에 대한 준항고 사건

대법원 2023. 1. 12.자 2022모1566 결정
[수사기관의압수수색처분에대한준항고기각결정에대한·재항고] (차) 취소환송

[공소사실 요지]

준항고인은 언론 보도나 수사 과정을 통하여 수사처 검사가 준항고인을 피의자로 하여 대검찰청 감찰부 등에 대한 압수·수색영장을 집행한 것으로 알고 있다. 그러나 수사처 검사의 압수·수색 당시 압수·수색영장을 제시받지 못하였고 참여를 위한 통지조차 받지 못하였다고 주장하다. 그러면서 법원에 "수사처 소속 검사가 2021. 9. 초순경부터 2021. 11. 30.까지 사이에 피의자(준항고인)를 대상으로 실시한 압수·수색 처분 중 피의자에 대한 통지절차를 거치지 아니하여 피의자의 참여권을 보장하지 아니한 압수·수색 처분을 모두 취소해 달라."는 내용의 준항고를 제기한 사안이다.

[법리 쟁점]

준항고인이 참여 기회를 보장받지 못하였다는 이유로 압수·수색 처분에 불복하였으나 불복 대상을 구체적으로 특정하기 어려운 사정이 있는 경우 법원이 취해야 할 조치와 심리 방식

[참조조문]

[1] 형사소송법 제417조, 제418조, 형사소송규칙 제141조 / [2] 형사소송법 제417조, 제418조, 형사소송규칙 제141조

[참조판례]

[2] 대법원 1991. 3. 28. 자 91모24 결정(공1991, 1324), 대법원 2022. 11. 8. 자 2021모3291 결정

[원심 판단]

제1심법원은 압수·수색영장을 발부하였다. 서울중앙지방검찰청 검사가 서울중앙지방검찰청 2021형제44914호 사건에 관하여 발부받은 압수·수색영장의 집행하였다. 피고인이 준항고를 하였다.

원심법원은 피고인에게 준항고를 모두 기각하였다.

"준항고인이 사용하던 검찰 내부망인 이프로스 쪽지·이메일·메신저 내역, 형사사법정보시스템의 사건검색조회, 판결문검색조회 부분" 자료 부분과 관련하여서는, 압수·수색영장을 집행한 주체가 수사처 검사라는 전제하에 그 압수·수색 처분의 취소를 구하는 준항고인의 주장에 대하여, 위 자료는 서울중앙지방검찰청 검사가 발부받은 압수·수색영장의 집행으로 압수한 것이라는 이유만으로 기각하였다. "그 외 나머지 처분" 부분에 관련하여서는 준항고인을 압수·수색영장 대상자로 하여 어떠한 물건에 대한 압수·수색 처분을 하였다고 인정할 자료가 없거나 부족하다고 보고 기각하였다. **• 요약**

1. 원심은, 고위공직자범죄수사처('수사처'라고 한다) 검사가 준항고인이 사용하던 검찰 내부망인 이프로스 쪽지·이메일·메신저 내역, 형사사법정보시스템의 사건검색조회, 판결문검색조회 자료('이 사건 각 자료 중 PC 저장장치 제외' 부분)에 대하여 압수·수색영장을 집행하였다는 전제하에 그 압수·수색 처분의 취소를 구하는 준항고인의 주장에 대하여, 위 자료는 서울중앙지방검찰청 검사가 서울중앙지방검찰청 2021형제44914호 사건에 관하여 발부받은 압수·수색영장의 집행으로 압수한 것이라는 이유만으로 준항고인의 이 부분 청구를 기각하였다.
2. 또한 원심은 원심 판시 '그 외 나머지 처분' 부분과 관련하여 준항고인을 압수·수색영장 대상자로 하여 어떠한 물건에 대한 압수·수색 처분을 하였다고 인정할 자료가 없거나 부족하다고 보고 준항고인의 이 부분 청구를 기각하였다.

피고인이 재항고하였다.

[대법원 판단]

대법원은 원심결정 중 2021. 9. 10. 및 2021. 11. 15. 한 각 압수·수색 처분에 관한 부분을 제외한 나머지 부분을 취소하고, 이 부분 사건을 서울중앙지방법원에 환송한다.

대법원은 위와 같이 법원의 취해야 할 조치를 제시하고, 그와 같은 조치를 취하지 아니한 채 준항고인이 압수·수색 처분의 주체로 지정한 수사처 검사가 압수·수색 처분을 한 사실이 없다거나, 준항고인을 압수·수색영장 대상자로 하여 어떠한 물건에 대한 압수·수색 처분을 하였다고 인정할 자료가 없거나 부족하다는 이유만으로, 준항고인의 이 부분 청구를 기각한 원심의 판단에는, 준항고 대상 특정에 관한 법리를 오해하고 필요한 심리를 다하지 않아, 재판에 영향을 미친 잘못이 있다는 이유로 원심결정을 취소·환송하였다.

낭독 형사소송법 판결문 34

대법원 2023. 1. 12.자 2022모1566 결정 [수사기관의압수수색처분에대한준항고기각결정에대한·재항고]

<수사기관 압수·수색 처분에 대한 준항고 사건>

판시 사항

[1] 형사소송법 제417조에서 규정한 준항고 절차의 취지와 내용 / 피압수자는 준항고인의 지위에서 불복의 대상이 되는 압수 등에 관한 처분을 특정하고 준항고취지를 명확히 하여 청구의 내용을 서면으로 기재한 다음 관할법원에 제출하여야 하는지 여부(적극) 및 준항고인이 불복의 대상이 되는 압수 등에 관한 처분을 구체적으로 특정하기 어려운 사정이 있는 경우, 법원이 취해야 할 조치

[2] 형사소송법 제417조에 따른 준항고 절차의 법적 성격(=항고소송의 일종) / 준항고인이 불복의 대상이 되는 압수 등에 관한 처분을 한 수사기관을 제대로 특정하지 못하거나 준항고인이 특정한 수사기관이 해당 처분을 한 사실을 인정하기 어렵다는 이유만으로 준항고를 배척할 수 있는지 여부(소극)

판결 요지

[1] **형사소송법은**

수사기관의 압수·수색영장 집행에 대한 사후적 통제수단 및
피압수자의 신속한 구제절차로 준항고 절차를 마련하여
검사 또는 사법경찰관의 압수 등에 관한 처분에 대하여
불복이 있으면 처분의 취소
또는 변경을 구할 수 있도록 규정하고 있다(제417조).

피압수자는 준항고인의 지위에서
불복의 대상이 되는 압수 등에 관한 처분을 특정하고
준항고 취지를 명확히 하여
청구의 내용을 서면으로 기재한 다음
관할법원에 제출하여야 한다(형사소송법 제418조).

다만 준항고인이 불복의 대상이 되는 압수 등에 관한 처분을
구체적으로 특정하기 어려운 사정이 있는 경우
법원은 석명권 행사 등을 통해 준
항고인에게 불복하는 압수 등에 관한 처분을
특정할 수 있는 기회를 부여하여야 한다. • 석명권 행사

[2] 형사소송법 제417조 준항고 절차는 항고소송 일종이다.
당사자주의 소송절차와 달리 대립되는 양 당사자의 관여를
필요로 하지 않는다(대법원 1991. 3. 28. 자 91모24 결정, 대법원 2022. 11. 8. 자 2021모3291 결정 등 참조).
따라서 준항고인이 불복의 대상이 되는 압수 등에 관한 처분을 한
수사기관을 제대로 특정하지 못하거나
준항고인이 특정한 수사기관이 해당 처분을 한 사실을
인정하기 어렵다는 이유만으로
준항고를 쉽사리 배척할 것은 아니다. • 수사기관 특정과 준항고 기각 결정

[3] 준항고인이 참여의 기회를 보장받지 못하였다는 이유로
압수·수색 처분에 불복하는 경우,
준항고인으로서는 불복하는 압수·수색 처분을 특정하는데
한계가 있을 수밖에 없다.
특히나 제3자가 보관하고 있는 전자정보에 대하여
압수·수색을 실시하면서 그 전자정보의 내용에 관하여
사생활의 비밀과 자유 등의 법익 귀속주체로서
해당 전자정보에 관한 전속적인 생성·이용 등의 권한을
보유·행사하는 실질적 피압수자이자 피의자인 준항고인에게
통지조차 이루어지지 않은 경우 더욱 그러하다. • 참여권 보장

[4] 압수·수색의 결과물을 보유하고 있는
수사기관 등의 압수·수색 처분에 대하여
준항고인에게 석명권을 행사하는 등의 방식으로 불복하는
압수·수색 처분을 개별적, 구체적으로 특정할 수 있는
기회를 부여하여야 한다. • 석명권 행사 기회 부여

[5] 준항고인이 준항고취지에서
압수·수색 처분을 한 주체로 지정한 수사처 검사가
압수·수색 처분을 한 사실이 인정되지 않는다는 이유만으로
준항고를 배척할 것은 아니다. • 충실 심리

판결 해설

1. 준항고 개념

준항고는 수소법원의 재판장 또는 수명법관의 재판 또는 검사·사법경찰관 처분에 취소 또는 변경을 구하는 불복 방법이다. 준항고는 항고의 성질이 있다.

2. 준항고 대상

대상 재판은 재판장 또는 수명법관 재판·수사기관 처분이다. 기피신청을 기각한 재판·구금·보석·압수·압수물 환부에 관한 재판·감정유치를 명한 재판·과태료 또는 비용 배상을 명한 재판이다. 검사 또는 사법경찰관 구금·압수·압수물 환부 처분과 변호인 참여 처분이다. 접견교통권 제한과 참여권 제한도 해당한다.

3. 준항고 절차

준항고는 법관이 소속한 합의부에서 관할한다. 관할법원 또는 검사 소속검찰청에 대응한 법원에서 관할한다. **준항고 청구는 서면이다. 3일 이내에 해야 한다. 수사기관에 대한 준항고는 기간 제한이 없다.** 항고법원 결정에 관한 규정이 준용된다. 항고 기각 또는 재판·처분 취소 또는 변경한다. 대법원에 재항고를 할 수 있다(이주원, 형사소송법, 제3판, 2019, 667–669면).

4. 사안 해결

준항고인이 불복의 대상이 되는 압수 등에 관한 처분을 구체적으로 특정하기 어려운 사정이 있는 경우, 법원은 석명권을 행사해야 한다. 법원은 충실한 심리를 해야 한다. 이를 위반할 경우 준항고와 재항고를 할 수 있다.

35

재 항 고

집행유예취소 인용 결정에 대한 재항고

검사가 사회봉사를 명한 집행유예 판결을 선고받은 재항고인에 대하여 집행유예 선고 취소 청구를 한 사건

대법원 2023. 6. 29.자 2023모1007 결정
<집행유예취소 인용결정에 대한 재항고>

[공소사실 요지]

재항고인은 사회봉사를 명한 집행유예를 선고받았다. 검사는 재항고인에 대한 위 집행유예 취소 청구를 하였다. 그 이유는 사회봉사명령 대상자의 준수사항이나 명령을 위반하였고 그 위반의 정도가 무겁다. 제1심법원은 검사의 청구를 받아들여 집행유예의 선고를 취소하는 결정을 하였다. 그런데 제1심결정이 재항고인의 즉시항고와 이를 기각한 원심결정에 대한 재항고로 인하여 아직 확정되기 전에, 대법원에 재항고기록이 접수된 날 위 집행유예 기간이 경과하였다. **• 요약**

재항고인은 2021. 4.경 서울중앙지방법원에서 상해죄 등으로 사회봉사명령이 부과된 징역 10월 및 집행유예 2년의 형을 선고받아 2021. 4. 21. 위 판결이 확정되었다. 이 사건 집행유예 취소 청구는 그로부터 약 1년 8개월 경과한 2022. 12.경 접수되었다. 제1심은 2023. 1.경 재항고인의 의견을 들은 다음 재항고인이 사회봉사명령을 이행하지 않는 등 사회봉사명령 대상자의 준수사항이나 명령을 위반하였고 그 위반의 정도가 무겁다는 이유로 위 집행유예의 선고를 취소하였다. 환송 전 원심은 2023. 2.경 즉시항고를 기각하였다. 그러나 재항고심은 2023. 3.경 환송 전 원심이 재항고인에게 소송기록접수통지서가 송달도 되기 전에 재항고인의 즉시항고를 기각한 것은 당사자에게 항고에 관하여 의견을 진술하고 유리한 증거를 제출할 기회를 부여한 것으로 볼 수 없다. 원심은 이러한 이유로 환송 전

원심결정을 파기하고 환송하였다. 환송 후 원심은 재항고인의 변호인에게 소송기록접수통지서를 송달 한 다음 2023. 4. 6. 즉시항고 기각결정을 하였다. 그런데 재항고인의 재항고로 그 결정이 확정되지 않은 채 집행유예 기간이 만료된 날 이 법원에 재항고기록이 접수된 사실을 알 수 있다.

[법리 쟁점]

집행유예의 선고 취소 사건을 심리하는 법원이 유의할 사항

[참조조문]

보호관찰에 관한 법률 제47조 제1항, 형법 제64조 제2항, 제65조, 형사소송법 제335조 제2항, 형사소송규칙 제149조3 제2항

[참조판례]

대법원 1993. 12. 15. 자 93모73 결정(공1994상, 747), 대법원 2003. 6. 23. 자 2003모172 결정, 대법원 2005. 8. 23. 자 2005모444 결정, 대법원 2006. 7. 25. 자 2006모389 결정(공2006하, 1582), 대법원 2016. 6. 9. 자 2016모1567 결정

[원심 판단]

제1심법원은 재항고인에 대한 집행유예의 선고를 취소하였다. 재항고인은 즉시항고를 하였다.

원심법원은 재항고인에게 즉시항고를 기각하였다.

피고인이 재항고하였다.

[대법원 판단]

대법원은 원심결정을 파기한다.

대법원은 제1심결정을 취소하고, 이 사건 집행유예 취소 청구를 기각한다. 집행유예 기간이 경과하였다. 그러므로 재항고인에 대한 형의 선고가 효력을 잃게 되었다. 이 사건 집행유예취소 청구를 더 이상 받아들일 수 없게 되었다. 대법원은 이러한 이유로 원심결정을 파기하고 직접 제1심결정을 취소하며, 이 사건 집행유예 청구를 기각하였다.

낭독 형사소송법 판결문 35

대법원 2023. 6. 29.자 2023모1007 결정 [집행유예취소 인용결정에 대한 재항고]
<검사가 사회봉사를 명한 집행유예 판결을 선고받은 재항고인에 대하여 집행유예의 선고 취소 청구를 한 사건>

판시 사항

집행유예 선고 취소결정이 가능한 시적 한계 / 항고법원은 항고인에게 소송기록접수통지서를 발송하고 그 송달보고서를 통해 송달을 확인한 다음 항고에 관한 결정을 하여야 하는지 여부(원칙적 적극) / 집행유예의 선고 취소 사건을 심리하는 법원이 유의할 사항

판결 요지

[1] 검사는 보호관찰이나 사회봉사 또는 수강을 명한
집행유예를 받은 자가 준수사항이나 명령을 위반하고
그 정도가 무거운 경우
보호관찰소장의 신청을 받아
집행유예의 선고 취소 청구를 할 수 있다(보호관찰에 관한 법률 제47조 제1항, 형법 제64조 제2항). • 집행유예 선고 취소 청구
그 심리 도중 집행유예 기간이 경과하면
형의 선고는 효력을 잃는다.
더 이상 집행유예의 선고를 취소할 수 없고
취소 청구를 기각할 수밖에 없다.
집행유예의 선고 취소 결정에 대한 즉시항고
또는 재항고 상태에서
집행유예 기간이 경과한 때에도 같다(대법원 2005. 8. 23.자 2005모444 결정, 대법원 2016. 6. 9.자 2016모1567 결정 참조).
이처럼 집행유예 선고 취소는 '집행유예 기간 중'에만 가능하다는 시간적 한계가 있다. • 집행유예 선고 취소와 집행유예 기간

[2] 법원은 집행유예 취소 청구서 부본을 지체없이 집행유예를 받은 자에게 송달하여야 한다(형사소송규칙 제149조의3 제2항). **원칙적으로 집행유예를 받은 자 또는 그 대리인의 의견을 물은 후에 결정을 하여야 한다**(형사소송법 제335조 제2항).
항고법원은 항고인이 그의 항고에 관하여 이미 의견진술을 한 경우 등이 아니라면 원칙적으로 항고인에게 소송기록접수통지서를 발송하고 그 송달보고서를 통해 송달을 확인한 다음 항고에 관한 결정을 하여야 한다(대법원 1993. 12. 15.자 93모73 결정, 대법원 2003. 6. 23.자 2003모172 결정, 대법원 2006. 7. 25.자 2006모389 결정 등 참조).
• 송달 후 항고 결정

[3] 제1심과 항고심 법원은 당사자에게 의견 진술 및 증거제출 기회를 실질적으로 보장하여야 한다. 법원은 관련 절차를 신속히 진행하여 당사자의 절차권 보장과 집행유예 판결을 통한 사회 내 처우의 실효성 확보 및 적정한 형벌권 행사를 조화롭게 달성하도록 유의할 필요가 있다. • 당사자 절차보장 원칙 준수

판결 해설

1. 재항고 개념

재항고는 법원 결정에 대하여 대법원에 제기하는 즉시항고이다. 이유는 법령위반뿐이다. 항고법원 결정·항소법원 결정·고등법원 결정은 오로지 재항고로 불복할 수 있다. 항고법원 결정은 제2심 결정이다. 그러나 항소법원과 고등법원 결정은 최초의 결정이다. 즉시항고는 모두 대법원이 결정한다.

2. 재항고 이유

재항고는 예외적 허용이다. 재판에 영향을 미친 헌법·법률·명령·규칙 위반이다. 법령 해석 통일성 때문이다.

3. 재항고 절차

재항고는 항고 규정과 상소 제기 규정을 적용한다. 재항고는 즉시항고이다. 그래서 3일 이내로 제한한다. 집행 정지 효력도 있다. 원심법원의 절차는 항고에서 동일하다. 재항고는 법률심이다. 상고심 규정을 준용한다.

4. 사안 해결

재항고인은 2021. 4.경 서울중앙지방법원에서 상해죄 등으로 사회봉사명령이 부과된 징역 10월 및 집행유예 2년 형을 선고받아 2021. 4. 21. 판결이 확정되었다. 이 사건 집행유예 취소 청구는 그로부터 약 1년 8개월 경과한 2022. 12.경 접수되었다.

제1심은 2023. 1.경 재항고인의 의견을 들은 다음 재항고인이 사회봉사명령을 이행하지 않는 등 사회봉사명령 대상자의 준수사항이나 명령을 위반하였고 그 위반의 정도가 무겁다는 이유로 위 집행유예의 선고를 취소하였다.

재항고인은 제1심결정에 불복하여 즉시항고를 하였다. 원심은 기각결정을 하였다. 재항고인은 대법원에 법령위반을 이유로 재항고하였다. 원심이 아직 확정되기 전이었다. 대법원에 재항고 기록이 접수된 날 위 집행유예 기간이 경과되었다.

대법원은 원심결정을 파기하고 직접 제1심법원 결정을 취소하며, 이 사건 집행유예 청구를 기각하였다. 판결 이유는 다음과 같다. “집행유예 기간이 경과하였다. 그러므로 재항고인에 대한 형의 선고가 효력을 잃게 되었다. 이 사건 집행유예취소 청구를 더 이상 받아들일 수 없게 되었다.”

36

상 고
상고이유서·상고심 당사자

군검사가 상고를 제기한 경우 상고심 당사자에 관한 사건

대법원 2023. 4. 21.자 2022도16568 결정
[준강간]

[공소사실 요지]
원심법원에 대응하는 해군검찰단 고등검찰부 소속 군검사가 상고를 제기하였다. 대법원이 대검찰청 소속 검사에게 소송기록접수통지를 하여 2022. 12. 27. 송달되었다. 상고를 제기한 해군검찰단 고등검찰부 소속 군검사가 상고이유서 제출기간 만료일로부터 하루가 지난 2023. 1. 17. 상고이유서를 제출한 사안이다.

[법리 쟁점]
[1] 군검사가 상고를 제기한 경우 소송기록접수통지의 상대방(=대검찰청 소속 검사)
[2] 군검사가 제출한 상고이유서를 유효하게 취급할 수 있는지 여부(적극)
[3] 군검사가 상고이유서를 제출한 경우 법정기간인 상고이유서 제출기간이 연장될 수 있는지 여부(소극)

[참조조문]
형사소송법 제67조, 제379조 제1항

[참조판례]
대법원 2003. 6. 26. 자 2003도2008 결정(공2003하, 1738)

[원심 판단]
제1심법원은 피고인에게 무죄를 선고하였다.
원심법원은 피고인에게 무죄를 선고하였다.

원심법원에 대응하는 해군검찰단 고등검찰부 소속 군검사가 상고를 제기하였다. 대법원이 대검찰청 소속 검사에게 소송기록접수통지를 하여 2022. 12. 27. 송달되었다. 상고를 제기한 해군검찰단 고등검찰부 소속 군검사가 상고이유서 제출기간 만료일로부터 하루가 지난 2023. 1. 17. 상고이유서를 제출하였다.

[대법원 판단]

대법원은 상고를 기각한다.

군검사가 상고를 제기한 경우에도 소송기록접수통지의 상대방은 검찰청법에 따라 상고법원인 대법원에 대응하여 설치하도록 규정된 대검찰청 소속 검사이다. 대검찰청 소속 검사가 아닌 군검사가 제출한 상고이유서도 유효한 것으로 취급된다. 그러나 상고를 제기한 군검사가 소속된 군 검찰단이 있는 곳을 기준으로 법정기간인 상고이유서 제출기간이 군사법원법 제104조(=형사소송법 제67조)에 의하여 연장될 수 없다. 대법원은 결정으로 상고를 기각하였다.

낭독 형사소송법 판결문 36

대법원 2023. 4. 21.자 2022도16568 결정 [준강간]

<군검사가 상고를 제기한 경우 상고심 당사자에 관한 사건>

판시 사항

검사가 상고한 경우, 상고이유서를 제출하여야 하는 자(=상고법원에 대응하는 검찰청 소속 검사) 및 제출기간(=소송기록접수통지를 받은 날로부터 20일 이내) / 이때 상고를 제기한 검찰청 소속 검사가 상고이유서를 제출한 경우, 상고를 제기한 검찰청이 있는 곳을 기준으로 법정기간인 상고이유서 제출기간이 연장될 수 있는지 여부(소극) / 이러한 법리는 군검사가 상고한 경우에도 마찬가지로 적용되는지 여부(적극)

판결 요지

[1] 검사가 상고한 경우
상고법원에 대응하는 검찰청 소속 검사가
소송기록접수통지를 받은 날로부터 20일 이내에
그 이름으로 상고이유서를 제출하여야 한다.

다만, 상고를 제기한 검찰청 소속 검사가
그 이름으로 상고이유서를 제출하여도
유효한 것으로 취급된다.

이 경우 상고를 제기한 검찰청이 있는 곳을 기준으로
법정기간인 상고이유서 제출기간이
형사소송법 제67조에 따라
연장될 수 없다(대법원 2003. 6. 26. 자 2003도2008 결정 참조).
이러한 법리는 군검사가 상고한 경우에도
마찬가지로 적용된다. • 상고이유서 제출기간 20일

[2] 원심법원에 대응하는
해군검찰단 고등검찰부 소속 군검사가
상고를 제기하였다.
이 법원이 대검찰청 소속 검사에게
소송기록접수통지를 하여 2022. 12. 27. 송달되었다.
상고를 제기한 해군검찰단 고등검찰부 소속 군검사는
상고이유서 제출기간이 지난 2023. 1. 17.
상고이유서를 제출하였다.
상고장에도 구체적인 불복이유를 기재하지 않았다.
그러므로 군사법원법 제450조 제2항,
형사소송법 제380조 제1항에 따라

상고를 기각하기로 한다.
관여 대법관의 일치된 의견으로 주문과 같이 결정한다.

판결 해설

1. 상고 개념

상고[上告]는 제2심판결에 불복하여 대법원에 제기하는 상소이다. 비약상고[飛躍上告]는 제1심판결에 대해 항소 없이 곧바로 대법원에 제기하는 상고이다. 상고심 주된 기능은 법령 통일이다. 사실오인과 양형부당도 일정한 범위에서 상고이유가 된다. 당사자 권리 구제 기능도 있다. 상고심 구조는 원칙적 법률심·예외적 사실심·원칙적 사후심·예외적 속심 성격을 모두 갖고 있다.

2. 상고이유와 상고심 절차

상고이유는 4가지이다. 엄격하게 제한한다. 법령위반·중대한 사실오인·현저한 양형부당이다.

3. 상고심 절차

상고기간은 판결선고일로부터 7일이다. 상고는 상고장을 원심법원에 제출하여야 한다. 제소자 특칙이 있다. 원심법원은 상고제기가 법률 방식에 위반하거나 또는 상고권 소멸 후인 것이 명백하면 상고기각 결정을 한다. 즉시항고 할 수 있다.

상고기각 결정이 없는 경우, 원심법원은 상고장을 받은 날부터 14일 이내에 소송기록과 증거물을 상고법원에 송부하여야 한다. 상고법원은 소송기록을 송부받으면 즉시 상고인과 상대방에게 그 사유를 통지하여야 한다. 변호인 선임이 있는 경우 변호인에게도 통지해야 한다.

상고인 또는 변호인은 소송기록접수통지를 받은 날부터 20일 이내에 상고이유서를 상고법원에 제출해야 한다. 상고이유서는 상대방에게 부본 또는 등본을 송달하여야 한다. 상대방은 10일 이내에 답변서를 제출할 수 있다. 답변서는 상고인 또는 변호인에게 부본 또는 등본을 송달해야 한다. 상고인 또는 변호인이 그 기간 내에 상고이유서를 제출하지 아니한 때 상고기각 결정을 한다. 상고장에 상고이유가 기재되는 있는 경우 예외이다.

상고심은 상고이유서에 포함된 사유에 관하여 심판하여야 한다.

4. 상고심 재판

상고법원은 상고심 재판을 한다. 공소기각결정·상고기각결정·상고기각판결·원심판결 파기판결이다. 원심판결의 파기판결은 파기환송·파기이송이 원칙이다. 파기자판은 예외이다. 상고법원 재판서에 상고이유에 대한 판단을 기재하여야 한다. 법령해석 통일이라는 관점에서 상고심 기능이다. 상고법원은 판결정정을 할 수 있다. 내용에 명백한 오류가 있는 경우이다. 신청은 판결선고 이후 10일 이내에 한다.

비약상고는 2심을 생략하는 제도이다. 법령해석 통일을 신속하게 진행하고, 피고인 이익을 신속히 회복하려는 목적이다. 비약상고가 제기되면, 항소 제기가 있더라도 효력을 잃는다. 다만 항소 취하·항소 제기가 있는 경우 예외이다.

피고인이 항소를 제기하면, 검사의 비약적 상고는 상고로서 효력뿐 아니라 항소로서 효력도 유지되지 않는다(대법원 1971. 2. 9. 선고 71도28 판결 [업무상횡령]). (이주원, 형사소송법, 제3판, 박영사, 2021, 656−663면). 피고인만 항소한 것이 된다. 불이익변경금지 원칙이 적용된다.

37

상 고
상고심 심판 대상과 공소사실 특정 정도

상고심 심판 대상이 되는지 여부가 문제된 사건

대법원 2023. 3. 30. 선고 2022도6758 판결
[자동차관리법위반]

[공소사실 요지]

검사는 이 사건 작업이 자동차정비업의 '점검작업', '정비작업'에 해당한다고 기소하였다. 원심은 이 사건 작업이 자동차정비업의 '점검작업', '정비작업'에 해당하지 않아 자동차관리법상 등록 의무 발생 여지가 없고, 설령 자동차정비업에 속하는 '튜닝작업'에 해당하더라도 승인이 필요한 튜닝작업에 해당하지 않는다는 이유로 무죄를 선고하였다. **• 요약**

자동차정비업 등 자동차관리사업을 하려는 자는 국토교통부령으로 정하는 바에 따라 관할 관청에 등록하여야 한다.
피고인은 2018. 6. 1.경부터 2020. 3. 18.경까지 관할 관청에 등록하지 아니하고 안 산시에 있는 '○○○○○ ○○○ 안산지점'에서 매월 평균 10대가량 자동차의 흡기호스 및 배기호스에 카본 및 알루미늄 재질의 지름 47m~135㎜의 원통형 와류발생기를 삽입하는 방법으로 점검·정비작업을 하여 자동차정비업을 하였다.

[법리 쟁점]

자동차 내 흡기호스 및 배기호스에 와류발생기를 삽입하는 작업이 자동차관리법상 '등록을 요하는 튜닝작업'에 해당하는지가 상고심 심판 대상이 될 수 있는지 여부(적극)

[참조조문]

[1] 자동차관리법 제2조 제8호, 자동차관리법 시행규칙 제132조 / [2] 형

사소송법 제246조, 제254조 / [3] 자동차관리법 제2조 제8호, 제11호, 제53조 제1항, 제79조 제13호, 자동차관리법 시행규칙 제132조

[참조판례]

[2] 대법원 2015. 12. 23. 선고 2014도2727, 대법원 2017. 6. 15. 선고 2017도3448 판결(공2017하, 1513)

[원심 판단]

제1심법원은 피고인에게 무죄를 선고하였다.
원심법원은 피고인에게 무죄를 선고하였다.
피고인이 공소사실과 같이 와류발생기를 흡기호스 및 배기호스에 장착한 행위(이하 '이 사건 작업'이라 한다)가 자동차관리법상 등록을 하고 영위하여야 하는 점검·정비작업에 해당하지 않는다고 판단하였다. 이 사건 작업이 자동차관리법 제2조 제8호, 제11호에서 규정하고 있는 '자동차의 튜닝작업'에 해당하더라도 자동차관리법 시행규칙(이하 '시행규칙'이라 한다) 제55조 제1항이 정하고 있는 승인을 받아야 하는 튜닝작업에 해당하지 않는다. 원심은 이러한 이유로 이 사건 작업을 업으로 하는 것은 자동차정비업에서 제외된다고 보아, 피고인에 대한 공소사실을 무죄로 판단하였다.
검사가 상고하였다.

[대법원 판단]

대법원은 원심판결을 파기하고, 사건을 수원지방법원에 환송한다.
공소장에 적시된 이 사건 작업의 구체적 내용, 심리의 경과(피고인측 변론 내용, 원심 판단 내용 등) 등을 위 법리에 비추어 볼 때, 자동차관리법상 등록을 요하는 '튜닝작업'에 해당하는지 여부가 상고심 심판대상이 될 수 있다. 나아가 이 사건 작업이 자동차관리법 시행규칙 제132조 본문 각 호의 작업에 해당하지 않는다면 이 사건 작업은 튜닝승인대상인 작업에 해당하는지 여부와 무관하게 이를 업으로 하는 것은 자동차관리법상 '자동차정비업'에 해당한다. 대법원은 튜닝승인대상인 작업에 해당하지 않는다는 이유만으로 무죄를 선고한 원심판결을 파기·환송하였다.

낭독 형사소송법 판결문 37

대법원 2023. 3. 30. 선고 2022도6758 판결 [자동차관리법위반]
<상고심 심판대상이 되는지 여부가 문제된 사건>

판시 사항

[1] 자동차관리법상 '자동차정비업'의 의미 및 이때 '시행규칙 제132조에서 정하는 작업'의 의미
[2] 검사가 어떠한 행위를 기소한 것인지 판단하는 기준 및 공소사실의 특정 정도
[3] 피고인이 관할 관청에 등록하지 아니하고 자동차의 흡기호스 및 배기호스에 원통형 와류발생기를 삽입하는 방법으로 점검·정비작업을 하여 자동차관리법 위반으로 기소된 사안이다.
위 작업이 자동차관리법 시행규칙 제132조 본문 각호의 작업에 해당하지 않는다면 튜닝승인대상인 작업에 해당하는지와 무관하게 이를 업으로 하는 것은 자동차관리법상 '자동차정비업'에 해당하므로, 이와 달리 공소사실을 무죄로 판단한 원심판단에 법리오해의 잘못이 있다고 한 사례.

판결 요지

[1] 자동차관리법 제2조 제8호는,
"자동차정비업이란 자동차(이륜자동차는 제외한다)의 점검작업, 정비작업 또는 튜닝작업을 업으로 하는 것을 말한다. 다만, 국토교통부령으로 정하는 작업은 제외한다."고 규정하고 있다.
시행규칙 제132조 본문은 "법 제2조 제8호 단서에서
'국토교통부령으로 정하는 것'이라 함은
다음 각 호의 작업을 말한다."고 규정하면서,
'오일의 보충·교환 및 세차'(제1호),
'에어크리너엘리먼트 및 휠터류의 교환'(제2호),

'배터리·전기배선·전구교환(전조등 및 속도표시등을 제외한다)
기타 전기장치(고전원전기장치는 제외한다) 점검·정비'(제3호),
'냉각장치(워터펌프는 제외한다) 점검·정비'(제4호),
'타이어(휠얼라인먼트는 제외한다) 점검·정비'(제5호),
'판금·도장 또는 용접이 수반되지 않는
차내 설비 및 차체 점검·정비.
다만, 범퍼·본넷트·문짝·휀다 및
트렁크리드의 교환을 제외한다.'(제6호)까지
구체적 작업들을 열거하고,
단서에서 '제55조의 규정에 의한 튜닝승인대상이 되는 작업을
제외한다.'고 규정하고 있다.

이러한 자동차관리법 및 시행규칙 규정의
문구와 형식에 비추어 볼 때,
자동차관리법상 '자동차정비업'은,
점검작업, 정비작업 또는 튜닝작업 중
시행규칙 제132조에서 정하는 작업을 제외한
나머지 작업을 업으로 하는 것을 의미한다고 할 것이다.
이 때 '시행규칙 제132조에서 정하는 작업'은
시행규칙 제132조 본문 각 호의 작업 중에서
튜닝승인대상인 작업을 제외한
나머지 작업만을 의미한다고 보아야 한다. • 자동차관리법 제2조 제8호

[2] 법원은 검사가 공소제기한 사건에 대하여 심판한다.
검사가 어떠한 행위를 기소한 것인지는
기본적으로 공소장 기재 자체를 기준으로 하되,
심리의 경과 및 검사의 주장내용 등도 고려하여 판단하여야 한다
(대법원 2017. 6. 15. 선고 2017도3448 판결 등 참조).

공소장의 공소사실 기재는
법원에 대하여 심판의 대상을 한정하고
피고인에게 방어의 범위를 특정하여
그 방어권 행사를 용이하게 하기 위하여 요구되는 것이다.

• 공소사실 특정과 방어권 행사

그러므로 범죄의 일시는
이중기소나 시효에 저촉되지 않을 정도로,
장소는 토지관할을 가늠할 수 있을 정도로,
그리고 방법에 있어서는 범죄구성요건을 밝히는 정도로
기재하면 충분하다(대법원 2015. 12. 23. 선고 2014도2727 판결 등 참조).

• 공소장 공소사실 기재 방법

[3] 공소장에 '자동차관리법 제79조 제13호, 제53조 제1항'이
적용법조로 되어 있고, 변경된 공소사실에도
'피고인이 자동차의 흡기호스 및 배기호스에 와류발생기를
삽입하였다'는 구체적인 사실이 모두 적시되어 있다.
그러므로 검사는 피고인의 행위를
자동차관리법 제53조 제1항 위반행위
즉 등록 없이 자동차정비업을 하는 행위로 기소한 것으로 볼 수 있다.

• 자동차관리법 제53조 제1항 위반행위 등록 없이 자동차정비업을 하는 행위로 기소

이 사건 작업이 자동차정비업의 '점검작업', '정비작업', '튜닝작업'
중 어느 것에 해당하는지는
이 사건 작업에 대한 법적 평가이다.

피고인의 변호인은 제1심, 원심을 거쳐 상고심에 이르기까지
이 사건 작업이

자동차관리법상 등록을 요하는 튜닝작업에도
해당하지 않아 무죄라고 주장하였다.
피고인의 방어권이 침해된다고 보기도 어렵다.

나아가 원심은 직권으로 이 사건 작업이 자동차관리법상 등록을 요하는 튜닝작업에 해당하는지에 대하여도 판단하였다.

위와 같은 공소장의 문언 및 심리의 경과 등을
앞서 본 법리에 비추어 보면,
이 사건 작업이
자동차관리법상 등록을 요하는 튜닝작업에 해당하는지는
상고심 심판대상이 된다.

• 자동차관리법상 등록을 요하는 튜닝작업은 상고심 심판대상

튜닝작업을 업으로 하는 것도
원칙적으로 '자동차정비업'에 해당하지만(자동차관리법 제2조 제8호 본문)
튜닝작업도 시행규칙 제132조 본문 각 호의 작업에 해당하여
여기서 제외될 수 있다(제2조 제8호 단서).

그러므로 이 사건 작업이
자동차관리법 제2조 제11호에서 규정한 튜닝작업이라고 하여도
시행규칙 제132조 본문 각 호의 작업에 해당하는지 심사해야 하고,
시행규칙 제132조 본문 각 호의 작업에 해당하지 않는다면
이 사건 작업은
튜닝승인대상인 작업에 해당하는지 여부와 무관하게
이를 업으로 하는 것은 자동차관리법상 '자동차정비업'에
해당한다고 보아야 한다. • 튜닝작업은 자동차관리법상 '자동차정비업'에 해당

그럼에도 원심은 판시와 같은 이유로
피고인에 대한 공소사실을 무죄로 판단하였으니,
이러한 원심 판단은
자동차관리법 제2조 제8호에서 규정한
'자동차정비업'의 범위에 관한 법리를 오해하여
판결에 영향을 미친 잘못이 있다.
이를 지적하는 취지의 검사의 상고이유 주장은 이유 있다.

• 법리 오해

원심판결을 파기하고,
사건을 다시 심리·판단하도록
원심법원에 환송하기로 하여,
관여 대법관의 일치된 의견으로 주문과 같이 판결한다.

• 원심 파기·환송

38

비상구제절차·재심
종전 확정판결 효력 상실과 재심판결 확정 효력 범위

재심판결이 확정된 전과가 「형의 실효 등에 관한 법률」에 정한 '자격정지 이상의 형'에 해당하는지 여부가 문제된 사건

대법원 2023. 11. 30. 선고 2023도10699 판결
[특정범죄가중처벌등에관한법률위반(절도)]

[공소사실 요지]

피고인은 ① 2005. 12. 22. 대구지방법원에서 절도죄 등으로 징역 8월에 집행유예 2년을 선고('제1전과')받았다. ② 2006. 5. 17. 같은 법원에서 절도죄로 징역 8월을 선고('제2전과')받았다. ③ 2007. 9. 4. 같은 법원에서 특정범죄가중법위반(절도)죄로 징역 1년 6월을 선고('제3전과')받고 2009. 2. 1. 그 형의 집행을 종료하였다. ④ 2009. 5. 27. 같은 법원에서 특정범죄가중법위반(절도)죄로 징역 2년을 선고('제4전과')받았다. ⑤ 2012. 11. 14. 같은 법원에서 같은 죄로 징역 3년 6월을 선고('제5전과')받았다. ⑥ 2016. 6. 13. 대구지방법원 포항지원에서 특수강도죄로 징역 3년을 선고받았다. ⑦ 2021. 4. 16. 수원지방법원에서 절도죄로 징역 1년 6월을 선고('제6전과')받고 2022. 2. 23. 그 형의 집행을 종료하였다.

대구지방법원은 2021. 12. 14. 제4전과의 확정판결에 대하여 재심개시결정을 한 후 다시 심판하여 2022. 5. 11. 피고인에게 징역 2년을 선고하였다. 위 재심판결은 2023. 6. 9. 확정되었다. 또한 대구지방법원은 2022. 8. 18. 제5전과의 확정판결에 대하여 재심개시결정을 한 후 다시 심판하여 2022. 12. 2. 피고인에게 징역 3년 6월을 선고하였다. 위 재심판결은 2023. 4. 20. 확정되었다(각 재심판결을 통틀어 '이 사건 각 재심판결').

• **요약**

1. 피고인은 2005. 12. 22. 대구지방법원에서 절도죄 등으로 징역 8월에 집행유예 2년을 선고(이하 '제1전과'라고 한다)받고, 2006. 5. 17. 같은 법원에서 절도죄로 징역 8월을 선고(이하 '제2전과'라고 한다)받았으며, 2007. 9. 4. 같은 법원에서 특정범죄가중법위반(절도)죄로 징역 1년 6월을 선고(이하 '제3전과'라고 한다)받고 2009. 2. 1. 그 형의 집행을 종료하였다.
2. 피고인은 2009. 5. 27. 같은 법원에서 특정범죄가중법위반(절도)죄로 징역 2년을 선고(이하 '제4전과'라고 한다)받고, 2012. 11. 14. 같은 법원에서 같은 죄로 징역 3년 6월을 선고(이하 '제5전과'라고 한다)받았다.
3. 피고인은 2016. 6. 13. 대구지방법원 포항지원에서 특수강도죄로 징역 3년을 선고받고, 2021. 4. 16. 수원지방법원에서 절도죄로 징역 1년 6월을 선고(이하 '제6전과'라고 한다)받고 2022. 2. 23. 그 형의 집행을 종료하였다.
4. 대구지방법원은 2021. 12. 14. 2021재고단32 사건에서 제4전과의 확정판결에 대하여 재심개시결정을 한 후 다시 심판하여 2022. 5. 11. 피고인에게 징역 2년을 선고하였고, 위 재심판결은 2023. 6. 9. 확정되었다. 또한 대구지방법원은 2022. 8. 18. 2022재고합6 사건에서 제5전과의 확정판결에 대하여 재심개시결정을 한 후 다시 심판하여 2022. 12. 2. 피고인에게 징역 3년 6월을 선고하였고, 위 재심판결은 2023. 4. 20. 확정되었다(위 각 재심판결을 통틀어 '이 사건 각 재심판결'이라고 한다).

[법리 쟁점]

재심판결이 확정된 전과가 「형의 실효 등에 관한 법률」 제7조 제1항에서 정한 '자격정지 이상의 형'을 받은 경우에 해당하는지 여부(소극)

[참조조문]

[1] 형사소송법 제420조, 제435조, 제438조 / [2] 특정범죄 가중처벌 등에 관한 법률 제5조의4 제5항, 형의 실효 등에 관한 법률 제7조 제1항

[참조판례]

[1] 대법원 2017. 9. 21. 선고 2017도4019 판결(공2017하, 2042), 대법원 2018. 2. 28. 선고 2015도15782 판결(공2018상, 657) / [2] 대법원 2010. 9. 9. 선고 2010도8021 판결(공2010하, 1963)

[원심 판단]

제1심법원은 피고인에게 유죄를 선고하였다.

원심법원은 피고인에게 특정범죄가중법 제5조의4 제5항 제1호를 적용하여 유죄를 선고하였다.

피고인이 상고하였다.

[대법원 판단]

대법원은 원심판결을 파기하고, 사건을 수원지방법원에 환송한다.

이 사건 각 재심판결이 선고되어 확정됨으로써 제4전과 및 제5전과의 확정판결은 종국적으로 효력을 상실하여 형의 선고가 있었다는 기왕의 사실 자체의 효과가 소멸하였다. 그러므로 위 각 전과는 형실효법 제7조 제1항에서 정한 '자격정지 이상의 형'을 받은 경우에 해당하지 않는다. 피고인이 제3전과에 의한 형의 집행을 종료한 2009. 2. 1.부터 그 후 특수강도죄로 징역형을 선고받은 2016. 6. 13.까지 형실효법 제7조 제1항 제2호에서 정한 5년의 기간이 경과한 이상 이로써 제1전과 내지 제3전과는 위 실효기간이 경과한 때에 모두 실효되었다. 그러므로 피고인의 전과 중 형법 제329조부터 제331조까지의 죄 또는 그 미수죄로 징역형을 받은 전과는 제6전과만 남게 되어 피고인은 특정범죄가중법 제5조의4 제5항 제1호에서 정한 '세 번 이상 징역형을 받은 사람'에 해당하지 않는다. 대법원은 이와 달리 판단한 원심판결을 파기·환송하였다.

낭독 형사소송법 판결문 38

대법원 2023. 11. 30. 선고 2023도10699 판결 [특정범죄가중처벌등에관한법률위반(절도)]

<재심판결이 확정된 전과가 「형의 실효 등에 관한 법률」에 정한 '자격정지 이상의 형'에 해당하는지 여부가 문제된 사건>

판시 사항

[1] 유죄의 확정판결에 대한 재심개시결정이 확정되어 법원이 그 사건에 대하여 다시 심판을 한 후 재심판결을 선고하여 확정된 경우, 종전 확정판결은 당연히 효력을 상실하는지 여부(적극) 및 재심판결 확정의

효력 범위
[2] 형의 실효 등에 관한 법률 제7조 제1항에서 정한 기간의 경과로 형이 실효된 경우, 그 전과가 특정범죄 가중처벌 등에 관한 법률 제5조의4 제5항에서 정한 "징역형을 받은 경우"에 해당하는지 여부(소극) / 2번 이상 징역형을 받은 자가 자격정지 이상의 형을 받음이 없이 마지막 형의 집행을 종료한 날부터 형의 실효 등에 관한 법률에서 정한 기간을 경과한 경우, 그 마지막 형에 앞서는 형도 모두 실효되는지 여부(적극)

판결 요지

[1] 유죄 확정판결에 대하여
재심개시결정이 확정되어
법원이 그 사건에 대하여
다시 심판을 한 후
재심판결을 선고하고 그 재심판결이 확정된 때
종전의 확정판결은 당연히 효력을 상실한다.

그러므로 재심판결이 확정됨에 따라
원판결이나 그 부수처분의 법률적 효과가 상실되고
형 선고가 있었다는 기왕의 사실 자체의 효과가
소멸한다(대법원 2017. 9. 21. 선고 2017도4019 판결, 대법원 2018. 2. 28. 선고 2015도15782 판결 등 참조). **• 재심판결과 당연 효력 상실**

[2] 「형의 실효 등에 관한 법률」 (이하 '형실효법'이라고 한다) 제7조 제1항은
'수형인이 자격정지 이상의 형을 받음이 없이
형의 집행을 종료하거나 그 집행이 면제된 날부터
같은 항 각 호에서 정한 기간이 경과한 때
그 형은 실효된다'고 정한다.
같은 항 제2호에서

3년 이하의 징역·금고형의 경우
그 기간을 5년으로 정하고 있다.
위 규정에 따라 형이 실효된 경우
형의 선고에 의한 법적 효과가
장래에 향하여 소멸된다.
그러므로 그 전과를 「특정범죄 가중처벌 등에 관한 법률」(이하 '특정범죄가중법'이라고 한다)
제5조의4 제5항에서 정한 "징역형을 받은 경우"로 볼 수 없다.

한편 형실효법의 입법취지에 비추어 보면,
2번 이상의 징역형을 받은 자가
자격정지 이상의 형을 받음이 없이
마지막 형의 집행을 종료한 날부터
위 법에서 정한 기간을 경과한 때
그 마지막 형에 앞서는 형도
모두 실효되는 것으로 보아야 한다(대법원 2010. 9. 9. 선고 2010도8021 판결 등 참조). • 형실효법 입법 취지

[3] 이 사건 각 재심판결이 선고되어 확정됨으로써
제4전과 및 제5전과의 확정판결은
종국적으로 효력을 상실하여 형의 선고가 있었다는
기왕의 사실 자체의 효과가 소멸하였다.
• 재심판결과 종전 확정판결 효력 상실

그러므로 위 각 전과는 형실효법 제7조 제1항에서 정한
'자격정지 이상의 형'을 받은 경우에 해당하지 않는다.
피고인이 제3전과에 의한 형의 집행을 종료한 2009. 2. 1.부터
그 후 특수강도죄로 징역형을 선고받은 2016. 6. 13.까지

형실효법 제7조 제1항 제2호에서 정한 5년의 기간이
경과하였음은 역수상 분명하다.
그러므로 이로써 제1전과 내지 제3전과는
위 실효기간이 경과한 때에 모두 실효되었다.
그렇다면 피고인 전과 중 형법 제329조부터 제331조까지의 죄
또는 그 미수죄로 징역형을 받은 전과는 제6전과만 남게 된다.
그러므로 피고인은
특정범죄가중법 제5조의4 제5항 제1호에서 정한
'세 번 이상 징역형을 받은 사람'에 해당하지 않는다.

판결 해설

1. 재심 개념

재심再審은 유죄 확정판결에 중대한 사실인정 오류가 있는 경우 다시 재판한다. 비상구제절차이다. 판결을 받는 사람의 이익을 위하여 시정하는 형사절차이다. 사실오인이다. 이익재심만 허용한다. 제심은 적법절차의 구체적 표현이다. 실질적 정의를 실현하는 절차이다. 헌법적 근거가 있다. 법이론적으로 진실에 기초한 정의실현에 목적이 있다.

2. 재심 대상

재심 대상은 유죄 확정판결·상소 기각 판결이다. 확정된 약식명령·즉결심판·특별사면·일반사면을 받은 유죄 확정판결도 재심 대상이 된다. 항소기각판결과 상소기각판결 자체도 재심 대상이 된다.

반면 무죄판결·면소·공소기각판결·관할위반 판결·환송판결·결정·명령·파기 판결·효력을 잃은 약식명령·효력을 상실한 유죄판결은 재심 대상이 아니다. 유죄판결에 상고가 제기되어 상고심 재판 중 피고인이 사망한 경우 공소기각 결정이 확정된다. 항소심 유죄판결은 당연히 효력을 상실한다. 재심절차의 전제가 되는 '유죄 확정판결'이 존재하지 않는다.

3. 재심 구조

재심 구조는 2단계 구조이다. 재심개시절차와 재심심판절차이다. 재심개시절차가 중심이다. 재심사유가 있는지 여부만 판단한다.

4. 재심 사유

재심사유는 2가지이다. 신규증거(노바·nova)형과 허위증거(팔사·falsa)형이다. 형사소송법 제420조 제5호가 신규증거형이고, 제1호·제2호·제3호·제4호·제6호·제7호가 허위증거형이다. 제5호는 무죄 등을 선고할 명백한 새로운 증거의 발견이다. 사실인정 오류가 있는 경우이다. 무죄·면소를 인정할 증거·형의 면제·경한 죄를 인정할 증거이다. 형의 면제는 필요적 면제를 말한다. 경한 죄는 별개의 경한 죄이다. 양형 자료 변동·감경 사유·형법 제37조 후단 경합범의 임의적 감경·면제·공소기각을 선고할 수 있는 경우는 포함되지 않는다. 새로운 증거 자격에 증거능력은 불문한다. 확정판결 후 법령의 개폐나 대법원 판례변경은 제5호 재심사유가 되지 않는다. 법원에서 위헌·무효라고 선언한 경우 '증거가 새로 발견된 때'에 해당한다. 제출할 수 없었던 증거를 비로소 제출한 경우도 포함된다. 과실로 증거를 제출할 수 없었던 경우는 포함되지 않는다. 심사 대상 증거 범위는 신구 증거 모두 포함된다는 종합평가설이 다수설이다. 그러나 판례는 제한평가설이다. 최종 판단이기에 종합평가설이 타당하다. 공범자 간의 모순된 판결의 경우 명백성이 인정되면 재심사유가 된다.

허위증거형 재심사유는 6개이다. 모두 확정판결에 의해 증명될 것을 요구한다. 증거서류·증거물 위조·변조, 무고로 인한 사실오인, 원판결의 증거된 재판 변경, 침해한 권리의 무효 확정, 관여 법관 등의 직무범죄, 증인의 허위증언이다.

상소기각 확정판결에 대한 재심사유는 유죄 확정판결에 대한 재심사유보다 제한적이다. 증거서류·증거물 위조·변조, 증인의 허위증언, 관여 법관 등의 직무범죄이다. 피고인 이익을 위한 재심도 청구할 수 있다. 하급심 판결에 대한 재심청구사건의 판결이 있은 후 상급심의 상소기각

판결에 대하여 다시 재심을 청구하지 못한다. 재심청구 목적이 이미 달성되었기 때문이다.

5. 재심개시절차

재심청구는 원판결의 법원이 관할한다. 원판결은 재심청구 대상 판결이다. 제1심 판결이면 제1심법원이, 상소기각판결이면 상소법원이 관할한다.

청구권자는 검사, 유죄 선고를 받은 사람·그 법정대리인, 사망한 경우 배우자·지계친족·형제자매, 변호인이다. 사망자라도 명예회복 이익이 있다.

방식은 서면주의이다. 재심청구는 형의 집행을정지하는 효력이 없다. 재심청구는 취하할 수 있다.다시 재심을 청구하지 못한다.

재심개시절차는 판결절차가 아니다. 결정절차이다. 구두변론을 요하지 않고 심문 절차를 공개할 필요가 없다. 재심청구사건에서 증거보전절차가 허용되지 않는다. 증거보전은 제1회 공판기일 전에 가능한 절차이다. 청구한 사람과 상대방의 의견을 들어야 한다.

결정은 2가지이다. 청구기각 결정·재심개시 결정이다.

경합법 일부에 대한 재심사유와 재심법원의 심판 범위는 일부재심설·전부재심설·절충설이 있다. 판례는 절충설이다. 전부 개시·일부 심판이다.

6. 재심심판절차

재심공판절차는 심급에 따른 심판이다. 피고사건을 처음부터 다시 심판한다. 재심판결 당시 법령이다. 절차법과 실체법이 변경된 경우 변경된 절차법과 실체법에 따라 심판한다. 폐지된 경우 면소 판결을 선고한다. 법원에서 위헌·무효가 선언된 경우 형사소송법 제325조에 근거하여 무죄를 선고한다. 법령 해석도 재심판결 당시를 기준으로 한다.

피고인 출석 없이 심판할 수 있다. 다만 변호인이 출석하지 않느면 개정하지 못한다. 공소 취소는 금지한다. 공소장 변경은 제한적 범위에서 허용된다. 재심피고인이 사망한 경우에도 실체재판을 해야 한다. 무죄 판결은 공시해야 한다. 명예회복을 위한 것이다. 재심판결이 확정되면 원판결은 효력을 잃는다. 그때까지 재심대상판결에 의하여 이루어진 형의 집행은 적법하게 이루어진 것이다. 그러므로 그 효력을 잃지 않는다. 원판결에 의한 자유형 집행은 재심 판결에 의한 자유형 집행에 통산된다.

✎ 참조 조문

형사소송법 제435조(재심개시결정)

① 법원은 재심청구가 이유 있다고 인정하는 경우 재심개시를 결정한다.
② 법원은 재심개시결정을 하면서 형집행을 정지할 수 있다. [개정 95·12·29]

형사소송법 제438조(재심심판)

① 법원은 재심개시결정이 확정된 사건에 대해 제436조를 제외하고 심급에 따라 다시 심판을 한다.
② 다음 각 호 경우 제306조 제1항·제328조 제1항 제2호는 제438조 제1항 심판에 적용되지 않는다. [개정 2014.12.30]
1. 사망자 또는 회복할 수 없는 심신장애인을 위하여 재심 청구가 있는 경우
2. 유죄선고를 받은 사람이 재심판결 전에 사망하거나 또는 회복할 수 없는 심신장애인이 된 경우
③ 제1항 경우 법원은 피고인이 공판정에 출석하지 않아도 심판할 수 있다. 다만 변호인이 공판정에 출석하지 않으면 개정하지 못한다.
④ 제2항 경우 재판장은 재심청구권자가 변호인을 선임하지 않은 경우 직권으로 변호인을 선임한다.

[출처] 형사소송법 일부개정 2024. 2. 13. [법률 제20265호, 시행 2024. 2. 13.] 법무부.

39

비상구제절차·재심
재심대상판결 전후 범행 사이 형법 제37조 전단 경합범 판단

재심대상판결 전후 범행 사이에 형법 제37조 전단의 경합범이 성립하는지 여부가 문제된 사건

대법원 2023. 11. 16. 선고 2023도10545 판결
[마약류관리에관한법률위반(향정)·특수상해(일부 인정된 죄명 : 상해)·재물손괴]

[공소사실 요지]

1. 피고인은 2019. 12. 21.자 음주운전 범행(이하 '선행범죄'라 한다)으로 서울중앙지방법원에서 2020. 4. 17. 징역 1년, 집행유예 2년의 유죄판결을 선고받아 2020. 4. 25. 그 판결이 확정되었다(이하 '재심대상판결'이라 한다).

헌법재판소는 2021. 11. 25. 선고한 2019헌바446 등 사건에서 재심대상판결에서 적용되었던 구 도로교통법(2018. 12. 24. 법률 제16037호로 개정되고, 2020. 6. 9. 법률 제17371호로 개정되기 전의 것, 이하 같다) 제148조의2 제1항 중 "제44조 제1항을 2회 이상 위반한 사람" 부분이 헌법에 위반된다고 판단하였다. 이에 피고인은 헌법재판소의 위헌결정을 근거로 재심대상판결에 대하여 재심을 청구하였다. 재심이 개시된 후 재심법원에서 공소장 변경을 거쳐 2023. 5. 18. 징역 1년, 집행유예 2년의 유죄판결이 선고되었고, 2023. 5. 26. 그 판결이 확정되었다.

2. 이 사건 공소사실(이유무죄 부분 제외) 중 2019. 10.말경의 필로폰 투약 등 범행(이하 '제1구간 범행'이라 한다)은 재심대상판결이 확정된 2020. 4. 25. 이전 범행이지만, 2020. 5. 11.자 필로폰 투약 등 범행(이하 '제2구간 범행'이라 한다)은 재심대상판결이 확정된 이후 범행이다.

3. 원심은, 제1구간 범행에 대하여 유죄로 판단하면서 선행범죄와 형법 제37조 후단 경합범 관계를 인정하여 형법 제39조 제1항에 따라 선행범죄와 동시에 판결할 경우와의 형평을 고려하여 형을 정한 제1심판결을 유지하였고, 제2구간 범행에 대하여 유죄로 판단하면서 선행범죄와 형법 제37조 후단 경합범 관계 및 제1구간 범행과 형법 제37조 전단 경합범 관계를 모두 인정하지 않은 채 별도로 형을 정하여 선고하였다.

[법리 쟁점]

재심판결에서 금고 이상의 형이 확정된 경우, 재심대상판결 이전 범죄와 재심대상판결 이후 범죄 사이에 형법 제37조 전단의 경합범 관계가 성립하는지 여부(소극)

[참조조문]

형법 제37조, 제38조, 제39조 제1항, 형사소송법 제438조 제1항

[참조판례]

대법원 2011. 10. 27. 선고 2009도9948 판결, 대법원 2012. 9. 27. 선고 2012도9295 판결(공2012하, 1799), 대법원 2019. 6. 20. 선고 2018도20698 전원합의체 판결(공2019하, 1485)

[원심 판단]

제1심법원은 피고인에게 형법 제39조 제1항에 근거하여 유죄를 선고하였다.

원심법원은 피고인에게 형법 제39조 제1항에 근거하여 유죄를 선고하였다. 재심대상판결 이전 범행에 대하여는 선행범죄와 형법 제37조 후단 경합범 관계를 인정하여 형법 제39조 제1항에 따라 선행범죄와 동시에 판결할 경우와 형평을 고려하여 형을 정한 제1심판결을 그대로 유지하였다. 재심대상판결 이후 범행에 대하여는 선행범죄와 형법 제37조 후단 경합범 관계 및 재심대상판결 이전 범죄와 형법 제37조 전단 경합범 관계를 모두 인정하지 않은 채 별도로 형을 정하여 선고하였다.

피고인이 상고하였다.

[대법원 판단]

대법원은 상고를 기각한다.

낭독 형사소송법 판결문 39

대법원 2023. 11. 16. 선고 2023도10545 판결 [마약류관리에관한법률위반(향정)·특수상해(일부 인정된 죄명: 상해)·재물손괴]

<재심대상판결 전후 범행 사이에 형법 제37조 전단의 경합범이 성립하는지 여부가 문제된 사건>

판시 사항

재심의 대상이 된 범죄(선행범죄)에 관한 유죄 확정판결(재심대상판결)에 대하여 재심이 개시되어 재심판결에서 다시 금고 이상의 형이 확정된 경우, 재심대상판결 이전 범죄와 재심대상판결 이후 범죄 사이에 형법 제37조 전단의 경합범 관계가 성립하는지 여부(소극) 및 이때 그 각 범죄에 대해 별도로 형을 정하여 선고하여야 하는지 여부(적극)

판결 요지

[1] **재심의 대상이 된 범죄**(이하 '선행범죄'라 한다)**에 관한**
유죄 확정판결(이하 '재심대상판결'이라 한다)**에 대하여**
재심이 개시되어
재심판결에서 다시 금고 이상의 형이 확정되었다면,
재심대상판결 이전 범죄와 재심대상판결 이후 범죄 사이에는
형법 제37조 전단의 경합범 관계가 성립하지 않는다.
그러므로 그 각 범죄에 대해
별도로 형을 정하여 선고하여야 한다.
그 이유는 다음과 같다.

(1) 형법 제37조 후단 경합범은
금고 이상의 형에 처한 판결이 확정되기 이전에 범한 죄가
이미 판결이 확정된 죄와 동시에 판결을 받아
하나의 형을 선고받을 수 있었던 경우에 한하여 성립한다.
그에 대하여 형법 제39조 제1항에 따라

판결이 확정된 죄와 동시에 판결할 경우와 형평을 고려하여
하나의 형이 선고되어야 한다(대법원 2011. 10. 27. 선고 2009도9948 판결, 대법원 2012. 9. 27. 선고 2012도9295 판결 등 참조).

재심대상판결 이전 범죄는
재심판결이 확정되기 이전에 범한 죄일 뿐만 아니라
재심대상판결이 확정되기 이전까지
선행범죄와 함께 기소되거나
이에 병합되어 동시에 판결을 받아
하나의 형을 선고받을 수 있었다.
따라서 재심대상판결 이전 범죄는
선행범죄와 형법 제37조 후단의 경합범 관계에 있다.
형법 제39조 제1항에 따라 하나의 형이 선고되어야 한다.

(2) 반면, 재심대상판결 이후 범죄는
비록 재심판결 확정 전에 범하여졌더라도
재심판결이 확정된 선행범죄와 사이에
형법 제37조 후단의 경합범이 성립하지 않는다.
재심대상판결 이후 범죄가 종료하였을 당시
선행범죄에 대하여 이미 재심대상판결이 확정되어 있었다.
그에 관한 비상구제절차인 재심심판절차에서는
별개의 형사사건인 재심대상판결 이후 범죄 사건을
병합하여 심리하는 것이 허용되지 않는다.
재심대상판결 이후 범죄는 처음부터 선행범죄와 함께
심리하여 동시에 판결을 받음으로써
하나의 형을 선고받을 수 없기 때문이다(대법원 2019. 6. 20. 선고 2018도20698 전원합의체 판결 참조).

(3) 결국 재심대상판결 이전 범죄는
선행범죄와 형법 제37조 후단의 경합범 관계에 있다.
하지만 재심대상판결 이후 범죄는
선행범죄와 형법 제37조 후단의 경합범 관계에 있지 아니하다.
그러므로 재심대상판결 이전 범죄와
재심대상판결 이후 범죄는
형법 제37조 전단의 경합범 관계로 취급할 수 없다.
형법 제38조가 적용될 수 없는 이상
별도로 형을 정하여 선고하여야 한다.

다만, 이러한 결론은 재심판결이 확정되더라도
재심대상판결이 여전히 유효하다거나 선행범죄에 대하여
두 개의 확정판결이 인정된다는 의미는 아니다.
재심판결이 '금고 이상의 형에 처한 판결'에 해당하는 경우,
재심대상판결 이전 범죄는
선행범죄와 형법 제37조 후단 경합범 관계에 해당한다.
그러므로 하나의 형이 선고되어야 한다.
그렇지 않은 재심대상판결 이후 범죄에 대하여는
별도의 형이 선고되어야 한다는 의미일 뿐이다.

(4) 한편, 재심대상판결이
'금고 이상의 형에 처한 판결'이었더라도,
재심판결에서 무죄 또는 금고 미만의 형이 확정된 경우
재심대상판결 이전 범죄가
더 이상 '금고 이상의 형에 처한 판결'의 확정 이전에
범한 죄에 해당하지 않아 선행범죄와 사이에
형법 제37조 후단 경합범에 해당하지 않는다.
이 경우 재심대상판결 이전 범죄와

재심대상판결 이후 범죄 중
어느 것도 이미 재심판결이 확정된 선행범죄와 사이에
형법 제37조 후단 경합범 관계에 있지 않아
형법 제37조 전단의 '판결이 확정되지 아니한 수개의 죄'에
해당한다.
그러므로 형법 제38조의 경합범 가중을 거쳐
하나의 형이 선고되어야 한다.

[2] 앞서 본 법리에 비추어 살펴보면,
제1·2구간 범행 사이에
형법 제37조 전단 경합범 관계가 성립하지 않는다고 보아
제1구간 범행과 제2구간 범행에 대하여
별도로 형을 정하여 선고한 원심의 판단에
죄수에 관한 법리를 오해한 잘못이 없다.

40

청탁금지법

청탁금지법 제8조 제1항 예외 사유·수행활동비 수수

지방자치단체장 수행비서가 상급자로부터 수행활동비 명목으로 매월 정기적으로 일정한 돈을 지급받은 행위가 「부정청탁 및 금품등 수수의 금지에 관한 법률」 제8조 제1항에서 금지하는 공직자 등의 금품 수수에 해당하는지 여부가 문제된 사건

대법원 2023. 9. 14. 선고 2023도6767 판결
[뇌물수수·뇌물공여·직권남용권리행사방해·부정청탁및금품등수수의금지에관한법률위반]

[공소사실 요지]

전 성남시장 수행비서인 피고인이 상급자에게 성남시장 수행활동비 명목으로 매월 정기적으로 일정한 돈을 지급받았다. 매 회계연도에 300만 원을 초과하는 금품을 제공받았다. **· 요약**

검사는 피고인을 부정청탁 및 금품등 수수의 금지에 관한 법률 제8조 제1항, 제3항 청탁금지법 위반죄로 기소하였다.

피고인 C는 공직자임에도 불구하고 2019년 1월 하순경 X에 있는 D시청 사무실에서 피고인 B으로부터 시장 수행 활동비 등 명목으로 현금 50만 원을 교부받은 것을 비롯하여 그때부터 2019년 12월 하순경까지 피고인 B으로부터 매달 50만 원씩 총 11회에 걸쳐 합계 550만 원을 교부받음으로써 매 회계연도에 300만 원을 초과하는 금품을 제공받았다.

[법리 쟁점]

「부정청탁 및 금품등 수수의 금지에 관한 법률」 제8조 제1항 성립요건

[참조조문]

부정청탁 및 금품등 수수의 금지에 관한 법률 제8조 제1항, 제3항

[참조판례]

서울고등법원 2024. 2. 8. 선고 2023노550 판결 [뇌물수수·위조공문서행사·허위작성공문서행사·위계공무집행방해·업무방해·사문서위조·위조사문서행사·부정청탁및금품등수수의금지에관한법률위반·공직자윤리법위반·증거은닉교사·증거위조교사·뇌물공여·직권남용권리행사방해(예비적 죄명: 직무유기)]

[원심 판단]

제1심법원은 피고인들에게 유죄를 선고하였다.

피고인 A에 대한 공소사실(무죄 부분 제외)을 유죄로 판단하였다. 피고인 C에 대한 공소사실을 유죄로 판단하였다.

원심법원은 피고인들에게 유죄를 선고하였다.

1. 피고인 A에 대한 공소사실(무죄 부분 제외)을 유죄로 판단한 제1심판결을 유지하였다. 제3자뇌물공여죄 부정한 청탁, 뇌물수수죄의 성립, 공소장 변경, 진술 신빙성 판단 등에 관한 법리를 오해함으로써 판결에 영향을 미친 잘못이 없다.
2. 피고인 C가 피고인 B으로부터 지급받는 금원을 스스로 보유하거나 그 이익을 향수할 의사로 수수한 것은 「부정청탁 및 금품등 수수의 금지에 관한 법률」(이하 '청탁금지법'이라 한다) 제8조 제1항이 금지하는 금품수수행위에 해당하고, 청탁금지법 제8조 제3항 제1호 '위로·격려·포상 등의 목적으로 제공하는 금품 등'에 해당하지 않는다. 피고인 C에 대한 공소사실을 유죄로 판단한 제1심판결을 유지하였다.

피고인들이 상고하였다.

[대법원 판단]

대법원은 원심판결 중 피고인 B, C에 대한 부분을 모두 파기하고, 이 부분 사건을 수원고등법원에 환송한다. 피고인 A의 상고를 기각한다.

피고인이 매월 일정한 돈을 지급받은 것은 공무수행 과정에서 개인자금으로 지출한 비용을 정당한 권원에 따라 상급 공직자로부터 정산·보전 받은 행위에 불과하다. 그러므로 청탁금지법 제8조 제1항의 적극적 요건이 결여된 경우에 해당한다. 청탁금지법 제8조 제3항 제1호, 제8호 또는 이에 준하여 수행비서의 정당하고 원활한 업무수행과 관련하여 영득의사 없이 금품을 받은 것이다. 청탁금지법 제8조 제1항의 소극적 요건에도 해당한다. 이 부분 공소사실을 유죄로 본 원심의 판단에 청탁금지법위반죄의 성립에 관한 법리를 오해함으로써 판결에 영향을 미친 잘못이 있다. 대법원은 원심판결을 파기·환송하였다.

낭독 형사소송법 판결문 40

대법원 2023. 9. 14. 선고 2023도6767 판결 [뇌물수수·뇌물공여·직권남용권리행사방해·부정청탁및금품등수수의금지에관한법률위반]

<지방자치단체장 수행비서가 상급자로부터 수행활동비 명목으로 매월 정기적으로 일정한 돈을 지급받은 행위가 「부정청탁 및 금품등 수수의 금지에 관한 법률」 제8조 제1항에서 금지하는 공직자 등의 금품 수수에 해당하는지 여부가 문제된 사건>

판시 사항

부정청탁 및 금품등 수수의 금지에 관한 법률 제8조 제1항에서 금지하는 금품 등 수수행위의 구성요건 해당 여부를 판단할 때 고려할 사항 및 공직자 등이 영득의사 없이 직무상 소요되는 비용을 지출할 목적으로 금품을 취득한 경우, 위 구성요건에 해당하는지 여부(소극)

판결 요지

[1] 「**부정청탁 및 금품등 수수의 금지에 관한 법률**」(이하 '청탁금지법'이라 한다)은
공직자 등에 대한 부정청탁 및
공직자 등의 금품 등의 수수를 금지함으로써
공직자 등의 공정한 직무수행을 보장하고
공공기관에 대한 국민의 신뢰를
확보하는 것을 목적으로 한다(제1조).

공직자 등의 공정한 직무수행을 저해하는
부정청탁의 관행을 근절하고,

공직자 등의 금품 등의 수수행위를
직무관련성 또는 대가성이 없는 경우에도
제재가 가능하도록 함으로써
공직에 대한 신뢰와 공직자의 청렴성을
보장하기 위해 제정되었다. • 청탁금지법 목적

[2] 청탁금지법 제8조는 제1항에서
"공직자 등은 직무 관련 여부 및 기부·후원·증여 등
그 명목에 관계없이
동일인으로부터 1회에 100만 원
또는 매 회계연도에 300만 원을
초과하는 금품 등을 받거나
요구 또는 약속해서는 아니 된다."라고 규정하여
일정한 금액 이상 금품 등의 수수를 금지하는 한편,

제3항에서 "다음 각 호의 어느 하나에 해당하는 금품 등의 경우
제1항 또는 제2항에서 수수를 금지하는 금품 등에
해당하지 아니한다."라고 규정하고,
제1호 내지 제8호에서 수수를 금지하지 않는
예외 사유를 두고 있다. • 청탁금지법 예외 사유

위 예외 사유는 금품 등의 수수 금지에 따른
과도한 제한을 방지하고
사회상규에 반하지 아니하는 일상적 사회생활을
보장하기 위한 것으로,
예외 사유에 해당하는 경우
처음부터 청탁금지법의 금지행위에 해당하지 않는다.
• 청탁금지법 불성립과 사회상규

[3] 청탁금지법 제8조는
공직자 등의 금품 등의 수수행위가
직무관련성 또는 대가성 없이
호의적 관계를 형성하기 위한 경우에도
형사처벌의 대상이 되도록 하여
공정한 직무수행을 보장하고
공공기관에 대한 국민의 신뢰를 확보하기 위한 것이다.

그러므로 당사자 사이에 금품 수수를 통해
장래를 향하여 공직자 등과 친밀도나 호감도를
미리 형성·유지·증대시키려는 의사가 있었는지 여부도
판단 요소로 고려할 수 있다.
하지만 직무관련성 또는 대가성 여부에 관한 제한 없이
금품 등의 수수행위 전반을 포괄적으로 금지함으로 인하여
공직자 등의 직무와 무관한
사적 영역의 일상적 사회생활을 과도하게 제한하거나
공직자 등의 정당한 권리행사를 부당하게 제한하는 등
처벌범위가 광범위하게 확대될 위험도 있다.

그러므로 청탁금지법의 입법목적과
공직자 등의 정당한 권리행사를
조화롭게 보장하기 위해서
청탁금지법 제8조 제1항이 정한 구성요건의
범위 내지 한계를 면밀히 살펴
청탁금지법의 입법목적에 반하지 않는 행위,
즉 직무수행의 공정성에 의심을 불러일으키거나
공직자 등에 대한 국민의 신뢰를 저해하는 것과 무관한 경우

구성요건 해당 여부를 신중하게 판단할 필요가 있다.

[4] 따라서 청탁금지법 제8조 제1항이 금지하는
금품 등 수수행위는 '적법한 또는 정당한 권원 없이
금품 등을 수수하는 경우'에 해당하여야 한다.

'청탁금지법 제8조 제3항 제1호 내지 제8호의 경우 혹은 이에 준하는 경우, 영득의사 없이 해당 직무의 정당하고 원활한 수행과 관련하여 금품 등을 수수하는 경우'에 해당하지 않아야 한다고 볼 수 있다. • 정당한 직무수행 관련 금품 수수와 청탁금지법 구성요건 불성립

청탁금지법 제8조 제1항에서
대가관계의 명목으로 열거한 '기부·후원·증여'가
모두 무상으로 금품을
취득(요구, 약속 포함)하는 행위라는 점에 비추어 보면,
공직자 등이 영득의사 없이
직무상 소요되는 비용을 지출할 목적으로
금품을 취득한 경우
위 구성요건에 해당되지 않는다고 봄이 타당하다.

• 직무 소요 비용 지출 목적 금품 취득과 청탁금지법 구성요건 불성립

[5] 피고인 C가 피고인 B으로부터
D시장 수행활동비 명목으로 매월 일정한 돈을 지급받은 것은
청탁금지법 제8조 제1항이 금지하는 행위에
해당한다고 보기 어렵다.

41

청탁금지법
몰수·추징 대상 금품 특정할 수 없는 경우

학교운동부지도자가 재직 중 퇴직 후에 금전을 수수하기로 약속한 사건

대법원 2023. 4. 27. 선고 2022도15459 판결
[부정청탁및금품등수수의금지에관한법률위반]

[공소사실 요지]

공립 체육고교 교육공무직인 체육코치(학교운동부지도자)인 피고인 甲이 그 직을 같은 학교 외부 강사인 乙에게 물려주는 조건으로 1년간 매월 400만 원을 받기로 약속한 후 사직하고, 실제로 교육공무직에 채용된 피고인 乙로부터 1년간 4,680만 원을 수수한 사안이다.
검사는 피고인들을 부정청탁 및 금품등 수수의 금지에 관한 법률 위반죄로 기소하였다.

[법리 쟁점]

[1] 「학교체육 진흥법」이 정한 '학교운동부지도자'가 「부정청탁 및 금품등 수수의 금지에 관한 법률(이하 '청탁금지법'이라 한다)」이 정한 '각급 학교의 교직원'에 해당하는지 여부(적극)
[2] 공직자 등이 재직 중 금품 등을 수수하기로 약속하고 퇴직 후에 금품 등을 수수한 경우 약속으로 인한 청탁금지법위반죄만 성립하는지 여부(적극)
[3] 몰수·추징 대상이 되는 금품 등을 특정할 수 없는 경우, 추징할 수 있는지 여부(소극)

[참조조문]

[1] 부정청탁 및 금품등 수수의 금지에 관한 법률 제1조, 제2조 제1호 (라)목, 제2호 (다)목, 초·중등교육법 제2조 제3호, 제19조 제2항, 제4항,

제20조 제5항, 학교체육 진흥법 제2조 제2호, 제6호, 제12조 제1항 / [2] 부정청탁 및 금품등 수수의 금지에 관한 법률 제8조 제1항, 제5항, 제22조 제1항 제1호, 제3호, 제22조 제4항

[참조판례]

[2] 대법원 1996. 5. 8. 선고 96도221 판결(공1996하, 1933), 대법원 2008. 2. 1. 선고 2007도5190 판결

[원심 판단]

제1심법원은 피고인들에게 유죄를 선고하였다.
피고인 甲으로부터 4,680만 원에 대해 추징을 선고하였다.
원심법원은 피고인들에게 유죄를 선고하였다.
피고인들을 모두 유죄로 판단하면서 피고인 甲으로부터 4,680만 원을 추징한 제1심판결을 그대로 유지하였다.
피고인들이 상고하였다.

[대법원 판단]

원심판결과 제1심판결 중 피고인 2에 대한 추징 부분을 파기한다.
피고인 1의 상고 및 피고인 2의 나머지 상고를 모두 기각한다.
원심판결 이유 중 7쪽 15행의 "피고인 ○○○"를 "피고인 2"로 경정한다.
학교운동부지도자는 청탁금지법이 정한 '각급 학교의 교직원'으로서 '공직자 등'에 해당한다. 공직자 등이 재직 중에 금품 등을 수수하기로 약속하고 퇴직 후에 금품 등을 수수한 경우 약속으로 인한 청탁금지법위반죄만 성립한다. 피고인들이 금전의 수수를 약속할 당시 그 수수할 금전이 특정되어 있지 않아 이를 몰수할 수 없었다. 그러므로 그 가액을 추징할 수 없다. 대법원은 원심판결과 제1심판결 중 피고인 甲에 대한 추징 부분을 파기하고 자판하였다.

낭독 형사소송법 판결문 41

대법원 2023. 4. 27. 선고 2022도15459 판결 [부정청탁및금품등수수의금지에관한법률위반]

<학교운동부지도자가 재직 중 퇴직 후에 금전을 수수하기로 약속한 사건>

판시 사항

[1] 학교체육 진흥법이 정한 '학교운동부지도자' 중 고등학교에 근무하는 사람이 초·중등교육법 제19조 제2항이 정한 '직원'에 해당하는지 여부(적극) 및 이때 관할청인 교육감이 '학교운동부지도자'를 교육공무직원의 정원에 포함시켜 관리하지 않는다는 사정만으로 달리 볼 수 있는지 여부(소극) / 고등학교 학교운동부지도자가 부정청탁 및 금품등 수수의 금지에 관한 법률 제2조 제2호 (다)목이 정한 '각급 학교의 교직원'에 해당하는지 여부(적극)
[2] 공직자 등이 재직 중 금품 등을 받거나 제공하기로 약속하고 퇴직 후 그 수수가 이루어지는 경우, 금품 등 약속으로 인한 부정청탁 및 금품등 수수의 금지에 관한 법률 위반죄가 성립하는지 여부(적극) 및 이때 금품 등 수수로 인한 같은 법 위반죄도 성립하는지 여부(소극) / 뇌물에 공할 금품이 특정되지 않은 경우, 이를 부정청탁 및 금품등 수수의 금지에 관한 법률 제22조 제4항에 따라 몰수 또는 추징할 수 있는지 여부(소극)

판결 요지

[1] 청탁금지법은
공직자 등에 대한 부정청탁 및
공직자 등의 금품 등의 수수(收受)를 금지함으로써
공직자 등의 공정한 직무수행을 보장하고
공공기관에 대한 국민의 신뢰를
확보하는 것을 목적으로 한다(제1조).

청탁금지법은 제2조 제2호 다목에서
'제1호 라목에 따른 각급 학교의 교직원'을
'공직자 등'에 포함시키고 있다.
제2조 제1호 라목에서 '각급 학교' 중 하나로

「초·중등교육법」에 따라 설치된
각급 학교를 열거하고 있다.

「초·중등교육법」은 제2조 제3호에서
'고등학교'를 초·중등교육을 실시하기 위한
학교의 하나로 열거하고,
제19조 제2항에서 '학교에는 교원 외에
학교 운영에 필요한 행정직원 등 직원을 둔다'고 정하며,
같은 조 제4항은
교원과 직원을 통틀어 '교직원'이라고 칭하고,
제20조 제5항에서 '행정직원 등 직원은
법령에서 정하는 바에 따라
학교의 행정사무와 그 밖의 사무를 담당한다'고 정한다.

한편, 「학교체육 진흥법」은 제2조 제2호에서 '학교'에
「초·중등교육법」제2조에 따른 학교를 포함시키고,
같은 조 제6호에서'학교운동부지도자'를 '학교에 소속되어
학교운동부를 지도·감독하는 사람'으로 정의하며,
제12조 제1항에서
'학교의 장은 학생 선수의 훈련과 지도를 위하여
학교운동부지도자를 둘 수 있다'고 정하고 있다.

이러한 법률의 규정을 종합하면,
「학교체육 진흥법」이 정한 '학교운동부지도자'중
고등학교에 근무하는 사람은
「초·중등교육법」에 따른 학교의 소속으로서
학교운영에 필요한 사무인 학교운동부의 지도·감독 내지
학생선수의 훈련과 지도 사무를 수행하므로,

「초·중등교육법」제19조 제2항이 정한 '직원'에 해당하고,
관할청인 교육감이 '학교운동부지도자'를
교육공무직원의 정원에 포함시켜
관리하지 않는다는 사정만으로 달리 볼 수 없다.
결국, 고등학교 학교운동부지도자는
청탁금지법 제2조 제2호 다목이 정한
'각급 학교의 교직원'에 해당한다.

[2] 청탁금지법은 제8조 제1항에서
'공직자등은 직무 관련 여부 및 기부·후원·증여 등
그 명목에 관계없이 동일인으로부터 1회에 100만원
또는 매 회계연도에 300만원을
초과하는 금품등을 받거나
요구 또는 약속해서는 아니 된다'고 정하고,
같은 조 제5항에서
'누구든지 공직자 등에게 또는 그 공직자 등의 배우자에게
수수 금지 금품등을 제공하거나
그 제공의 약속 또는 의사표시를
해서는 아니 된다'고 정하며,
제22조 제1항 제1호 및 제3호에서
제8조 제1항을 위반한 공직자 등과
제8조 제5항을 위반한 자를
형사처벌하도록 규정하고 있다.

청탁금지법 제22조 제1항 제1호,
제8조 제1항 위반죄의 주체는 공직자 등으로 한정되고,
청탁금지법 제22조 제1항 제3호, 제8조 제5항 위반죄는
상대방이 공직자 등인 경우에 한하여 성립한다.

공직자 등의 재직 중 금품 등을 받거나 제공하기로 약속하고
퇴직 후 그 수수가 이루어지는 경우
금품 등 약속으로 인한 청탁금지법위반죄가 성립할 뿐
금품 등 수수로 인한 청탁금지법위반죄는 성립하지 않는다(대법원 2008. 2. 1. 선고 2007도5190 판결 등 참조). • **금품 약속 청탁금지법위반죄 성립**

[3] 한편, 청탁금지법 제22조 제4항은
이른바 필요적 몰수 또는 추징 조항이다.
몰수는 특정된 물건에 대한 것이고
추징은 본래 몰수할 수 있었음을 전제로 하는 것임에 비추어
뇌물에 공할 금품이 특정되지 않았던 것은 몰수할 수 없고
그 가액을 추징할 수도 없다(대법원 1996. 5. 8. 선고 96도221 판결 등 참조). • **몰수는 특정된 물건에 대해 집행함.**

✎ 참조 조문

> 청탁금지법 제22조(벌칙)
>
> ④ 제1항 제1호부터 제3호까지의 규정에 따른 금품등은 몰수한다. 다만, 그 금품등의 전부 또는 일부를 몰수하는 것이 불가능한 경우에는 그 가액을 추징한다.
>
> [출처] 부정청탁 및 금품등 수수의 금지에 관한 법률 일부개정 2021. 12. 16. [법률 제18581호, 시행 2021. 12. 16.] 국민권익위원회.

형사소송법 법률용어

- 형사소송법 법률용어를 형사소송법 교과서 순서로 분류하였다.
- 형사소송법 법률용어는 형사소송법전·판결문·교과서에 자주 나오는 용어이다.
- 형사소송법 법률용어에 익숙하면 『낭독 형사소송법 판례』를 쉽게 읽을 수 있다.
- 형사소송법 법률용어를 한 자 한 자 또박또박 소리 내면서 정확하게 읽으면 옥음이 된다.
- 형사소송법 법률용어를 매일 10분 소리씩 내면서 읽으면 형사소송법 강의를 명확하게 들을 수 있다.
- 형사소송법 일부개정 2024. 2. 13. [법률 제20265호, 시행 2024. 2. 13.] 법무부

형사소송법 지도이념

실체 진실 발견 주의
적정절차 원리
신속한 재판 원칙

무죄추정 원칙

묵비권
무기 평등 원칙

형사소송 기본구조

규문주의
탄핵주의
당사자주의
직권주의

소송주체

법원
검사
피고인

소송관여자

변호인
보조인
배심원
피해자

법원

법정관할
재정관할
수명법관
수탁판사
법관 제척
법관 기피
법관 회피

검사

검사동일체
법무부장관 지휘권·감독권
공소권 주체
재판집행기관
공익대표자

피고인

성명 모용·성명 사칭
위장출석
피고인 소송법에서 지위
당사자
증거방법
절차 대상
진술거부권
접견권·교통권

변호인

사선변호인
국선변호인
대리권
고유권
기록열람·복사권
접견교통권
피의자신문참여권
변호인 참여 신청권

소송행위론

소송행위
소송서류
송달
소송절차
소송조건
소송절차이분론

추완

수사절차론

수사
수사 필요성
수사 상당성
수사 단서
변사자 검시
불심검문
소지품 검사

고소

고소권자
고소절차
고소불가분 원칙
고발
자수

수사 기본원칙

임의수사
강제수사
함정수사
임의동행
보호실 유치
거짓말탐지기
사진촬영
공무소 조회
피의자신문
피의자신문조서
영상녹화
참고인조사
전문수사자문위원회

강제수사 1 사람

강제수사 법정주의
대인적 강제처분
체포
긴급체포
현행범인 체포
구속
구속집행정지
구속 실효
체포적부심사
구속적부심사
보증금납입조건부 피의자석방제도
보석제도

강제수사 2 사물

강제처분 법정주의
대물적 강제처분
압수
수색
검증
강제 채뇨
강제 채혈
긴급 압수
긴급 수색
긴급 검증
체포현장 압수·수색·검증
구속현장 압수·수색·검증
범행 중 범죄장소 압수·수색·검증
범행 직후 범죄장소 압수·수색·검증
긴급체포 이후 압수·수색·검증
임의제출한 물건 압수
영치
영장주의 예외

압수물

압수물 환부
압수물 가환부

판사에 대한 강제처분 청구

증거보전제도
참고인에 대한 증인신문청구제도

감정인 감정을 위한 강제처분

감정유치
감정처분
감정처분 허가장

수사 종결

기소
공소제기
불기소처분
재정신청
기소강제절차
검찰항고
헌법소원
검사 공소권
공소권 남용론
국가소추주의
기소독점주의
기소편의주의
재정신청
공소장
공소장일본주의
항소심 공소장 변경
공소시효

공판절차론

공판중심주의
공개주의
구두변론주의
직접주의
집중심리주의
심판 대상
공소장변경제도
공소사실 동일성
공소사실 단일성
의견서 제출제도
증거개시제도
공판준비절차
공판정 구성
소송지휘권
법정경찰권
공판기일절차
증인신문
증인적격

감정
통역과 번역
간이공판절차
공판절차 정지와 갱신
변론 병합·분리·재개

형사증거론

증거법
증거재판주의
엄격 증명
자유 증명
사실인정
증거
증거조사
증거능력
증거방법
증거자료
증거원인
직접증거
간접증거
진술증거
비진술증거
요증사실
불요증사실
거증 책임
자유심증주의
자백
자백 임의성
자백 증거능력
자백배제법칙
증명력
공범자 자백 증거능력
공범자 자백 증명력
보강증거
위법수집증거배제법칙
증거동의
탄핵증거

전문법칙

법원·법관 면전조서

피의자신문조서

검사 작성 피의자신문조서
경찰 작성 피의자신문조서

진술조서

피의자 진술조서
참고인 진술조서
피고인 진술조서
증인 진술조서

진술서

수사 과정 진술서
검사 수사 과정 진술서
경찰 수사 과정 진술서
수사 과정 이외 진술서

검증조서

법원·법관 검증조서
검사·경찰 검증조서

실황조사서

진술기재서

감정서

감정인
감정인 신문조서
김정인 감정서
감정수탁자 감정서
감정서에 기재된 진술

당연히 증거능력 있는 서류

법정에서 전문진술(증언)

피고인 전문진술
피고인 아닌 사람 전문진술
재전문진술
진술 임의성
당사자 동의와 증거능력

증거동의

증거동의 방법
증거동의 의제
증거동의 효과
증거동의 절차
증거동의 취소

특수한 증거방법에 대한 전문법칙

녹음테이프 증거능력
사진 증거능력
비디오테이프 증거능력
CCTV 증거능력
전자기록 증거능력
휴대전화기 증거능력
거짓말탐지기 검사 결과 증거능력

공판조서

공판조서 증거능력
공판조서 절대적 증명력

재판

재판 종류
재판 성립
재판서
판결
결정
종국재판과 종국 전 재판

종국재판

실체재판

유죄 판결
유죄 판결에 명시할 이유
무죄판결
무죄판결 공시
형사보상청구권
관할 위반 판결

형식재판

면소 판결
공소기각 판결
공소기각 결정

재판 확정
재판 확정력
기판력
일사부재리 효력
소송비용

상소
상소 제기
상소 종류
상소권자
상소권 회복
검사 상소 이익
피고인에게 불리한 상소
피고인 상소 이익
상소 이익이 없는 재판
상소 포기
상소 취하
일부 상소
상소심 심판범위
불이익변경금지원칙
파기판결 구속력
귀속력 판단 범위

구체적 상소방법
항소
상고
비약상고
상고심 판결 정정
항고
준항고
즉시항고
재항고

비상구제절차
재심
재심 대상
재심 사유
재심 절차
증거 명백성
증거 신규성
증거 허위성
비상 상고

국민형사참여재판
대상사건
공소장 변경
관할
배심원
공판준비절차
판결절차
배심원 보호조치

약식절차
약식명령
정식재판 청구

즉결심판절차
청구권자
정식재판 청구

배상명령절차
형사소송절차에서 화해 제도

소년형사절차
검사선의주의와 조사제도
조건부 기소유예제도
소년 형사 재판 특칙
소년 형 집행 특칙
소년부 송치시 신병처리
비행 예방

재판 집행
형 집행
재판 집행 이의신청

형사보상
형사보상 의의
형사보상 요건
형사보상 내용
형사보상 절차

통신비밀보호법
특별사법경찰관리

참고문헌

배종대·홍영기, 형사소송법, 제3판, 홍문사, 2022.
손동권·신이철, 형사소송법, 제5판, 세창출판사, 2022.
신동운, 간추린 신형사소송법, 제15판, 법문사, 2023.
신양균·조기영, 형사소송법, 제2판, 박영사, 2022.
신호진, 형사소송법요론, 2024년판, 렉스스터디, 2024.
이승준, 형사법사례연습, 제2판, 정독, 2022.
이승호·이인영·심희기·김정환, 형사소송법강의, 제2판, 박영사, 2020.
이은모·김정환, 형사소송법, 제9판, 박영사, 2023.
이재상·조균석·이창온, 형사소송법, 제13판, 박영사, 2021.
이주원, 형사소송법, 제5판, 박영사, 2022.
이창현, 사례형사소송법, 제7판, 정독, 2024.
이창현, 형사소송법, 제9판, 정독, 2023.
임동규, 형사소송법, 제17판, 법문사, 2023.
정웅석·최창호·김한균, 김한균, 신형사소송법, 제2판, 박영사, 2023.
조균석·이완규·조석영·서정민, 형사법통합연습, 제5판, 박영사, 2022.
하태영, 형사법사례연습, 제1판, 법문사, 2023.
하태영, 형사법종합연습, 제4판, 법문사, 2023.
형사소송법학회, 형사소송법 핵심판례 130선, 제5판, 박영사, 2020.

판례색인

저자소개

1962년 부산에서 태어났다. 독일 유학 후 27년 동안 대학 · 대학원에서 형법 · 형사소송법 · 특별형법 · 생명윤리와 의료형법을 강의하고 있다. 1996년 9월 3일 《피고인에게 불리한 판례변경과 적극적 일반예방》으로 독일 할레대학교(Halle Universität) 법과대학에서 법학박사학위(Dr. jur)를 받았고, 1997년 3월 경남대 법대에서 교수 생활을 시작했다.

국외 · 국내 대표 저서는 《Belastende Rechtsprechungsänderungen und die positive Generalprävention》(Carl Heymanns Verlag KG, 2000), 《독일통일 현장 12년》(경남대학교출판부, 2004), 《형사철학과 형사정책》(법문사, 2007), 《형법각칙 개정 연구－환경범죄》(형사정책연구원, 2008), 《하마의 下品 1 · 2》(법문사, 2009 · 2016), 《의료법》(행인출판사, 2021), 《생명윤리법》(행인출판사, 2018), 《공수처법》(행인출판사, 2021), 《사회상규》(법문사, 2018), 《형법조문강화》(법문사, 2019), 《형사법종합연습 변시기출문제분석 · 형사법사례연습 변시기출문제분석》(법문사, 2023), 《죄형법정원칙과 법원 1》(공저, 박영사, 2023)이 있다. 특히 《형사철학과 형사정책》은 2008년 문화체육관광부 우수학술 도서로 선정되었다. 2014년 한국비교형사법학회 학술상을 수상하였다. 논문제목은 《해적재판 국제비교》이다.

2006년 3월 제1학기부터 현재 모교인 동아대학교 법학전문대학원(로스쿨)교수로 근무하고 있으며, 국회 제11기 입법지원위원 · 법무부 인권강사로 활동하고 있다. 한국비교형사법학회 회장 · 영남형사판례연구회 회장 · 법무부 형사소송법개정특별분과위원회 위원 · 남북법령연구특별분과위원회위원으로 활동하였으며, 법무부 변호사시험 문제은행 출제위원 · 행정고시출제위원 · 채점위원(형법) · 입법고시 출제위원 · 채점위원(형사소송법) · 5급 승진시험 출제위원 · 7급 국가시험 출제위원 · 형사법연구 편집위원 · 형사법신동향 편집위원을 역임하였다.

약한 자에게 용기와 희망을 주는 세상보기로 사회와 소통하고 있다. 국제신문 · 경남도민일보 칼럼진으로 활동하였다. 2019년 1월부터 2020년 12월까지 국제신문 《생활과 법률》칼럼을 썼다. 시사칼럼 180여 편이 있다. 《밤이 깔렸다》로 2022년 제8회 이병주국제문학상 연구상을 수상하였다.

낭독 형사소송법판례

2024년 2월 20일 초판 인쇄
2024년 2월 28일 초판 발행

저 자 하 태 영
발행인 배 효 선

발행처 도서출판 法 文 社

주 소 10881 경기도 파주시 회동길 37-29
등 록 1957년 12월 12일/제2-76호(윤)
전 화 (031)955-6500~6 FAX (031)955-6525
E-mail (영업) bms@bobmunsa.co.kr
(편집) edit66@bobmunsa.co.kr
홈페이지 http://www.bobmunsa.co.kr

조 판 법 문 사 전 산 실

정가 23,000원 ISBN 978-89-18-91514-2